不出山不息山

一九五

中央人民政府南方老根据地
访问团访问湖南纪实

湖南省革命老根据地经济开发促进会
湖 南 省 民 政 厅 　编著

人民日报出版社

北 京

编委会名单

编委会委员：王克英　曹忠平　张自银　陈慈英

编　写　组：王学强　廖剑波　李振炎　朱　维

　　　　　　李晓云　伍建成　李云华　易可倩

目录

中央人民政府南方老根据地
访问团访问湖南纪实

中央人民政府南方老根据地
访问团访问湖南纪实

前　言

中国革命老根据地（也称革命老区或老区）是指土地革命战争时期和抗日战争时期在中国共产党领导下创建的革命根据地。它分布在全国28个省、自治区、直辖市约1599个县、旗、市、区（至1996年）。战争年代，老根据地人民养育了中国共产党及其领导的人民军队，提供了坚持长期斗争所需要的大量人力、物力和财力，为壮大革命力量、夺取民主革命的最后胜利付出了巨大的牺牲，作出了重大贡献。革命老根据地是中国共产党和人民军队扎根生长的红色沃土，是人民共和国红色大厦的奠基石。一部老根据地光荣史能让我们进一步领悟习近平总书记反复强调的"江山就是人民，人民就是江山"的真谛。

湖南是中国共产党和中国革命建党、建军、建政的主要策源地之一，全省共有老根据县110个（含6个管理区）。从第一次国内革命战争到抗日战争、解放战争，三湘大地革命浪潮汹涌澎湃，英勇的三湘儿女在中国共产党的领导下，坚持了长期艰苦卓绝的革命武装斗争，特别是第二次国内革命战争时期，相继爆发四大起义：（1）秋收起义。1927年9月9日发动，毛泽东领导工农革命军第一军第一师（第一次打出共产党直接领导的工农革命武装的番号），下辖三个团，分别从江西修水、安源、铜鼓出发，准备从南北中三个方向合攻湖南省会长沙城。起义部队受挫后，毛泽东果断改变部署，于9月19日在文家市里仁学校召开前敌委员会会议，决定把起义军转移至敌人统治力量薄弱的农村山区，最终在井冈山创建了第一个革命根据地。（2）湘南起义。1928年1月12日，在宜章县城，湘南起义部队智取宜章，拉开起义序幕，后北上郴州、耒阳，发动湘南总暴动。同年春，在敌人重兵"围剿"的情况下，朱德和陈毅等领导工农革命军第一师和湘南农军，开始向井冈山转移，实现了中国革命史上著名的"朱毛会师"。（3）桑植起义。1928年4月2日，攻占桑植县城，贺龙、周逸群、贺锦斋等领导工农革命军，创建湘鄂边和洪湖苏区。（4）平江起义。1928年7月22日在平江天岳书院发动，彭德怀和滕代远领导红五军，创建湘鄂赣苏区。形成了井冈山、湘赣、湘鄂赣、湘鄂西、湘鄂川黔等五大革命根据地。全省曾参加红军有40多万人，已查明的革命烈士近20万人，牺牲的群众有100多万人。

在中国革命斗争史册上，记载着湖南人民心忧天下，敢为人先的"红色之最"：1920年8月，蔡和森致信毛泽东，"明目张胆正式成立一个中国共产党"——最早明确提出中国共产党的名称；1920年秋，毛泽东等成立长沙共产党的早期组织——全国最早的党组织之一；1921年8月，毛泽东等在长沙创办湖南自修大学——我党最早的干部学校；1922年1月，黄爱和庞人铨为组织领导湖南第一纱厂工人进行罢工斗争壮烈牺牲——中国第一批为无产阶级事业而献身的先烈；1923年9月，衡山岳北农工会成立——全国最早的农运组织之一；1925—1926年，湖南农民运动如火如荼，声势浩大，遍及城乡——党史上最著名的农民运动之一；1927年9月，毛泽东发动和领导湘赣边秋收起义——"农村包围城市，武装夺取政权"光辉革命道路的启程；1927年10月15日，毛泽东带领部队到酃县（今炎陵县）水口街（今水口镇），发展6名党员，首创了"支部建在连上"的实践；1927年11月，茶陵县工农兵政府成立——全国最早的县级红色政权之一；1928年4月3日，毛泽东在桂东县沙田颁布"三大纪律，六项注意"——人民军队最早的军规；1928年3月，在酃县中村开展"插标分田"运动——红色苏区最早的土地革命运动；1930年7月底，彭德怀率红三军团攻克长沙——土地

中央人民政府南方老根据地
访问团访问湖南纪实

革命战争时期红军唯一攻克的省会城市，并唯一建立省苏维埃政权的中心城市；1930年8月，红一方面军在浏阳永和成立——我军历史上最早的军事主力；1934年底至1935年秋，创建以永顺县塔卧为首府的湘鄂川黔革命根据地——中央红军长征后坚守在南方时间最长、地域最大的一块红色根据地……

湖南这片红色的沃土上曾涌现了一代伟人毛泽东，以及刘少奇、任弼时，还有老一辈无产阶级革命家林伯渠、李立三、罗亦农、李富春、李维汉、陶铸、谢觉哉、谭震林、王震、胡耀邦等。36名军事家中湘籍15位。开国将帅录上的10大元帅中有彭德怀、贺龙、罗荣桓3位湘籍元帅；10员大将中有粟裕、黄克诚、陈赓、谭政、萧劲光、许光达6员湘籍大将；57名上将中有萧克、宋任穷、杨得志、杨勇等19名湘籍上将；中将中湘籍有45名；少将中湘籍有129名。202名将星是历史赋予三湘大地的荣耀！

中华人民共和国成立后，党中央和中央人民政府多次强调不能忘记老根据地人民为中国革命胜利作出巨大牺牲和不可磨灭的贡献。1950年毛泽东在党的七届三中全会上提出访问革命老区的工作。1951年7月，根据党中央的指示和部署，中央人民政府成立南方和北方老根据地访问团，分赴各个革命根据地慰问。毛泽东主席特地为老根据地人民题词："发扬革命传统，争取更大光荣"。中央人民政府访问团的主要任务是传达毛泽东主席和中央人民政府对老根据地人民的关怀，了解广大人民群众的生产生活情况。中央人民政府南方老根据地访问团由内务部部长谢觉哉担任团长，分设中央老根据地（江西）、湘赣边、湘鄂赣、闽浙赣、鄂豫皖、湘鄂西、川陕边、粤东、海南9个分团，下设39个分队，由中央人民政府和所属大行政区、省、专（署）及县各级政、军、民、民主党派人员组成，内有文工团、剧团和医疗队，共计8413人。

中央人民政府访问团于1951年8月上旬先后出发访问，到9月中旬基本结束。访问结束后，老根据地人民派出831名代表，随访问团抵京，参加1951年的国庆典礼，受到毛泽东主席、周恩来总理的亲切接见。

中央人民政府南方老根据地访问团湘鄂赣分团、湘赣边分团、湘鄂西分团从1951年8月上旬至9月中旬，访问了平江县、浏阳县（今浏阳市）、醴陵县（今醴陵市）、茶陵县、攸县、酃县（今炎陵县）、耒阳县（今耒阳市）、安仁县、郴县（今郴州市北湖区、苏仙区）、宜章县、资兴县（今资兴市）、桂东县、汝城县、永顺县、桑植县、大庸县（今张家界市永定区、武陵源区）、龙山县、华容县、石门县、慈利县等。这次大规模的访问，使老根据地人民和干部特别是烈军工属、革命荣残军人、退休人员得到了极大的安慰和鼓舞，密切了中央人民政府及各级人民政府与老根据地人民的联系。通过此次访问，各级党委、政府进一步了解了老根据地人民的生产生活情况，记录了救济、优抚、经济建设、文教卫生等各类需要解决的具体困难，为制定老根据地扶持建设政策提供了依据。10月9日，周恩来总理在接见老根据地代表和战斗英雄时强调，革命就是为了使全国人民不再过苦日子，要过上好生活。下了山不应该忘了山，进了城不应该忘了乡。今后各省委、政府要关心老根据地的事，帮助老根据地人民解决一些困难。1952年1月28日，政务院发布《关于加强老根据地工作的指示》，成立全国老根据地建设委员会，各地相继成立老根据地建设委员会，制定老根据地扶持政策，有力促进了老根据地的恢复建设。

改革开放以来，中共中央、国务院、湖南省委、省人大、省政府采取一系列重要举措，进一步加大了对老根据地扶持力度，在财政资金、基础设施和科技项目等方面给予倾斜、扶持，使老根据地建设步入社会经济发展的快车道。2007年8月，湖南省委、省政府出台了《关于加强老区工作的意见》，2008年11月，《湖南省扶持革命老区发展条例》出台，使全省老区扶持与开发步入法制化轨道，实现了政府主导、社会帮扶、区域联动促进老根据地超常发展。

党的十八大以后，以习近平同志为核心的党中央全面实施脱贫攻坚战略，高度重视支持老根据地发展，带领包括老根据地在内的全国各族人民如期实现了全面建成小康社会的第一个百年奋斗目标。至2020年全省51个贫困老根据地县脱贫摘帽，6920个贫困根据地村退出贫困，贫困户全部脱贫。

为纪念中国共产党诞生100周年和中央人民政府南方老根据地访问团访问湖南70周年，湖南省革命老根据地经济开发促进会、湖南省民政厅决定编辑《下山不忘上山——中央人民政府南方老根据地访问团访问湖南纪实》一书，通过搜集整理大量的珍贵历史资料，回顾了中央人民政府南方老根据地访问团筹备组织和访问活动过程，详细描述访问湖南老根据地开展活动的场景，生动地记述了受访老根据地的人物、事件，真实记录老根据地代表晋京观礼的实况，多方面体现了中央和湖南党政各级不同时期对老根据地政策扶持特殊关爱，为广大干部群众提供又一进行党史学习教育的好读本。希望读者从书中进一步加深老根据地的红色记忆，弘扬老区精神，发扬革命传统，争取更大光荣，为如期实现第二个百年奋斗目标、中华民族伟大复兴而努力奋斗。

编者

二〇二二年八月

第一章

1951 年中央人民政府
南方老根据地访问团访问湖南综述

第一节

中央人民政府老根据地
访问团访问始末

一、中央人民政府老根据地访问团成立背景

中华人民共和国成立后，党中央和中央人民政府多次强调没有忘记老根据地人民为中国革命胜利作出的巨大牺牲和不可磨灭的贡献。据档案记载，毛泽东主席曾于1950年党的七届三中全会上提出访问老红色区（按：为老根据地）工作。1951年，鉴于对少数民族区域已相继进行访问，且各地少数民族也派代表参加了1950年国庆典礼，而老根据地却无此举，因此中央决定各地对老根据地进行慰问，各老根据地派代表参加1951年的国庆节庆祝活动。

在各地酝酿访问老根据地过程中，1951年6月19日，时任江西省政府主席的邵式平，就老红色区访问团名称及希望全国同时进行访问等事项请示中南军政委员会，指出老红色区多在几省边境，分属不同行政区，建议以中央名义通告各地进行慰问，名称统一用中央人民政府老红色区慰问团。6月26日，中南局在致中央的电报中请示：中南军政委员会及所属各省正在筹组老根据地访问团，并拟于7月上旬出发访问境内各主要老根据地，是否可用中央人民政府老根据地访问团的名义。6月29日，刘少奇批示时任中

共中央统战部部长、政务院秘书长李维汉："用中央名义并由中央派一些人（到）所有老根据地都去访问一次是好的，此事请你斟酌答复。"7月1日，李维汉致信毛泽东、刘少奇、朱德、陈云，送审中共中央给中南局并华东局、西南局的电报稿。送审电报稿拟同意中南局的建议，并提出：以中央人民政府名义对所有老根据地进行一次访问。访问团分别由中南局、华东局、西南局负责组织，吸收党政军民各方面人员参加，并适当吸收若干民主人士参加，中央方面也派一部分人参加。中央派一负责同志参加原中央苏区的访问团并为团长，其他地区访问团团长由有关中央局派出。访问时，可多备些毛泽东主席的相片、纪念章及题词，均由中央办好带来。所需费用除中央派出参加人员外，均由各大行政区人民政府供给。7月4日，毛泽东在李维汉的信上批示："照办"。同日，中央给中南局并华东局、西南局的电报发出。7月18日，政务院电告中南军政委员会、华东军政委员会、西南军政委员会：

为组织南方老根据地访问团请即筹备由：

（一）组织。中央人民政府南方老根据地访问团，以内务部谢觉哉为团长，副团长九人名单如下：陈正人兼中央苏区（包括江西及闽西）分团团长；邵式平兼闽浙赣分团团长；李先念兼湘鄂西分团团长；傅秋涛兼湘鄂赣分团团长；谭余保兼湘赣边分团团长；王树声兼鄂豫皖分团团长；冯白驹兼粤东、海南分团团长；王维舟兼川陕边分团团长；郑绍文兼总团秘书长。

（二）分团组织。中央苏区分团，由中南并商华东，由江西与福建共同组织之。闽浙赣分团，由江西并商福建、浙江组织之。湘鄂西分团，由湖北并商湖南组织之。湘鄂赣分团，由江西并商湖北、湖南组织之。湘赣边分团，由湖南并商江西组织之。鄂豫皖分团，由湖北并商河南、皖北组织之。海南分团，由广东组织之。川陕边分团，由西南军政委员会组织之。上列名单，如有变动，请电告。各团副团长人数、人选由地方商酌决定（见表1-1-1）。

表1-1-1 南方老根据地访问团分组及负责人

访问团职务	姓 名	时任职位
团 长	谢觉哉	内务部部长
副团长	朱学范	邮电部部长
副团长兼中央苏区（含江西及闽西）分团团长	陈正人	中共江西省委书记
副团长兼闽浙赣分团团长	邵式平	江西省政府主席
副团长兼湘鄂西分团团长	李先念	湖北省政府主席
副团长兼湘鄂赣分团团长	傅秋涛	中央人民革命军事委员会武装部副部长
副团长兼湘赣边分团团长	谭余保	湖南省政府副主席
副团长兼鄂豫皖分团团长	王树声	湖北省军区司令员
副团长兼粤东、海南分团团长	冯白驹	广东省海南行政公署主任
副团长兼川陕边分团团长	王维舟	西南军政委员会副主席
副团长兼秘书长	郑绍文	中南军政委员会民政部部长
副秘书长	阎宝航	外交部办公厅副主任

（三）谢觉哉于本月20日左右独身去汉口，随同中央派来各老区同志及民主人士、文艺作家等约50人，除谢团长只到瑞金汀洲外，余可分别参加各访问团。各分团的行程由分团自行计划。

（四）访问工作人员于9月15日以前完成，以便被邀请来京参加国庆的人能够赶到。

7月23日，政务院电告华东、中南、西南军政委员会：南方老根据地访问团增加朱学范为副团长。

中央人民政府南方老根据地
访问团访问湖南纪实

根据中央决定，组成了以刘景范为团长的北方老根据地访问团，下设陕甘宁、东北、晋冀鲁豫、晋绥、晋察冀、热河、山东、河南及苏北皖北等九个分团。

二、中央人民政府老根据地访问团工作总结

1951年8月上旬至9月中旬，中央人民政府南方和北方老根据地访问团访问工作结束。12月14日，政务院召开115次政务会议上，分别批准通过了谢觉哉所作中央人民政府南方老根据地访问团工作报告、刘景范所作中央人民政府北方老根据地访问团工作报告。

（一）中央人民政府南方老根据地访问团工作报告（摘要）

中央人民政府南方老根据地访问团，共分中央、湘赣边、湘鄂赣、闽浙赣、鄂豫皖、湘鄂西、川陕边、粤东、海南9个分团（广西左右江老根据地、广西省人民政府已访问过，未再去）。分团下设分队，共计39个分队。分队下设小队或小组。各访问分团由中央人民政府和所属各大行政区、省、专、县各级区，40个电影队、5个幻灯队、2个摄影队、8个曲艺队、54个医疗队。

各分团均于7月底组成，8月初或8月中旬出发，9月初或中旬结束。工作方面是：普遍宣传与重点访问相结合。到处召开群众大会，召开县、市、区烈军属、革命残废军人、英雄模范人物代表会议，在有历史意义和遭敌摧残较重的乡村召开各种座谈会，祭悼革命烈士，对典型户或典型人物代表进行个别访问。传达毛泽东主席和中央人民政府对老根据地人民的关怀，送给礼品（主席像、主席题词、纪念章、慰问信），宣传革命胜利的形势，听取老根据地人民的意见和要求，并给他们治病。共计访问了209个县。据4个分团统计，召开群众大会932次，到会1981490人。据8个分团不完全统计，召开代表会议198次，到会代表46654人；据4个分团统计，召开座谈会1925次，到会68253人；据3个分团统计，个别访问了11738户；与

访问团直接见面的老根据地人民，只中央老根据地江西部分即达75万人；医疗队仅6个分团即治疗72610人；文艺宣传活动较多。

老根据地人民给毛泽东主席和访问团的信，除各分团已经处理外，交到总团的有12800封，锦旗1428面，礼品很多。

来京参加国庆观礼的代表，计中央老根据地66人，湘赣边33人，湘鄂赣47人，闽浙赣48人，鄂豫皖51人，湘鄂西25人，川陕边40人，粤东19人，海南15人，豫西南北东抗日根据地17人，广西左右江9人，东江纵队抗日根据地10人，新四军五师抗日根据地10人，华东区136人，共计526人[①]。其中烈属208人，军属73人，工属3人，革命残废军人11人，劳模3人，革命群众228人。都是有斗争历史和绝大多数未出过农村的人，他们参加国庆观礼、出席主席招待会，看到了中央首长、听到总理及其他首长的报告，非常感奋；他们也对学校、机关做了报告；沿途经过天津、南京、上海受到招待，看到许多新事物，他们感到无上荣幸，同时也提高了他们的思想：（1）进一步扫除了认为共产党、红军进城忘了乡、下山忘了山的想法；（2）知道了帝国主义、封建阶级统治的时代是永远结束了，这不只是看到我们伟大的国防力量，而是看到了很多外宾向毛泽东主席敬酒，知道我们的朋友遍全世界；（3）深深感到革命大家庭的温暖……各老根据地代表的眼光放大了，爱国思想增强了，工作积极性提高了，都决定回去向人民传达，并决心要带头做好各项工作；许多代表立即向本地写信（在京共发了1000多封），要人民努力增产节约，捐献飞机、大炮，各省、区领导也决定要帮助代表们回去做好传达工作。

（二）中央人民政府北方老根据地访问团工作报告（摘要）

中央人民政府北方老根据地访问团，由中央人民政府、民主党派和群众团体的代表及各大行政区、省的干部组成，并有电影队、文工团、医疗队及新闻记者随行，共3809人。总团之下分设陕甘宁、东北、晋冀鲁

---

① 注：本数据为南方老根据地代表人数，原文稿为390人，未加入华东地区136人。

中央人民政府南方老根据地
访问团访问湖南纪实

豫、晋绥、晋察冀、热河、山东、河南及苏北皖北等9个分团，各分团于8月上旬先后出发分头访问，总团则有重点地召开了各县、市烈军属、荣退军人、支前有功人民和劳动模范代表会议、干部座谈会、群众大会，传达毛泽东主席和中央人民政府对他们的关怀和期望，报告了两年来国家建设的伟大成就和远大前途，征询了他们的意见与要求，散发慰问信、毛主席题词、相片和纪念章，邀请他们看电影、看戏；并请他们选出代表来京参加国庆观礼。更有重点地选择毛泽东主席及党中央、各中央分局、工农红军、八路军、新四军、抗日联军总部、各边区政府、各军区住过的村庄，以及受日寇蒋匪摧残最重的"无人区"地区，具体了解烈军属革命残疾军人的生活情况，给群众治病，发救济粮、款，祭革命烈士。据不完全统计，各单位在40余天中，走访慰问县、市、旗307个，典型村729个，典型户40809个，开大小代表性会议1778次，与会代表94406人，开群众会2842次，参加者5230300余人，组织文娱活动3011次，参加群众6200000人以上。

老根据地人民听到毛泽东主席派人访问他们，将此看作自古以来的喜事，奔走相告，"毛主席派人看我们来了"……

这次访问的经验证明：这种访问的工作方式很便于和群众联系，访问的同志可以和干部群众随便交谈，不使他们感到拘束，因而就能够做到知无不言，言无不尽，全面地了解他们的意见和要求，寻出办法，帮助解决。这种访问工作只要结合地方干部和当地中心工作，深入细致地由上而下地进行，就能够鼓舞群众和干部的热情，推进工作，并进一步地密切人民政府与人民的联系。

来京参加国庆观礼的各老根据地人民代表305人，其中包括模范革命烈士家属、革命军人家属、革命残废军人、支援革命战争与坚持对敌斗争的模范人物。他们在京参加国庆观礼，出席了毛泽东主席的宴会，会见了中央各负责同志，听了周恩来总理和其他负责同志的报告，还参观了工厂、农场、各种展览会和北京名胜，一致感到极度兴奋与光荣，从而在思想上也提高了一步：（1）看到国庆节天安门伟大场面，认识到新中国成就和强大的力量，胜利的信心大大提高了；（2）看到苏联和人民民主国家及其他国家的人民代表都来庆贺国庆，感觉到新中国的国际地位提高了；（3）看到工人生产力高，本事大，有组织、有纪律，体会到工农联盟的重要，农民要接受工人阶级的领导；（4）看到拖拉机农场，看清了农民未来的远景；（5）特别是参加毛泽东主席的宴会，看见毛泽东主席，和毛泽东主席握手，觉得是一件最光荣而永远不能忘记的事，对他们的鼓舞作用很大；（6）推选出代表参加中国人民政协第一届第三次会议，讨论国家大事，认识到人民真正成为国家的主人。因之，坚决表示：回去一定要广泛地宣传，并响应主席号召动员群众做好增产节约、抗美援朝等工作，来报答毛泽东主席和中央人民政府对他们的关怀。这些代表回去将成为各地推动工作的骨干。

三、中央人民政府南方老根据地慰问礼品发放与等级标准

（一）等级与标准

等级：第一等为毛主席像、毛主席题词。第二等为毛主席纪念章、毛主席题词。第三等为毛主席题词。

第一等：（1）土地革命时期，曾经创造或建立革命武装（如红军游击队）革命政权，及工农青妇等革命组织（其范围大小不论）并为革命牺牲者；（2）老根据地县团级以上党政军负责干部在革命斗争中英勇牺牲对革命事业有贡献者；（3）土地革命时期区级以上党政军干部因英勇牺牲在群众中有重大影响者；（4）在土地革命时期参加革命，现在中国人民解放军部队中任师级及在地方任地委级以上职务之家属。

第二等：（1）土地革命时期担任过中共和少共支部书记及乡政府主席，赤卫队长少先队长或相当该职及以上干部为革命事业而英勇牺牲者；（2）在革命斗争中遭受重大牺牲之家属，如某家属虽没有人担负重要革命

职务，但在革命斗争中牺牲的亲人很多等等）；（3）在土地革命时期参加革命现在中国人民解放军部队中任团级及在地方任县级以上职务者之家属；（4）在土地革命时期参加革命经过长期斗争，而现在仍在中国人民解放军或地方政府及人民团体中担任工作者（不论现任职级大小）之家属。

第三等：（1）土地革命时期在南方老根据地曾任中共和少共支部委员及相当该职级以下之党政军工作人员为革命牺牲者；（2）因积极支持革命运动而英勇牺牲之革命群众；（3）老根据地区之一般烈军工属及残废军人。

（二）急救原则与标准

在访问团正在进行访问期间工作时间内，遇烈军工属中有迫切困难急需解决者，得依照以下情形之一予以救济酌给急救款10万~20万元。（1）有严重疾病必须急救而确实无力医治者。（2）有直系亲属死亡无力安葬者。（3）鳏寡孤独沿门乞食生活无着者。（4）其他特殊情形必须救济者。

（三）几个具体情况及处理办法

（1）上项慰问礼品发放对象一般均指土地革命时期（包括1925—1927年大革命时期）参加中国共产党各级组织，苏维埃各级政权，工农青妇及各人民团体之工作人员，工农红军之指挥员战斗员与后勤工作等人员之家属经审查对革命事业未有危害行为者（群众性的集体自新情况不算），始得按照以上等级及标准分别发给慰问礼品每户1份。（2）续承子女权益的确定，原则上限定在烈士未牺牲以前或以后在一定继承时间内按群众习惯举行仪式公认者，可按规定予以优待。（3）长期坚持革命工作，因而积劳成疾以致病残者得按荣军地位待遇。（4）凡参加红军和游击队现在情况不明无法取得证明者（无人员证明牺牲或被俘，或叛变者），具备下列条件之一暂按军属待遇，待查明后重新确定或取消其待遇。①具有当时苏维埃区级以上政府或红军大队以上政治机构的合法证明文件。②经同时期参加革命斗争之现职干部证明属实。③经群众证明。（5）在土地革命时期参加工农红军，因参战负伤或因公而致残废，被安置于老根据地之残废或退伍军人，而现具下列之一者，得依中央人民政府颁布的革命残废军人优待抚恤暂行条例待遇之，并换发新证，但其本人有危害革命之行为者（群众性的集体自新不算）不予优待。①有当时苏维埃区级以上政府或红军大队以上政治机构的合法证明文件。②经同时期参加革命斗争之现职干部证明。③经群众证明。（6）凡一家同时有革命分子及反革命分子者，其革命分子之革命行为经调查属实或群众证明确为革命事业英勇牺牲而现仍有其系亲属且无危害革命之行为者（群众性的集体自新不算）可按规定享受待遇。

四、中央人民政府南方老根据地访问团致老根据地人民的信

为体现国家对老根据地人民的精神慰问，中央人民政府南方老根据地访问团发放了《致老根据地人民的信》、毛主席像、毛主席题词及毛主席像章。中央人民政府南方老根据地访问团《致老根据地人民的信》内容如下：

致老根据地人民的信

亲爱的老根据地革命烈士家属们，革命军人家属们，革命残废军人们和坚持长期革命斗争的父老兄弟姊妹们：

我们奉中央人民政府和毛主席之命，来访问你们，特向你们致以亲切而热烈的敬意！

各老根据地是中国人民革命的发源地，中国共产党曾经在这些地方组织革命军队，训练革命人才，准备了在全国胜利的基础力量。

各老根据地的人民与军队，曾拿起武器和占优势的敌人打过无数次的仗，得到过无数的胜利。

各老根据地在人民主力军队撤出以后，曾经遭受蒋介石匪党惨无人道

的烧杀，但人民绝不屈服，坚持游击战争和其他各种形式的革命斗争，一直到全国解放。

各老根据地在残酷的革命战争中，曾经创造出经济建设、文化建设、军事建设的惊人成绩，表现出劳动人民的优秀品质与无穷的力量。

老根据地的人民在革命战争中，牺牲了无数性命，遭受了无比的摧残，但也锻炼出无数革命人才，创造出无数可歌可泣的史实。

你们相信革命一定胜利，现在革命已经胜利了。

你们时刻怀念自己的领袖毛主席，现在毛主席已经派人来看你们，并准备邀请你们的代表到北京参加今年的国庆典礼！

中央人民政府和毛主席很关心你们！关心你们的家园被破坏尚待恢复，关心烈士家属、革命军人家属、革命残废军人及其他人民的生活还有困难；关心要求学习和工作的革命人员和革命子女，还没有很好的安置。各级人民政府应当尽可能地，有步骤地帮助你们解决这些问题。同时也希望你们继续发挥光荣的革命传统，响应毛主席的号召，在各种爱国运动中起积极作用，共同做好国防建设和生产工作，争取革命事业的最后胜利。

同志们，让我们高呼：

各老根据地革命的功劳万岁！

牺牲的同志们永垂不朽！

中国人民革命胜利万岁！

中华人民共和国万岁！

中国共产党万岁！

毛主席万岁！

中央人民政府南方老根据地访问团

一九五一年八月

湖南省老根据地人民与烈军工属代表会议全体代表合影 一九五一年九月二十日

中央人民政府南方老根据地访问团随团赠
送的毛主席像

湖南省老根据地人民与烈军工属代表会议
全体代表合影（1951 年 9 月 20 日）

中央人民政府南方老根据地
访问团访问湖南纪实

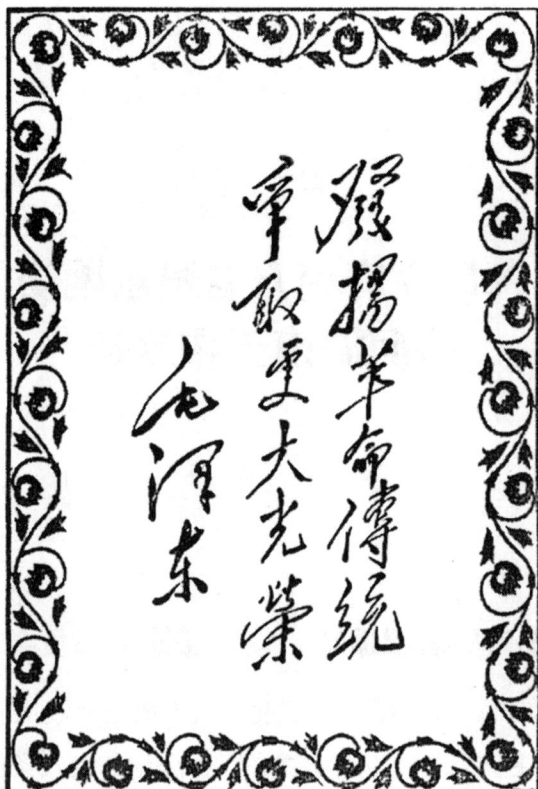

1951年8月毛泽东主席为革命老根据地人民题词：
发扬革命传统　争取更大光荣

毛主席像章

第二节

中央人民政府南方老根据地访问团
访问湖南工作筹备

一、成立湖南省老根据地[①]访问团筹备委员会

1951年7月28日，省人民政府下发《关于成立"湖南省老根据地访问团筹备委员会"主任委员、办公室主任、办公地点及长条戳式样的通知》（以下简称《通知》）。《通知》指出：本省奉中央指示筹备老根据地访问团事宜，成立筹备委员会。王首道同志为本会主任委员，曹痴同志为本会办公室主任，办公地点设省政府办公厅，于本月28日启用长条戳，文为湖南省老根据地访问团筹备委员会，特此通知并附长条戳记式样。

二、制订湖南省老根据地访问工作计划

湖南省为革命策源地之一，早在第一次和第二次国内革命战争时期，湖南共产党人和革命人民就在毛泽东主席及党的领导下，建立了湘鄂赣、湘赣边、湘鄂西等革命根据地和其他小块游击区，与敌人进行了长期艰苦的革命斗争，给地主恶霸反动统治阶级以严重打击，牺牲了不少优秀的共

---

① 原文为老红色区，为统一访问团名称更名为老根据地。

产党员、革命干部和革命群众，在长期白色恐怖的包围下，受尽了反革命的屠杀、迫害和侮辱，但他们绝大部分始终是坚强不屈的，与敌人进行各种公开和隐蔽的、武装和非武装的斗争，一直坚持到获得解放全中国全湖南的伟大胜利。

鉴于这些老根据地的革命人民和烈军属过去受到反革命的严重摧残和他们对革命的重大贡献，今天应该受到各级人民政府和全国人民的关怀与慰问，为此，省人民政府遵照中央人民政府和中南军政委员会的指示，组织老根据地访问团，深入各老根据地进行访问。为完成这一重大政治任务，特拟具如下工作规划。

（一）目的

传达毛泽东主席和中央人民政府对老根据地人民的关怀，代表全省和全国人民对他们过去坚强不屈英勇斗争的精神表示尊敬和爱戴，借以加强政府与老根据地人民的联系，发扬老根据地人民的优良革命传统，帮助推进人民政府的各种工作。

（二）范围

主要是湘鄂赣边、湘赣边、湘鄂西等老根据地区，其次是湘南、华容等地游击区，着重在分配了土地，曾经建立苏维埃政权、时间达一年以上的地区或受反革命摧残最厉害的革命根据地。

（三）组织

由人民政府、各民主党派、各群众团体、战斗英雄、劳动模范、抗美援朝分会、赴朝慰问团代表等共同组织之：以王首道为团长，谭余保、陈再励为副团长，下设3个分团，第一分团往湘鄂赣区，由陈再励兼任分团长；罗其南为副分团长；第二分团往湘赣区，由谭余保兼任分团长，谷子元为副分团长；第三分团往湘鄂西区，委托湘西行署负责筹备组织，并决定由晏福生担任分团长，委托常德专署组织访问小组前往华容区，由衡阳专署组织访问组前往湘南区。

各分团下设宣传慰问、调查研究、总务3个组，各组设组长1人，并配备文工团、电影队、医师、护士、记者、警卫各若干人，每1个分团的总人数为100~150人（湘西分团及常德、衡阳小组的人数，视工作需要由他们自己决定）。

（四）工作

1.对老根据地人民有重点地进行各种精神和物质的慰问。

2.吸取老根据地人民丰富的斗争经验，听取他们解放后对各项工作的建议与批评。

3.了解老根据地人民的生产、工作与生活情况，了解他们的困难与要求，并尽可能地适当给予解决。

4.发现和培养脱离组织后而无叛变行为的老革命干部，斟酌情形介绍参加当地人民政府的工作。

5.进行重点的调查工作，调查老根据地政治、经济、文化状况，收集群众中可歌可泣的革命故事、文物和史绩，并结合进行收回苏币工作，按原价值以人民币兑换之。

（五）工作方法

采取以普遍召开县区代表会议与重点慰问相结合的方法，以政治上提高精神上慰问为主，有重点的物质慰问为辅。一般通过下列3个方式进行慰问工作。

1.选择重点县并吸收附近老根据地县的代表参加，召开老根据地人民的代表会议。代表产生由乡政府乡农民协会或农协小组讨论提出名单，乡代表会或村的群众大会通过，区人民政府与区农协会批准。代表以合于下列四条中任何一条者为合格：①在长期白色恐怖下，坚持不屈，未叛变投降，解放后表现良好者；②群众拥护者；③对革命有显著功绩的烈军革属；④与革命领袖或中央首长有过工作关系者。在县代表会上选出一批代表准备参加全省老根据地代表会议（省代表会于9月上旬召开，具体办法另定）。然后由全省代表会议再选举若干代表参加中南老根据地代表会议（中南代表会议于10月中旬开会）。代表产生按照老根据地人口比例每3万~5万人产生代表1人，其他各县一般地区的烈军革属每县选1~2人，个别县得省政府民政厅同意可多选1~2人。

2.选择曾经建立政权、分配土地、受反革命摧残最烈的地区，有重点地访问若干区乡。

3.在不妨碍生产的原则下，召开全乡或全村的群众大会或个别深入进行宣传与访问工作。

（六）经费

另行预算。除中央及中南拨发经费及慰问品外，不足的经费请由省财政厅批准发给（见表1-2-1）。

（七）时间

预定7月20日完成准备工作，出发时间另定，工作1个半月至2个月。

表1-2-1　湖南老根据地慰问团人员编制表

职　务	1个团人数	2个团合计	备　注
团长	2	4	
秘书	3	6	
文印收发	2	4	
调查研究组长	2	4	
干事	4	8	
宣传慰问组长	2	4	
干事	9	18	
新闻摄影人员	2	4	
美术人员	2	4	
灯影班	4	8	
幻术	2	4	
花鼓	4	8	

续表

相声弹词杂技	4	8	
文工团			每团人数为 30~70 人，暂时无法确定
电影队	4	8	
总务组长	2	4	
干事	7	14	
医师	2	4	包括医师 1 人医士 1 人
护士	2	4	
勤杂警卫	10	20	首长警卫员包括在内
司机	4	8	包括司机 2 人，助手 2 人
合计	73	146	不包括文工团

说明：（1）2个团之间人数可相互调剂。

表1-2-2　湖南老根据地慰问团经费预算

项　目	币（元）	米（斤）	说　明
礼品	596000000	2125000	湘鄂赣、湘赣、湘鄂西、湘南及华容部分地区烈军工属约 14 万户（348500 人）、群众 25 万户（621500 人）
米	—	2125000	以烈军工属 1/4、群众 3% 计每户平均 50 斤
毛巾	216000000	—	以烈军工属 1/3、群众 100% 计每户毛巾一条，单价 3000 元
食盐	216000000	—	以烈军工属 1/3、群众 10% 计每户食盐 2 斤，单价 1500 元
领袖像及题词	120000000	—	20 万份，每份 600 元
慰问信	44000000	—	40 万封，中南省各半

续表

项　目	币（元）	米（斤）	说　明
县区代表补助费	—	63000	湘赣、湘鄂赣代表名额已决定为1500人，其他地区估计为2000人，每人补助大米18斤
省代表会经费	100000000	24000	以500人计，会期3天，除每天每人16斤外交通费20万元
招待费	44800000		以烈军工属2%——7000人计每人8斤，每斤价800元
慰问团交通费	140000000		250人，除每人30万元外汽油10桶及物品搬运费
慰问团公什费	20000000		包括文具邮电消耗及证章草帽布鞋
邀聘人员供给费	—	13800	60人2个月的火灶供给
电影队费用	16770000	—	影片租金，机油、汽油
杂技人员聘金	11200000	—	28人2个月，每人每月20万元
文工团用费	16000000	—	化妆道具、布景灯、油等
文物收集费	50000000	—	对捐献文物者必要的奖助
摄影材料费	10000000	—	卷片、晒相纸药水等
宣传费	30000000	—	油彩、颜料、纸张、油墨等
预备费	200000000	—	每个团列1亿元
补助湘西慰问费	200000000		
补助湘南慰问费	100000000		
补助常德专区慰问费	30000000		
合　计	1564770000	2225800	大米以8001斤，折算共计人民币3345410000元

第三节

中央人民政府南方老根据地访问团
访问湖南工作总结

一、访问分团的组成

1951年7月28日，根据政务院7月18日及7月23日电告精神，成立湖南省老根据地访问团筹备委员会，并制订湖南省老根据地访问工作计划。

8月3日清晨，中央南方老根据地访问团副团长、全国邮电部部长朱学范、中央人民革命军事委员会武装部副部长傅秋涛及华东军政委员会委员邓裕志、北方交通大学副校长金士宣等20余人到达长沙，湖南省人民政府及各机关团体组织力量，配合中央派来的代表团组成湘赣边、湘鄂赣分团，并派代表协同湘西行署组成湘鄂西分团筹备准备工作。

由湖南方面负责组织湘鄂赣分团湘东北分队，湘赣边分团湘东南队及湘鄂西分团湘西分队（常德小队①）。

湘鄂赣分团团长由总团副团长傅秋涛兼，副团长为江西省政府农林厅厅长邓洪、湖北省总工会主席王只谷、湖南省政府民政厅厅长陈再励；秘书长为陈再励（兼），副秘书长为长沙地委副书记罗其南、湖北省农学院

---

① 原常德小队未划分隶属访问分团，编者鉴于访问地为湘鄂西老根据地，将其列入湘鄂西分团。

中央人民政府南方老根据地
访问团访问湖南纪实

教育长林镇南。

湘赣边分团团长由总团副团长谭余保兼，副团长为总团副团长朱学范（兼）、中共江西省委组织部部长刘俊秀、中共江西省吉安地委书记李立、湖南省衡阳专署副专员谷子元；秘书长由李立兼，副秘书长为湖南省委宣传部科长张军。

湘鄂西分团因大部分在湖北，由湖北省政府主席李先念任分团长，湖南由湘西行署专员晏福生任分团长兼湘西分队队长。

这次参加访问的人员共400余人，大部分系湖南省政府各机关、各民主党派、人民团体抽调的干部，此外有湘江话剧团、建设文工团、洞庭湘剧团、新义楚剧团、电影队等10个文艺工作单位。

在准备工作期间，各单位干部集中后，由省人民政府主席王首道、各分团团长作关于老根据地人民的历史斗争和访问团的任务的报告。指出了访问工作的重要政治意义。这次访问团的主要任务是慰问各个老根据地的烈军工属、革命残废军人和广大的老根据地的人民；以政治慰问为主，提高老根据地人民的政治地位；传达中央人民政府和毛泽东主席对老根据地人民的希望和关怀，向他们进行慰问，并调查了解他们的生产和生活情况，听取他们的各种意见和要求，以便将来有计划有步骤地恢复和发展老根据地政治、经济、文化、卫生等项建设。

二、访问经过

1951年8月6日19时，湖南省各界在省人民政府礼堂举行了600余人参加的晚会，欢迎中央人民政府南方老根据地访问团，在欢迎会上，湖南军政委员会主席程潜首先致欢迎词，省人民政府主席王首道讲话，最后朱学范副团长、傅秋涛副团长和邓裕志、金士宣讲话。8月7日，湘鄂赣分团、湘赣边分团、湘鄂西分团分别组织湘东北分队、湘东南分队、湘西分队人员参加的访问工作会议，由省政府主席王首道、访问总团副团长兼湘鄂赣分团团长傅秋涛、访问总团副团长兼湘赣边分团团长谭余保、访问总团副团长兼湘赣边分团副团长朱学范传达了中央精神，介绍了老根据地基本情况，布置了访问工作任务。8月9日上午，中央人民政府南方老根据地访问团湘鄂赣分团湘东北分队及湘赣边分团湘东南分队分别离开长沙前往平江、茶陵再转其他革命根据地进行访问。当日6时许，在火车站举行了欢送会，由省人民政府主席王首道代表湖南人民向访问团致欢送词。接着由中央人民政府南方老根据地访问团副团长兼湘赣边分团副分团长朱学范致答词。会毕，湘赣边分团全体成员在谭余保分团长、朱学范副分团长等率领下于群众的欢呼声中登车。

8月9日至9月8日，中央人民政府南方老根据地访问团湘鄂赣分团湘东北分队在平江、浏阳、醴陵召开了各县的老根据地人民烈军工属代表会，王首道主席亲赴平江、浏阳出席会议，在嘉义举行了追悼涂正坤同志暨老根据地革命烈士大会，由傅秋涛分团长主祭，除全体工作人员外，参加群众2000余人。分团还在浏阳东门召开了平（江）浏（阳）万（载）修（水）铜（鼓）烈军属代表会议。重点访问烈军属和残废军人，发放礼品和急救金，救治病人，放映电影、演出节目。

中央人民政府南方老根据地访问团湘赣边分团湘东南分队从8月9日开始访问，至9月11日结束。在茶陵召开了茶攸鄮耒安5县老根据地人民暨烈军工属代表会议，在郴县召开了郴州区老根据地人民暨烈军工属代表会议。湘赣边分团团长谭余保、总团副团长朱学范分别作了工作报告和讲话。湘东南分队在所访问的县分别召开了各县老根据地人民暨烈军工属代表会议，重点走访烈军属和残废军人，发放礼品和急救金，医治病人，放映电影、演出节目。

湘鄂西分团湘西分队（包括常德小队）从8月11日（常德小队于8月12日出发）开始访问，至9月13日结束。湘西分队在永顺召开湘西区老根据地人民暨烈军工属代表会议；晏福生分团长做工作报告；常德小队在石门召开石门、慈利、桃源、澧县、临澧、安乡等老根据地人民暨烈军工属代表会议，小队队长孙云英作工作报告。各分（小）队在访问县分别召开了各县老根据地人民暨烈军工属代表会议，重点访问烈军属残废军人，发放礼品和急救金，医治病人，放映电影、演出节目。

9月11日，省人民政府邀请参加中央人民政府南方老根据地访问团朱学范副团长，湘鄂赣分团和湘赣边分团中的民主人士、大学教授，座谈访问老根据地的感想和意见以及对地方工作的建议，省政府主席王首道，副主席唐生智、程星龄，湘鄂赣分团副团长陈再励，湘赣边分团团长谭余保，湘赣边分团副团长朱学范，及各民主党派负责人谢晋、向德、朱宜风，省政府各部门负责人都出席参加。

座谈开始，王首道主席致辞说："湘鄂赣、湘赣边访问团都回到长沙来了，这次访问对老根据地人民是很大鼓舞，传达了毛主席和中央人民政府对他们的关怀。同时也初步了解了老根据地人民生产和生活中的一些问题，这是一个良好的开端，今后我们还要帮助老根据地人民重建家园，现在希望访问团负责同志和各位先生，把这次参加访问老根据地后的感想、意见，特别是对地方工作的建议告诉我们，以作为政府帮助老根据地人民恢复建设和改进地方工作的参考。"朱学范副团长先介绍了湘赣边老根据地人民对毛泽东主席和访问团的热爱，他说："我们每到一个地方都受到群众的热烈欢迎，家家户户挂了毛主席像和国旗，从几十里路以外看'毛主席派来的人'。情绪高极了，真实处处表现了他们对毛主席的亲切感情。"他着重指出："这次访问老根据地学习了很多东西，特别是深刻体会了毛主席关于创建革命根据地思想的伟大和正确性。"

北京交通大学金士宣副校长说："过去平江、浏阳那些山洞，被国民党反动派划为'赤色区域'，住在洞里的人受尽残害欺压和侮辱。现在都感到住在洞里的人是一种很大的光荣……解放后老根据地人民在政府领导下，进行社会改革运动，政府发优抚和救济粮，生产、生活有很大改善，社会安定。目前人民生产生活还存在困难，因此要恢复经济和老根据地人民的生产能力……"

北京农业大学陈锡鑫教授、华东军政委委员邓裕志、北京农业大学吴亭教授、湖南大学皮名举教授都讲了话。与会同志指出，这次访问学习了不少东西，收获很大，进一步体会到毛泽东思想的伟大和毛泽东主席政策的正确。并表示要把这次看到的和自己的感想广泛地向全国人民作宣传。发言中，大家对今后如何恢复老根据地各种生产建设提出了宝贵的意见和建议。王首道主席代表省人民政府感谢大家所提的宝贵意见。他说："座谈会上，听了大家的宝贵意见和生动发言，向大家致谢。省政府过去对老根据地的优抚工作和恢复建设工作，做得很不够，今后必须加强，给老根据地人民以切实有效的帮助和领导，同时希望大家把这些情况，用文字或语言，向全国人民作报导。"

三、主要收获及存在的缺点

由于各分团的正确领导，在全体工作人员的艰苦努力和各专区、县、乡工作人员的协助下，走访了20个县，据统计，在访问中，共召开各类人民群众、烈军工属、残废军人座谈会348次，参加人员3.8万人。放映电影、演出节目294次（场），观众25.6万人，举办展览2次，参观人员2.3万人。重点走访1065户。访问团直接发放急救金约11000万元。发放各类纪念品60万份，急救金及米发放至39万户98万人，医治病人12251人。

（一）收获

1.传达了毛泽东主席和中央人民政府对老根据地人民的关怀，鼓励了老根据地人民的革命情绪，扩大了政治影响，密切了党、政府与群众的联系。凡是访问团所到之处，都受到群众热烈的欢迎。如资兴工作组从县城到布田要过一渡河，群众即自己动手搭好一座浮桥，让访问团通过。每一个地方的人民，都迫切希望访问团的人员住到他们那里去。很多人看了电影《翠岗红旗》之后，联想起自己过去被国民党屠杀摧残的情形，流下了眼泪。

在宣传慰问和分发礼品时，他们深深感谢毛泽东主席和中央人民政

中央人民政府南方老根据地
访问团访问湖南纪实

府："毛主席没有忘记我们，给予我们最大的光荣，我们一定要报答毛主席这一番心意。"攸县老汇乡烈属唐慈岭在第二次国内革命战争时期红军北上以后，父亲、母亲、弟弟都被国民党杀害，这次他得了毛主席纪念章和题词，他很兴奋恭恭敬敬地站在毛主席像前宣誓："我要永远跟着共产党走，响应政府的一切号召，水里去、火里去，死也不怕！"在访问期间，访问团收到很多烈军工属冒着生命危险，从1925—1937年保存下来的革命历史文物，他们纷纷给毛泽东主席写信，报告他们的生活生产情况，表示有信心重建革命家园。同时也送来了许多致谢致敬的锦旗。

2.在各种会议和重点访问中，通过回忆控诉反动派对老根据地人民的残酷烧杀情形，更加激发了烈军工属和人民对国民党反动派和美帝国主义及一切反革命分子的仇恨，因而纷纷以实际行动推动各项工作来表示报答毛泽东主席。访问团访问郴州苏维埃时期的老干部李恒春同志后，他首先带头捐献15万元，带动了全乡人民迅速完成了4000多万元的捐献任务。茶陵县腰陂乡的乡政府在农会工作人员，分了田安了家，生活渐渐好了，本来都不安心工作，团员怕"带头"，民兵怕"误工"，但经过这次访问，传达了毛泽东主席的关怀和"发扬革命传统，争取更大光荣"的指示后，他们都说："毛主席这样关心我们老根据地人民，烈士们流血牺牲给我们带来今天这样的光荣，我们分了田就不安心工作，如何对得起他们哩？"这样很多人便开始批判了自己的"自私自利"和"个人主义"的错误思想，重新积极工作了。

3.比较全面地了解了各个老根据地人民的情况，特别是老根据地人民过去英勇奋斗流血牺牲的光荣业绩和对革命伟大斗争的贡献后，全体团员对革命创造的艰难与苏区人民的伟大的认识都大大提高一步。也改正了若干区、乡地方党政干部（湘东南一区）对老根据地烈、军、工属及长久脱离革命的苏维埃时期老干部的错误看法和态度，现在他们认识了革命的胜利是与老根据地人民流血牺牲分不开的，应该要更好地尊重和照顾这些烈军工属，除个别的以外，应适当地吸收遗留下来的老干部，加以思想教育后给予一定工作，这对推进老根据地各项工作将有重大作用。

（二）存在的缺点

1.由于老区分布广、山区多、交通不便，访问团工作人员较少，访问时间紧，未能满足重点老区县重点区人民迫切访问的要求。

2.各县工作组下区乡后，因时间关系有的工作组调查访问内容不全面。

3.个别工作组在发放慰问品时，有所遗漏。

中央人民政府南方老根据地
访问团访问湖南纪实

中央人民政府南方老根据地访问团湘鄂赣分团及湖南分队合影

中央人民政府南方老根据地访问团湘东南分队全体工作同志合影

中央人民政府南方老根据地
访问团访问湖南纪实

第
二
章

湘鄂赣分团访问纪实

湘鄂赣分团访问工作总结

一、湘鄂赣分团的组成

湘鄂赣分团依据第二次国内革命战争时期的苏区的名称而组成，自该区解放后，已按全国统一省份划归湖南、湖北、江西各省。此次访问工作实际上是一个重大的群众工作，必须依靠当地组织才能做好，因此湘鄂赣分团为完成中央所赋予的重大的访问任务，由各省抽出重要的负责干部参加访问分团（见表2-1-1）。

表 2-1-1　湘鄂赣访问分团组成人员一览表

名　称	职　务	姓　名	籍贯	访问总团及工作单位职务
访问分团	团长	傅秋涛	湖南	总团副团长、中央人民革命军事委员会武装部副部长
访问分团	副团长	陈再励	湖南	湖南省人民政府民政厅厅长
访问分团	副团长	邓　洪	江西	江西省人民政府农林厅副厅长
访问分团	副团长	王只谷	湖北	湖北省总工会副主席
访问分团	秘书长	陈再励（兼）	湖南	湖南省人民政府民政厅厅长
访问分团	副秘书长	罗其南	湖南	长沙地委副书记

续表

名　称	职　务	姓　名	籍贯	访问总团及工作单位职务
访问分团	副秘书长	林镇南	湖北	湖北省农学院教育长
访问分队				
湖南分队	队长	陈再励（兼）	湖南	湖南省人民政府民政厅厅长
湖北分队	队长	王只谷（兼）	湖北	湖北省总工会副主席
湖北分队	副队长	彭济时		
江西分队	队长	邓洪（兼）	江西	江西省人民政府农林厅副厅长
工作组	工作职责与任务			
秘书组	负责与地方联络，掌握印信，收发文件，整理全队和各组所有资料			
烈军工属调查组	以县为单位，结合地方党委政府有关部门进行调查、收集、统计烈军工属数字及所提出的问题，并同地方政府研究如何解决困难的办法			
宣传组	负责领导管理电影队、文工队，制定宣传工作计划，组织大小晚会、座谈会，发放张贴慰问信及研究发放毛主席相片、主席题词与纪念章			
总务组	负责管理日常生活及行政等事项，并领导医疗队工作			

二、访问重点和方法

（一）访问重点

湘鄂赣分团对各分队访问工作中，除许多重大问题在原则上、工作计划上、领导上要求统一外，主要还是各分队依靠地方党政配合，独立地行动，并根据总的方针和计划展开访问工作。各分队访问的重点，在原则上应普及以下县份之苏区：

湖南——以平江、浏阳苏区为访问重点，醴陵、宜春、萍乡三县交界点为次要访问地区。

江西——以万载、铜鼓、修水苏区为访问重点，其次访问武宁、宜春部分苏区。

湖北——以阳新、通山、崇阳为重点，湘鄂边（苏区名称）通城、大冶为次要访问区域。

所谓重点区域是指在苏维埃时期比较长时期存在，领导机关作为指导工作比较中心的地区。譬如鄂南是以阳新、通山、崇阳为重点访问区，因为这是湘鄂赣边界的革命发源地区；访问分队应到龙港去，因为龙港是鄂东南苏维埃开始的所在地；譬如赣西北地区应以万载、铜鼓、修水为重点，因为这是革命发展较长期作为依托的地区，江西分队应进到万载之小源去，因为小源是湘鄂赣省政府驻有一年多的所在地；湘东地区苏维埃发展最早，农民暴动激烈者是平、浏两县，同时湘鄂赣省政府成立于平江之长寿街，湘鄂赣的领导机关在3年游击战争中最后坚持到抗日战争亦在平、浏、铜地区之黄金洞及连云山脉，因此，湖南访问分队应以平、浏两县苏区为访问重点，并进到长寿街、黄金洞、东门等地。访问分团部亦应随同湖南分队行动。

所谓次要地区，不是访问工作的次要或者可以马虎一些，如果这样认识那是错误的。而是说各分队在工作部署上，力量的配备上及分队的行动上应有重点，至于次要地区之访问工作则更应配合地方之党政民，把它做得更好些。

（二）访问方法

由于这次访问工作时间较短，地区比较大，山地很多，交通不便，为在9月15日前完成任务，主要采用了以下办法：

1.各省访问分队于8月6日由集合地向各访问地区同时开进，结合地方展开这一访问工作，并争取9月10日前各地基本上能完成访问任务。

2.这次访问工作主要是地方群众中的政治工作，因此要完全依靠地方党政机关和干部来完成这次访问工作任务（实际上就是地方的经常工作）。但是地方党政干部如果没有中央访问团的名义，是不能开展这一工作的，没有中央访问团到南方老根据地去，就是群众中有某些困难也是不能解决的，更不能提高老根据地群众的政治地位与群众情绪。因此各访问分队与地方党政民密切地结合是完成任务的先决条件。

3.各分队之重点访问与全面开展两者应互相结合进行，并在方法上以县为单位召开烈军工属代表会议、大小群众会议、座谈会及选择烈军工属作个别访问，从见、闻、问的实践过程中去发现苏区所存在的各种问题。如系一般性可以解答的问题，则按中央指示原则经过研究，提出意见，交地方政府去解决，至于重大原则性的问题，则收集具体材料呈交中央研究后再解决。访问团在访问中主要是去发现各种问题而不是去解决各种问题。各分队必须注意。

4.各分队在工作进程中，应随时注意总结自己单位的工作经验，并加以介绍，在工作基本上结束之后，应举行会议，作出书面总结，并于9月10—15日将书面总结送交访问分团，以便录集呈交总团部。

三、湘鄂赣分团访问工作总结

（一）湘鄂赣老根据地一般情况

湘鄂赣根据地是由湖南省之东北，湖北省之东南，江西省之西北各一部分地区组织而成。省苏维埃政府成立于1931年，统一地领导了湘鄂赣边区人民的革命斗争。该地区的劳动人民自共产党建立以来，就接受共产党的宣传与教育，因而劳动群众参加各种革命斗争的政治觉悟和革命热情是一贯地高涨着的。如在大革命时期的北伐战争中，人民热烈地支援革命队伍，协助当时革命军队取得了决定性的胜利。1927年大革命遭受失败后，中国进入到第二次国内革命战争时期，在毛泽东主席创立农村根据地的总的战略方针下，湘鄂赣广大地区的人民在共产党领导下，轰轰烈烈参加国内革命战争，并在毛泽东主席亲自领导下组织过1927年有名的湖南、湖北、江西农民秋收暴动，普及于湘鄂赣边区各县；1928年彭德怀、黄公略两将军在平江举行起义等重大的革命运动。上述这些地区对创立中国革命武装，建立农村根据地，有力地反抗反动统治的革命斗争，是有极大的作用的。

湘鄂赣区域在第二次革命战争时期是重要的战略区域之一，它处于当时的三个省反动统治大本营——长沙、武汉、南昌之间，地形扼要，人民在共产党教育下富有坚强的革命斗争意志，牵制与威胁敌人甚大。当敌人大举进攻中央和其他苏区时，它成为阻碍敌人的有力战略支点；当主力红军转移北上时，它能拖着敌人的尾巴与袭击敌人的后方。因此，它长期地成为敌人的眼中钉和被进攻的主要目标之一。湘鄂赣的党和革命武装力量虽然在强大的敌人面前取得过无数次胜利，但是也遭受过无数次的失败；然而它在共产党的正确领导下，时刻地依靠着它的母亲——群众，始终高举着鲜红的旗帜，坚持到最后胜利（抗日战争开始第二次国内革命战争结束）时，仍保存有湘鄂赣的红军游击队和许多坚强干部参加了新四军的序列，忠诚地执行共产党和毛泽东主席的政策，开往日本侵略者的后方进行抗日战争。因而湘鄂赣老区的人民是特别关心革命成败和自己的领袖毛泽东主席的。当访问团进到老根据地时，群众那种难以形容的热情、欢呼，就是最具体的表现。

湘鄂赣地区同其他地区一样，长期地遭受了国民党反动派的屠杀和破坏，生活极其悲惨与贫困。据我们调查：江西的万载、铜鼓、修水等县被杀害的人民就有79100人，烧毁房屋73024栋，湖南的平江被杀害的干部14000人，工农群众12万人，浏阳被杀害的逾10万人，平江幸家洞在土地革命前原有人口3700人，房屋500栋（大部是瓦房），水田1200石，纸槽800个，年产纸5万担，在长期的斗争中，遭受严重损失，房屋只剩2.5间，田亩竹山全部荒芜，纸槽全部被毁，人口仅剩752人，其中半数是从外乡移来的，类似这种悲惨的例子，是不胜枚举的。

自解放后，在共产党和人民政府的领导下，进行了清匪、反霸、减租、退押、土地改革、镇压反革命、民主建政及生产建设等工作，加之中央、中南各省政府发放救济粮，帮助恢复生产，重建家园，老根据地的人

中央人民政府南方老根据地
访问团访问湖南纪实

民在政治地位上有了提高，在经济上也获得了初步恢复，如辜家洞恢复房屋52间，开荒140亩，纸槽5个，由于各方面开始了恢复，生活也初步得到改善，但较其他地区一般人民生活水平，仍相差甚远。全部恢复和发展老根据地的经济，提高人民的生活，还需要较长的时间和人民政府有力支持才能实现。

（二）分团的组织

湘鄂赣分团自接受总团指示之后，即于汉口成立了分团部，傅秋涛为团长，陈再励、邓洪、王只谷为副团长并各兼湖南、江西、湖北3个分队的队长。陈再励兼分团部秘书长，罗其南为副秘书长。为加强分团对访问工作的统一领导，并组织分团团委会，傅秋涛、陈再励、罗其南、邓裕志（华东军政委员会委员）、金士宣（北京交通大学副校长）、吴亭（北京农业大学教授）、

湘鄂赣分团团长　傅秋涛

陈锡鑫（北京农业大学教授）、皮名举（湖南大学教授）等为委员，傅秋涛任主任委员，陈再励为副主任委员。分团部下设湖南、江西、湖北3个分队，各分队按工作需要设立秘书、宣传、调查、新闻、总务、医务、保卫等组。参加此次访问工作的成员有各级党、政、军、民的机关干部百数十人，大学教授、民主人士（北京、上海、湖南、湖北）10余人，战斗英雄、劳动模范、新闻记者、摄影记者均有参加，并有教员学生（湖北省教育学院师生）80余人，医疗队4个，文工团5个、地方剧团2个、清唱组1个、杂技团1个、武术团1个、电影队4个、幻灯队1个等15个戏剧单位，全团共有工作人员1019人。

每逢重要事情或分团行动计划，均经团委会并吸收当地县长参加，共同讨论后实施。团委会确定此次访问工作的领导方针：（1）重大原则问题及全团访问计划，实行统一领导，具体实施则由各省自行决定；（2）帮

助地方政府工作，提高当地工作干部威信，依靠他们共同完成访问工作任务；（3）重点访问与全面开展相结合。并决定各分队访问重点：湖南以平江、浏阳为主，醴陵为次；江西以万载、铜鼓、修水为主，武宁、宜春、萍乡为次；湖北以阳新、通山、崇阳为主，通城、大冶为次。各分队在出发前都进行了充分的准备工作，增制毛主席像、纪念章、题词、慰问感谢信，定慰问品发放等级标准（湖南），并集中分队人员介绍老根据地的情况，传达中央访问老根据地的重要意义和具体任务，使每个人都感到参加访问工作是件光荣的任务。但由于各分队准备和集中的时间先后不一，故出发时间也有早有晚，湖北是8月6日，湖南是8月9日，江西是8月19日。分团部则随同湖南分队行动，参加湖南老区访问工作，全团各分队均于9月10日前后结束。

各分队均注意放手接见群众、大张旗鼓宣传的工作方针，每到一县即召开全县烈军工属代表会、各种座谈会、群众大会，沿途重要地区也召开了当地及附近各乡的代表会、座谈会、群众大会，此外对有典型性的烈军工属进行个别访问。分团部在平江嘉义还举行了追悼涂正坤等同志暨老根据地革命烈士大会，在平江、浏阳两县城主办了照片及革命历史文物展览会，并在浏阳的东门召开了平（江）浏（阳）万（载）修（水）铜（鼓）五县烈军工属代表会议。无论代表会或群众大会均宣传了老根据地人民在中国革命历史上所起的巨大作用和毛泽东主席对老根据地人民的关怀，提高他们的政治地位，号召恢复生产、重建家园，分发中央和省的慰问信。在群众大会上还演出了《刘胡兰》和放映了《中国人民的胜利》《赵一曼》等电影，鼓舞和活跃了群众情绪。人民群众尤其烈军工属，纷纷前来向访问团打听亲属下落，或问长问短，或对恢复老根据地陈述意见，均经分团负责同志予以竭诚接见，并分别解答。至于慰问品的分发方法各分队不同，如湖南除对个别烈军工属代表当场发给慰问品外，绝大部分是由地方政府结合群众调查、了解、评议后再行分发，江西是在烈军工属代表会上经区乡干部讨论确定，再经群众大会通过，但也有是根据少数人评议通

中央人民政府南方老根据地
访问团访问湖南纪实

过发给的。

老根据地的人民由于经过长期的革命教育和斗争锻炼，是有着较高的政治觉悟与革命热情的，他们赤诚地拥护共产党和中央人民政府，爱戴自己的伟大领袖毛泽东主席，这次访问团沿途受到他们的热烈欢迎和招待，就是明显的例证。譬如，访问团未到之前，群众就把路修好、草割掉，平江辜家洞的群众修了几十里路。当访问团行进距村3~5里甚至十几里的时候，就有成千成百的男女老幼前来欢迎，他们都穿着新的衣服，比过年还高兴地放鞭炮、敲锣鼓、扭秧歌、呼口号，并且沿途各村都摆着茶水招待访问团，甚至在渺无人烟的分水坳（平江、浏阳交界地区）搭凉棚供访问团休息，并在7~8里以外挑水给访问团喝。特别是妇女们还继承着以往爱护红军的优良传统，站在欢迎的队列里给访问团打扇。访问团走到哪里，群众即奔走相告"毛主席的访问团来了"，因之男女老少都很亲近地围拢来问长问短；特别是烈军工属不顾路程遥远，都赶来看望毛泽东主席派来的访问团，如平江思村之思和乡70余岁的烈属刘团乾娘要自己的儿媳扶着从20里外赶来参加代表会，醴陵一位李姓烈属60多岁，双目失明，听说毛泽东主席派代表来了，硬要他儿子扶着走了10多里赶到渌口河欢迎。群众对访问团这样殷勤招待和热烈欢迎，使访问团同志们深受感动，感觉到访问工作的光荣和重大的政治意义，更领悟到毛泽东主席领导的正确，提高了工作人员的工作热情和积极性。

（三）分团访问工作的收获

（1）大大地提高了老根据地人民的政治地位。访问团每到一地，即向群众展开宣传工作，利用代表会、座谈会、群众大会、个别访问中实行放手接见群众等方法，广泛地向群众宣传老根据地革命斗争的伟大历史意义，老根据地的人民在中国革命斗争中所起的巨大作用，毛泽东主席和中央人民政府对老根据地人民的关怀，并由文工团、地方剧团、武术团、电影队、幻灯队演出和放映了他们从未见过的各种节目。在访问过程中，共放映电影及演出戏剧249场。参加烈军工属代表座谈会和群众大会的人数单就平、浏、醴三县统计，代表会44次，到会代表1430人，群众大会76次，共35万余人；连同个别访问、参观展览品以及沿途欢迎与接见的群众全湘鄂赣约有500万人之多。并沿途医治20243人。分发慰问信219554份，收到群众献给毛泽东主席和访问团的锦旗402幅、信2803封（其中给毛泽东主席的信1933封），还收到不少的革命历史文物。部分的发放了救济粮。使他们充分认识到毛泽东主席对他们的关怀，感到当一个老根据地的人民是如何的光荣！如何地受人民尊敬！所以在划分老根据地界线的时候，都担心被划出老根据地去。这份珍惜和热爱，激起和树立了这个地区的人民重建家园的信心。因此此次访问，将对老根据地的建设起到很大的推动作用。

（2）检查与推动了优抚工作。我们从代表座谈会和个别访问中了解到地方政府对烈军工属的优抚工作情况，有的执行很好，有的发生偏差。如浏阳双洞乡用老根据地的救济粮动员参军（用1660斤粮救济29户烈军属，用1900斤粮动员5个新兵），还有对烈军工属代耕不够重视，或先军属而后烈属，有个别烈属说："人在人情在，人死冇搞手。"经将这些情况反映给地方政府后，引起了地方政府的注意，推动了他们今后的优抚工作，各分队在访问工作中也密切结合了当地的中心工作，如抗旱、抗美援朝、镇压反革命等。

（3）提高了干部的认识，改善领导与加强了干部的团结。分团在这次访问工作中，收到群众不少的信件是反映干部成分不纯与作风不民主的问题，在代表座谈会上代表们都充分地说出了自己想提出的改善地方工作和某些干部作风的意见。这种实际教育对当地干部是一个很大的帮助和提高。

（4）这次访问工作对工作人员本身也是一个很好的学习和锻炼。分团的工作人员除极少数是老同志外，大部分同志革命历史不久，因之对老根据地的革命历史情况是不熟悉的，甚至在国民党反动派统治时期还有某些错误的认识，但经过这次的实际访问工作，则大大地了解到老根据地是一部光荣而伟大的革命历史，认识到老根据地的人民是勤劳的，是富有革命传统的，理解到红军的创造和坚持老根据地斗争的重大意义，真正体会到没有老根据地就没有今天中国的胜利。同时在看到和听到老根据地的人民在国民党反动派摧残屠杀和破坏下过着悲惨艰苦的生活，内心涌起了对蒋匪帮无限愤怒和仇恨，提高了阶级觉悟，认识到不消灭国民党反动派就没有人民的一切，这在政治上对每一个同志是一个很大的收获。在发扬艰苦作风上也给每个同志一次很大的锻炼，在这炎热的夏天，特别是大学教授、民主人士们接受毛泽东主席给予的光荣的访问任务，不怕走远道、爬高山、日头晒、蚊子咬，排除各种困难，胜利地完成了访问任务。在一个月的访问工作中分团部及湖南分队，自平江县城至浏阳县城的访问全靠步行，穿过连云山支脉，爬上界岭与九岭，共计走了800华里，连同醴陵分队共走了1200华里。

获得以上成绩的基本原因：主要是我们在毛泽东主席的正确政策与总团的领导下，更具体深入地加强了思想领导，掌握了政策。如分团部及湖南分队从出发前起，到每个阶段的访问时（分3个阶段）始终贯彻思想动员工作，启发情绪、提高觉悟，因而每个同志的情绪也始终是饱满的，感到参加访问工作的光荣和愉快，发挥了工作积极性，一切困难都克服了；同时也与政治觉悟较高的群众热情招待，以及地方干部的积极协助是分不开的。

访问中的缺点主要是时间太短，地区太大，加上山区多，交通不便，使我们访问工作只能是点线开展，不能全面地展开，因之不能满足许多山区群众的要求，这点我们已嘱地方政府加以补救。其次中央派去的人少，访问团多由地方干部组成，因之到老根据地进行访问时，少数地区冷落了群众情绪。

（四）访问工作中存在的问题

1.继续尊重并提高老根据地人民的政治地位问题

因为老根据地是中国革命的发源地，是中国共产党组织人民革命队伍并领导全国革命斗争的地区，是创立中国革命武装和试行各种革命政策、法令的地区。这些地区的人民是与共产党和红军一块进行过同生死、共患难的长期革命斗争，不但是贡献出自己的财力、物力，而且贡献出自己的生命于革命战争，他们的地位与荣誉是光荣的。现在全国革命已经胜利了，但许多地区和许多城市的人们并不知道或不清楚老根据地的发生、发展和人民对中国革命所起的决定性的作用，就是解放后南下工作的部分干部亦不了解和尊重他们的历史，个别的甚至错误地认为这些地区的好人已经走了，老根据地北方才有，若有人出来说话就随意扣上"摆什么老资格"的帽子，因而有一段时期群众情绪不高，地方工作的进展亦受些影响。老区人民自知道毛泽东主席要派访问团去以及我们到达老根据地之后群众情绪是高涨起来了，对他们的政治地位提高与精神上的安慰的目的也达到了。但是访问团以为这一政治工作并没有完成，全国革命得到了胜利之后，"饮水思源"的宣传工作，应在全国各区域各城市开展起来，以便达到毛泽东主席给予老根据地人民的题词所说的"发扬革命传统，争取更大光荣"的指示。在教育老根据地人民工作中，对全国的宣传工作亦能有所措施。

2. 烈军工属及荣残军人的处理问题

正确处理老根据地的烈军工属问题是当前这些地区一件重大的政治工作。由于斗争的长期性残酷性，这类烈军工属人数是很多的，仅湘东北部分的数字就可看出，平江有29175户、80019人，浏阳24000户、80000人，醴陵2168户、9600人，三县合计55343户、169619人，占老根据地总人数25%（此外尚有一部分烈军工属，因无证件未予承认，未列入）。解放前受国民党的残酷统治和迫害并被诬蔑为"匪军属""土匪婆""土匪崽"，几十年是抬不起头来的。解放后县、区人民政府建立，经现职干部声明，或在发放老区救济粮与土地改革中经群众证明者，已有大部分享受到烈军工属待遇。但有部分参加红军及党政民机关团体的工作人员，因离家后至今未有音信又无法取得证明者，至今未享受到烈军工属待遇。因之这部分烈军工属意见最多，他们纷纷提出要求政府承认他们的烈军工属的

中央人民政府南方老根据地
访问团访问湖南纪实

光荣地位，发给光荣证，要求查明其子弟或父亲、丈夫是否存亡，要求政府审查烈军工属的真伪以明确是非，并有的请求建立烈士碑、烈士牌坊、烈士纪念馆；残废军人要求补发残废证；遗留在老根据地的工作人员现在要求工作和学习者亦为数不少。由于老根据地长期的处于对敌斗争环境，情况比较复杂，尚须一个时期的调查了解，才能作适当妥善的处理。

3. 恢复与建设问题

（1）要求恢复山林特产，如造纸、茶叶、茶油等。这种生产是山区人民生活的主要依靠，湘鄂赣大部分山区均产纸、茶、油，如浏阳三星乡土地革命前年产稻160余万斤，折表纸年产690余万斤。解放后浏阳造纸业恢复较速，现有纸槽450余个，且改产文化纸，年产4万担，长沙各报馆、学校都已大量采用；另产折表纸2万担，为浏阳县一大财富收入。平江恢复较慢，在1951年由公私合营方式，仅重建9个纸厂，40个纸槽，也拟改产文化纸。

（2）要求恢复农业生产。现有的耕田面积很少，大部分荒芜了，如去年浏阳县政府号召移民开山，结果仅移入80多户，开荒田不到300亩，到今年贸易公司入山，大量贷款收购制纸的竹麻丝，便发动了2000多人入山砍伐；张坊恢复几个纸槽，便吸引了近千劳动力移居内山，因而也带动了农业生产。

（3）要求消灭野猪。山里野猪很多，30~50只成群结队地出来破坏农作物，已成为群众当前的最主要敌人，如不设法消灭掉，将会影响群众的生产情绪。

（4）要求恢复交通。修通公路，疏通河道，便于运输杉木、竹子、竹麻丝等，交流物资，繁荣经济。

（5）要求办好文化教育。老根据地因长期在敌人烧杀摧残之下，学校数目大减。要求学校由政府资助并解决贫苦儿童的入学问题。

（6）要求建立医院。老根据地人民因生活贫困，营养不良，造成疾病产生。因此，普遍设立小型医院或巡回医疗队，是老根据地群众当前的迫切要求。

（7）要求速修房屋，是老根据地特别是山区人民普遍的建议。目前房屋太少，群众没有住所，如平江的辜家洞原有屋450栋全被烧光，现仅恢复45栋，且有40栋是茅棚子。

（8）要求建立和扩大生产和消费合作社，要求建立石灰窑、砖瓦窑以恢复瓦房，要求开采与恢复矿产，如宜春、萍乡两乡的硫磺等。

（9）要求改善区、乡部分干部的领导作风，清洗个别不纯分子。据我们接收的信件以及听到的反映，干部主要是缺乏民主作风问题，我们已建议地方政府加强干部的教育、整顿工作。

（五）湘东北分队访问工作总结

1. 工作经过

7月中旬，省人民政府接中央关于访问老根据地的指示后，即成立以王首道主席为首的筹备委员会，进行湘鄂赣、湘赣、湘鄂西等苏区的湖南部分——湘东北、湘东南、湘西等老根据地的访问准备工作。8月4日成立湘东北、湘东南、湘西3个分队。集中学习由王首道主席、傅秋涛副团长、朱学范副团长、谭余保副团长传达的中央精神，介绍老根据地情况，使全体工作人员对老根据地人民有了初步认识，并认识到参加访问工作是一件光荣的政治任务。湘东北队包括中共湖南省委、湖南省人民政府、湖南军区、长沙地委、专署、各民主党派、省市各人民团体代表、湖南大学教授、战斗英雄、新闻记者、医务工作人员、文艺工作者（文工团）、社会艺人（楚剧团、清唱组、杂技团）、电影队等共170余人。按工作需要，设秘书、宣慰、调研、新闻、总务、医务、保卫等7组。湘鄂赣分团部随同我们行动，并直接领导我们工作，到县以后，县、区亦组织力量协同访问。总计平、浏、醴三县县区干部参加工作者，前后亦有110余人。

本队确定以平江、浏阳为主，醴陵次之，分两路进行访问。大部分工作人员及文工团、电影队、杂技团、清唱组在分团部及正副队长的领导

中央人民政府南方老根据地
访问团访问湖南纪实

下，由平江县城经安定桥、思村、献钟、嘉义、长寿街、黄金洞、界岭进入浏阳县属之东门市，至此又分两支，一经达浒、官渡、沿溪桥、古港；一经张坊、皇碑市、棠花乡、狮子山、高平等地，至双江口会合，到达浏阳县城召开代表会后结束访问。另成立醴陵小队，由易锚同志率领部分工作人员及楚剧团、弹词组去醴陵召开县代表会后出发，经南乡、东乡后返回县城，结束访问。二路均于9月8日返回长沙总结工作。

访问工作8月9日开始，至9月8日结束，在平江、浏阳、醴陵召开了各县的老根据地人民暨烈军工属代表会，王首道主席亲赴平江、浏阳出席会议，在嘉义举行了追悼涂正坤等同志暨老根据地革命烈士大会，由傅秋涛分团长等主祭，除全体工作人员外，群众参加者逾2000人。分团还在东门召开了平（江）浏（阳）万（载）修（水）铜（鼓）烈军工属代表会议。沿途重点召开了当地及附近各乡的烈军工属座谈会、群众大会，演出各项文娱节目，分发中央和省的慰问信，并随时随地毫无拘束地接见群众和进行个别的访问，倾听意见，解答问题。慰问品则依靠区、乡组织评议委员会，按照发放等级标准，经过细致审查，评议后发给。

访问工作中总计举行县代表会3次，出席代表936人，群众大会76次，参加约35万余人，演出电影、话剧、楚剧、杂技共76场，座谈会44次，参加烈军工属1430人，宴请烈军工属2次，共87人，举行革命事迹展览会2次，参观者21800人，个别访问235户，接见1605人，分队直接救济228户，发放急救金2665万元，收到锦旗362面，群众来信1950封（给毛泽东主席的绣花旗208面，信1148封）。分发慰问信40341份，医治群众1478人，徒步行程1200华里。老根据地人民对毛泽东主席表现出无限的关怀和拥护，他们亲切地叙述毛泽东主席曾经在这里亲自领导过斗争的情况，纷纷询问毛泽东主席健康，写信给毛泽东主席致谢，报告翻身经过，并保证克服困难，自力更生，恢复革命家园，加强抗美援朝工作，争取更大光荣。

2. 主要收获

经过代表会、座谈会、群众大会，广泛地传达了毛泽东主席对老根据地人民的关怀和中央人民政府关于恢复苏区的各项政策，用电影、戏剧等方式宣传了全国革命伟大的胜利，大大地安慰和鼓舞了老根据地人民，特别是烈军工属，提高了他们的政治觉悟和政治地位，树立并巩固了他们重建家园的信心，对老根据地工作起到很大推动作用。

收集许多有历史价值的材料，作为今后恢复苏区的依据，同时看到和听到群众及干部反映了许多情况和问题，我们根据中央精神，解决了一部分问题，如烈军工属政治地位问题，残废军人优抚问题，遗留在老根据地工作人员问题，加强了政府和群众的联系，便利于今后工作的推进和各项任务的完成。

这次访问工作，对工作人员是一种很好的学习和锻炼。此次看到群众的政治觉悟，体会到老根据地人民的革命传统精神，看到崎岖险峻的地形，认识到老根据地人民坚持革命斗争，创造根据地的有利自然条件。搜集了各种历史文献，认识到苏维埃运动中政治经济文化，特别是军事上丰富的创造与宏大的规模，从而对中国革命历史有了进一步的理解，老根据地的革命历史是光荣的，老根据地人民对革命事业的贡献是伟大的。

3. 老根据地特殊情况及存在的问题

由于老根据地经历长期革命斗争及山区的自然条件，存在以下的特殊情况：（1）山多田少，土特产（主要是纸、茶油、茶叶……）占农民生活来源90%，均被敌人破坏，目前农田竹山及土特产大部尚未恢复，野猪成灾，房屋缺少，群众生活虽有了某些改善，但困难甚多；（2）老根据地群众受到长期的革命教育和锻炼，政治觉悟较高，有丰富的斗争经验和优良的革命传统。烈军工属多，形成老根据地的一个重要社会力量。他们一致表示在政府帮助下，有依靠自己劳动恢复和重建家园的信心，但缺乏生产资料，如房屋、农具、耕牛等……（3）由于反革命屠杀，人口大减，劳动力奇缺，成为恢复建设中的最大问题。更由于反动派军队奸淫和掳买妇女，以致男多女少，花柳病流行，影响人口繁殖和人民健康，大大妨碍生产。

此次访问工作中，群众提出很多意见和要求，主要有以下急需解决的问题：一是烈军工属、残废军人和遗留在老根据地工作人员的问题（略）；二是在土地革命时期，因参战负伤，或因公而致残废的军人问题（略）；三是遗留在老根据地的工作人员问题（略）。这些问题分别处理完善，对老根据地各项工作会起到很大的推动和积极作用。同时，他们亦迫切要求解决确定其地位和待遇的问题。

中央人民政府南方老根据地访问团湘鄂赣分团访问路线简图

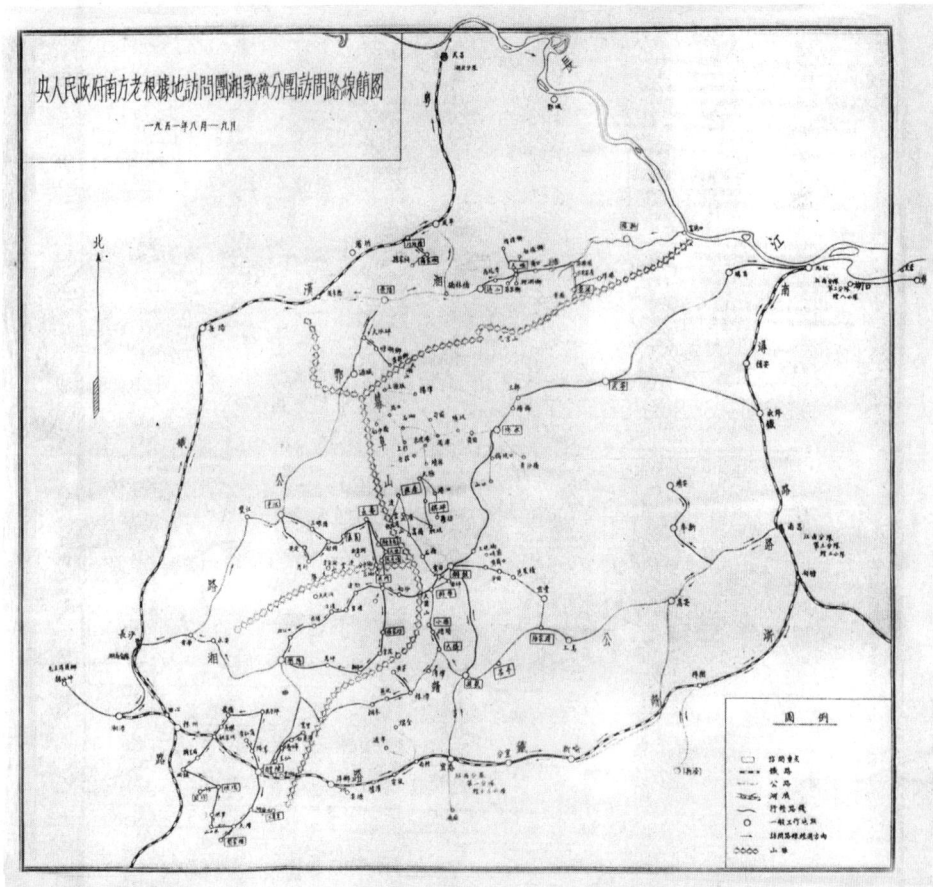

平江浏阳醴陵三县访问工作路线图

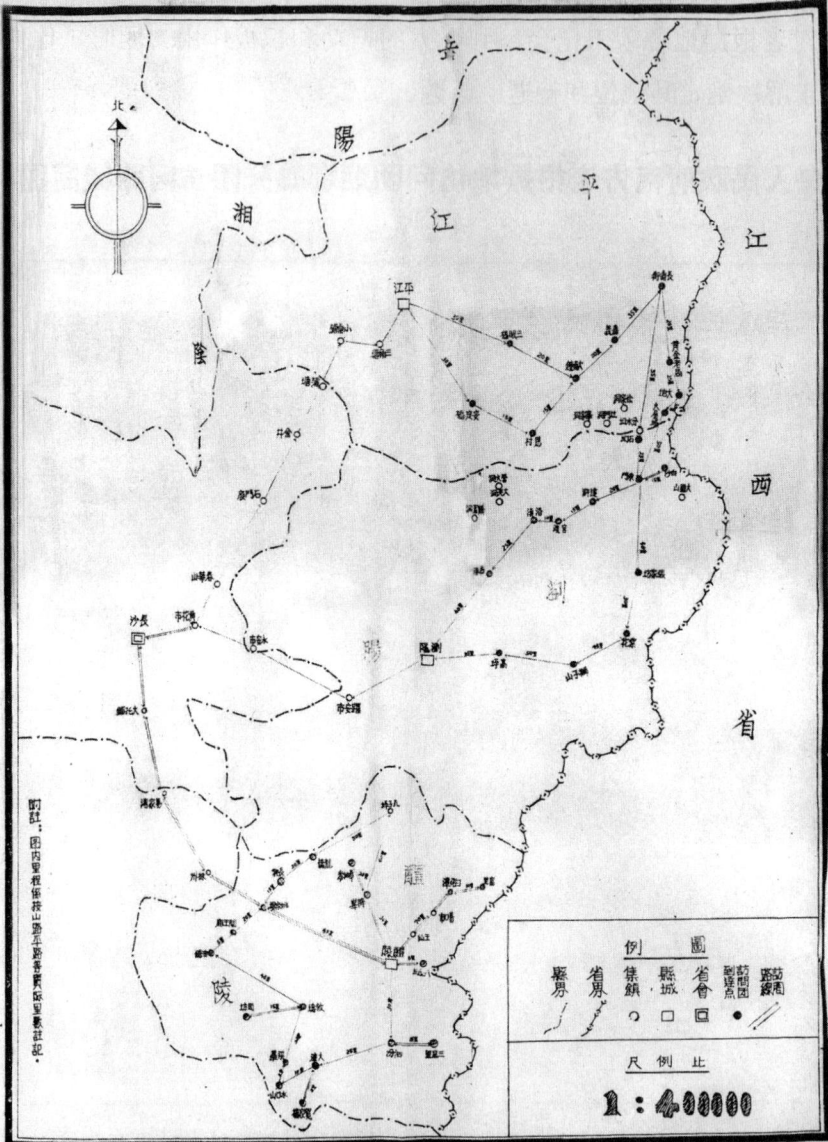

中央人民政府南方老根据地
访问团访问湖南纪实

表3-1-2　平江浏阳醴陵老根据地基本情况与烈军工属统计表

县名	科目	单位	平江 全县	平江 老根据地	%	浏阳 全县	浏阳 老根据地	%	醴陵 全县	醴陵 老根据地	%	三县合计	合计 老根据地
人口	乡数	个	224	112	50	200	62	31	153	21	13.7		
	户数 现在 (土地革命前解放前)		137108	74956	54	195501			147451	19780	13.4		
	户数 土地革命前解放前			300000			300000			120000		720000	507731
	人数 现在 (土地革命前解放前)		539397	219676 (73)	40.7	774136	202355 (70)	26	660806	85700	13		
	人数 土地革命前解放前			300000 / 250000	66		192605	44			13.2		
烈军工属	户		35242	29175	82	24038	13898	58	6695	2168	32	65975	45241
	人		99517	68136	68	84711	43871	50	28224	9600	34	212452	121607
土地	土地革命后荒芜数	亩	605186	200000	33	1011955	309155	19	724997	95100	13.2		
	现在恢复	亩		60000									
房屋	土地革命前	栋		60000			225137 间						
	土地革命后破坏数	栋		42000			165535 间	72.6		1293			
	现在恢复	栋		32000	53		2265 槽						
重要土特产	纸 土地革命前	斤		16000 担			695 槽	31					
	纸 现在恢复	斤		18000 担	112		1104050	6					
	茶叶 土地革命前	斤		40000			66703						
	茶叶 现在恢复	斤		6000	15		1429208						
	茶油 土地革命前	斤		120000			180362	12.9					
	茶油 现在恢复	斤		12000	10								

说明：1.醴陵系老游击区根据地，但老根据地保持的时间很短，土地革命中有54个乡卷入革命洪流，念革命基础大，念基极其惨重，但坚持斗争在这得不承认。因此将未尚未列入。其中分配过土地的有21个，人口50975户220891人，土地245104亩。2.烈军工属登记，系现在已经登记数字，各县均有。3.房屋在土地革命前为瓦屋，现在多恢复为茅屋，土地革命前有增加。因此部分尚有部分烈军工属未得到恢复。

（六）平江、浏阳、醴陵三县老根据地的优抚工作情况

湘鄂赣分团湘东北分队在访问过程中，对平江、浏阳、醴陵三县老根据地的优抚工作进行了细致调研，并写出了相关的情况汇报。内容如下：

平江浏阳醴陵三县老根据地的优抚工作 [①]

平江浏阳醴陵三县老根据地的烈军工属，据现有材料统计，平江29175户、68136人，浏阳13898户、43871人，醴陵2168户、9600人，三县合计45241户、121607人，约占老根据地总户数的25%，总人口的24%；残废军人亦多，尚无统计数字。形成老根据地中的1个重要社会力量，他们与群众有联系，在群众中具有一定的地位与威信。因此，在老根据地的优抚工作，特别重要和突出，做好了优抚工作，等于解决了问题的一半，对其他工作也就能起到很大的推动作用。由于他们一般政治觉悟较高，对恢复与建设老根据地来说，也是一个很重要的骨干力量。

中华人民共和国成立后，省政府即成立临时救济委员会（1949年9月），主要进行对老根据地烈军工属残废军人的救济与优抚工作，至1950年6月该会结束，但业务仍继续办理。自1949年成立起至目前（1951年8月）止，先后由省拨粮食大米200万斤，人民币1亿元，除专、县未用完退回631720斤外，实支大米1368280斤，至于款项则悉数发出。1950年中央汇来节约救灾款2000万元，亦已按照规定专作老苏区救济之用，去年中南拨下苏区救济粮100万斤，在中南拨省的1950年、1951年社会救济粮中，先后又共拨出大米500万斤作为苏区救济，其中拨给平江、浏阳、醴陵三县大米即达268万斤。其他两年以来拨给各专、县的各种救济粮，均照顾了老根据地的救济。访问团工作结束后，于9月下旬召开了全省老根据地人民暨烈军工属代表会议。

平江浏阳醴陵三县的优抚工作，一般说来是相当重视的。首先，烈军

---

① 摘自湘鄂赣分团访问工作报告（附件5）。

中央人民政府南方老根据地
访问团访问湖南纪实

工属的政治待遇与社会地位大大提高，一年以来各县先后召开了烈军工属代表会、座谈会，组织慰问，送光荣匾，并吸收他们参加工作。如平江提拔了烈军属子弟400多人为干部（包括遗留在老根据地的革命工作人员在内）。同时，在发放优抚与救济粮款上，解决了他们生活生产中的困难。平江从1949年解放至目前（1951年8月）为止，共发放优抚粮、救济粮大米共246万斤，救济了16861户；浏阳发放优抚粮、救济粮大米共1687350斤；醴陵发放优抚粮456450斤、救济金2576275元，救济了5225户。结合发放生产货粮及生产投资，帮助他们度过了灾荒（主要是春、夏荒），逐步恢复生产。

组织代耕是目前优抚工作中一个重要的环节。各县在这个工作上是普遍重视了，一般都已根据中央指示精神，推动了代耕工作，并逐步采用了固定包耕的办法；平江全县享受代耕和帮工的烈军工属，计9200余户，其中一、四、六区采取包耕的达90%以上；浏阳3个区的统计，30%的烈军工属户进行了代耕，代耕田亩占烈军工属总田亩的30.9%；醴陵八区泉塘乡（可代表一般代耕情况的乡）烈军工属38户，田151.3亩，享受代耕的27户，田111.1亩，占烈军工属总户数的71%。各县分别采用了大包耕、小包耕工票的代耕制度，逐步纠正与克服了命令派工的方法，结合进行爱国主义思想教育，通过具体检查，奖励模范，启发了群众对代耕的积极性。平江有的区以"饮水思源"的思想教育发动群众代耕的自觉性；张市乡代耕组提出"军为民、民拥军、互助互连不能分"的口号，有的代耕组或个人，把代耕包产订入了爱国公约。浏阳坪山乡周头扬保证先搞代耕的田，后搞自己的田，保证做得和自己的田一样好。平江烟丹乡苏半云把搞好代耕列入爱国公约。另一方面，也出现了不少的模范家属。浏阳团山乡军属黄桂兰，已65岁，独子在大革命时期加入红军，自种红薯喂猪，生产很积极。

优抚工作存在主要缺点。（1）部分烈军工属地位尚未经承认与确定。（2）老根据地经过反复激烈的斗争，为革命牺牲的烈士很多。（3）残废军人情况亦较复杂需审定。

中央人民政府南方老根据地访问团
湘鄂赣分团和平江县烈军工属代表
合影（1951 年 8 月 12 日）

中央人民政府南方老根据地
访问团访问湖南纪实

第二节

访问平江县

一、访问经过

1951年8月9日上午，中央人民政府南方老根据地访问团湘鄂赣分团到达平江县境，农民从30里路以外赶来欢迎，他们带着稻穗——自己翻身的胜利果实，向访问团献礼。沿途群众热烈欢呼"老红军回来了""毛主席万岁！"等口号。访问团下午1时到达平江县城，前来欢迎的群众情绪更高，到处燃放鞭炮。400多名烈军工属代表和40多名老红军战士站在欢迎队伍前列，他们见到访问团的代表好像看到亲人一样问长问短，特别关怀毛泽东主席。平江县妇联听说访问团要来，用2个多月绣了一封信，托访问团带给毛泽东主席，上面绣着"祝毛主席永远健康"。访问团副团长陈再励向前来欢迎的群众讲话，当他说到"毛主席很关怀老根据地人民"的时候，群众热烈鼓掌欢呼、高喊"毛主席万岁！"

8月10—12日，召开全县老根据地人民暨烈军工属代表大会。8月13日，访问分团到安定桥乡访问。8月14日，召开第二区烈军工属代表座谈会和重点访问。8月15—16日，到思村、思和乡等6个村、乡召开烈军工属代表座谈会和重点访问。8月17—18日，在嘉义召开烈军工属代表座谈会和重点访问，举行追悼平江惨案牺牲烈士大会。8月19—20日，在长寿街调查了解苏区政府政治经济文化设施建设情况，召开长寿镇烈军工属代表座谈会和重点访问。8月21日，召开金矿局等单位人员座谈会。8月22—23日，在大屋场、大黄乡调查了解生产生活情况和重点访问。8月24日，由大屋场乘车去浏阳县东门市。

（一）召开平江县老根据地人民暨烈军工属代表大会

8月10日至12日，访问分团在平江县召开全县老根据地人民暨烈军工属代表大会，会议代表312人。湖南省人民政府主席王首道参加会议并讲话，会议上，湘鄂赣分团团长傅秋涛传达了中央人民政府和毛泽东主席对老根据地人民的亲切关怀和指示，表扬了该县优抚工作的成绩，并着重指出：恢复老根据地的经济建设，今天还刚刚开始，今后将有计划有步骤地恢复老根据地经济、文化、卫生建设事业，一定要使老根据地人民生活过得更好。代表们热烈讨论了毛泽东主席的指示，保证用自己的双手，重建被国民党反动派摧毁的家园，保证在秋收后，完成捐献一架"平江老根据地号"战斗机，积极参加抗美援朝，争取更大的光荣。会议决定致电毛泽东主席。

1928年7月平江起义天岳书院旧址

中央人民政府南方老根据地
访问团访问湖南纪实

平江县老根据地人民及革命烈士军工属代表会议致电毛主席 ①

敬爱的毛主席：

八月九日，你亲自派来的中央人民政府南方老根据地访问团湘鄂赣分团到了平江。我们召开了三百多名代表参加的老根据地人民及烈军工属代表会，和他们举行联欢。

毛主席，我们知道你十分关怀我们的生活与斗争。大革命前后，你在湖南领导我们闹革命和秋收起义时，给了我们以坚强的信心。自从红军北上抗日后，我们一直坚持斗争，我们的心一直向着共产党。我们确信：有你的领导，就一定要胜利，因为毛泽东就是胜利！

毛主席，老根据地的人民深切的体会到：你和红军离开我们愈久，战争愈艰苦，我们的革命感情就愈增强愈牢固。当我们看到你派来的访问团时，就好像看到你本人一样，我们高兴极了，不觉地一颗颗的泪珠打湿了衣襟。访问团送给我们的礼品中，有你的题字和纪念章。你的题词号召我们"发扬革命传统，争取更大光荣"我们把这二句话，记在自己心上，这是指示我们行动的目标。我们向你保证：我们一定要在恢复老根据地的经济建设和在抗美援朝爱国运动中争取更大的光荣。目前由于人民政府的帮助和广大人民的努力，平江老根据地人民的生活有了保障，被国民党反动派破坏了的田园正在开始恢复，我们已把政府发下的救济粮投入了生产，决不单纯依靠政府救济。我们生着两只手，决不怕任何困难。

亲爱的毛主席，我们老根据地人民知道今天的胜利来之不易。我们都认识得很清楚：今天人民的祖国是用多么大的代价建筑起来的。因此，为了保卫胜利果实，为了热爱祖国，我们积极开展抗美援朝、爱国增产、捐献飞机大炮的运动。我们决定捐献的一架"平江老根据地号"战斗机在秋收后就要完成。我们都订立了爱国公约。开完会后，我们要把你的号召和

---

① 摘自《人民日报》1951 年 8 月 14 日第 1 版。

你对我们的关怀，带给全县人民和每一户烈、军、工属。我们决定要执行你的号召——"争取更大光荣"。

祝毛主席永远健康，永远领导我们前进！

平江老根据地人民及烈、军、工属代表会议

1951年8月12日

（二）举行追悼平江惨案牺牲烈士大会

8月18日，中央人民政府南方根据地访问团湘鄂赣分团在平江县嘉义乡举行追悼平江惨案遭国民党匪帮杀害的涂正坤等烈士暨平江老根据地革命烈士大会。中央人民政府南方老根据地访问团副团长、湘鄂赣分团团长傅秋涛在烈士大会上主祭，参加追悼会的有革命烈士家属、革命军人家属、革命工作人员家属的代表，翻身农民代表及各界人士2000余人。平江惨案发生于1939年6月12日，蒋介石匪帮袭击新四军驻平江后方留守处，惨杀涂正坤等8烈士。

平江惨案殉难烈士家属涂正坤烈士的儿子涂鸣涛等特致电毛泽东主席。电文中诉述他们受国民党反动派摧残的情形说："国民党反动派无数次到我们家里来搜索抢劫，连破衣烂布都抢走。并且还说我们是'共党婆''共党崽'，说要把我们斩尽杀绝。但我们却以此为荣。因为共产党人是世界上最进步最高尚的人，我们能作共产党人的家属，也感到无上光荣。"他们接着报告了解放后他们在人民政府的关怀、帮助下的幸福生活，然后说："使我们特别兴奋的是：万恶的蒋匪特务、制造平江惨案屠杀革命志士的凶手之一杨柱本已在镇压反革命运动中被枪决了。今天，中央人民政府访问团在嘉义岭烈士墓前举行了追悼大会。这使我们回想起反动派的暴行，更加深了我们对敌人的仇恨。因此，我们一定要响应你的号召，发扬革命传统；我们要积极参加抗美援朝，镇压反革命及生产运动，在运动中起模范带头作用，争取更大的光荣，来回答你对我们这样深切的

中央人民政府南方老根据地
访问团访问湖南纪实

关怀。"

8月9日至8月24日，中央人民政府南方老根据地访问团湘鄂赣分团在平江访问期间，沿途欢迎群众2.5万人。8月10—12日召开全县老根据地人民及烈军工属代表会议，参加会议代表312人；会议决定致电毛泽东主席，人民日报予以报道。8月13—23日，召开群众大会25次，参会11.1万人；在嘉义举行追悼平江惨案牺牲烈士大会1次，参加代表2000余人；组织革命展览1次，参观7000余人；接待谈话1000人；个别访问72户；医治病人336人；发给烈军属救济款490万元；发出慰问信8万份，其中慰问团直接发放1.5万份，由县级发放6.5万份；群众来信775份，其中给毛泽东主席351份，给访问团424份；接受锦旗126面，其中给毛泽东主席72面，给访问团54面。

访问中形成平江、浏阳、醴陵三县老根据地土地革命时期与现在人口土地田亩土特产统计表；平江、浏阳、醴陵三县老根据地基本情况与烈军工属统计表；平江、浏阳、醴陵三县老根据地的优抚工作报告；平江县辜家洞典型调查报告；等等。

湘鄂赣分团湘东北分队在访问过程中，对一些革命旧址进行了实地考察。其中对辜家洞的现状进行了基本的摸排，并形成了文字说明，具体内容如下：

辜家洞调查

自然情况

辜家洞（位于现平江县嘉义镇）是一条长达50华里的山沟，山多田少，洞内盛产竹林，为造纸重要原料。该洞所产纸料（竹麻丝）占平江全县总数的三分之一。大革命之前，该洞共有700多户、3700多人，房屋500多栋，纸棚300多个，纸槽800多双。如以每双纸槽的最低容纳人数5人计算，则全洞当时共有纸业工2000多人，年产各种纸50000多担，田1200亩，年产稻谷6000多石，油铺2家，商店30家，学校6所（初小），学生共200多人。据此该洞人民生活十分富裕，当时洞外农民多愿将自己女儿嫁到辜家洞去，当时有"小南京"之称。后槽户和纸厂老板压低工价，造成了厂主

辜家洞红军军营

与工人之间不可调和的矛盾。

历史情况

辜家洞有纸业工人2000多人，厂主与工人的矛盾日益尖锐化，开展了工人运动。其时正处在大革命的浪潮中（1926年前后），中国共产党的组织便在纸业工人中生长发展起来。工人领袖共产党员罗纳川、梁子林等同志，领导工人进行斗争，有力地促进了平江甚至更大地区的农民运动。马日事变后，纸业工人即组织了游击队，展开武装斗争。在斗争中牺牲800多人，烈军工属43户，群众105户全被杀绝。

破坏情形

房屋全被反动派烧光，只剩2.5间房子。1929—1935年，该洞完全变成了无人区，所有田园、茶山、竹林及纸厂等全部烧毁了，辜家洞变成"孤

中央人民政府南方老根据地
访问团访问湖南纪实

家洞"。自1936年国共两党二次合作后，人们才开始返回这荒芜了7年的家乡。生活苦到极点，多靠卖柴为生，也没有人将自己的女儿嫁到辜家洞来。

目前情况

解放后人民政府不断予以救济（共发优抚粮160多石），人民多将救济粮投入生产，人民政府为了解决当地人民生活的困难，正在该洞积极建设纸厂2个，纸槽11个。今年由公私合营的"新兴纸业公司"，向该地人民发放了近2亿人民币的竹麻丝预购贷款。这样就使辜家洞的人民，消除了"荒月"的困难，基本上不再吃野菜了。农会主席彭介林的三年生活对比，就是最具体的例子：1949年彭介林全家8口人，只有10石下谷田，缺6个月粮，全靠卖柴勉强维持生产生活，成年不见油，成月不吃盐，衣不蔽体，行路干活均无力气。1950年缺3个月粮，开荒2石谷田，加上政府的优抚粮（烈属），但仍免不了吃野菜，盐也不够吃，新衣更谈不上。1951年全年粮食够吃，原有12石谷田，土改中分入20石谷田，收到预购竹麻丝贷款合15石谷，救济粮3石谷，得果实谷2石，这样今年就有50多石谷的收入，再加上杂粮及卖柴，就消灭了"荒月"，且全家每人缝了一套新衣服，盐可足吃，油也可吃到一些。

现在辜家洞的恢复情况。全洞共240户752人（半数是外乡人），主要劳动力120人。房屋54栋（其中瓦屋11栋，其他为小茅棚极不坚固），学校4所（学生60多人，下半期缺经费难以维持），公营纸槽11双、私营4双。现开荒稻田703亩，没有商店、洞铺。有大、小耕牛38头，大、小猪160头。

现存问题

（1）继续恢复纸业，现已恢复的纸槽还不足原有的百分之一。（2）开办学校、合作社。（3）消灭野猪，免除兽害。（4）减轻或免收公粮。（5）大量移民，增加劳动力，以便恢复茶山生产。现有人口仅为原有人口的五分之一。

二、红色故事

艰苦卓绝的三年游击战争

第五次反"围剿"失败、中央苏区主力红军长征后，留在湘鄂赣边区的省委、省苏维埃、省军区机关和平江县委与红军游击队一道，坚持三年艰苦卓绝的游击战争。

重建革命武装

1934年7月，湘鄂赣省委召开紧急会议，决定恢复红十六师，并派省委副书记傅秋涛到鄂东南去发展地方武装。傅秋涛带领7人的短枪队，从黄金洞出发，到达通城磐石，住在云溪山上群众家里。当天黄昏，突然来了200多敌人，占领了他们住的村子后山，山下的敌人正在向村庄逼近。这时傅秋涛正"打摆子"（患疟疾）。当敌人乱嚷乱喊的时候，他们一齐冲出门，打死了先头的10多个敌人，乘机突围出去，翻过湘鄂边的药姑大山，到达通山，见到了湘鄂赣军区参谋长严图阁。傅秋涛将省委的决定向严图阁他们传达以后，随同严图阁带领这支部队向通山、崇阳、临湘、平江方向进发，连续打了几个小胜仗，缴获了敌人100多支枪和大批物资。沿途又动员了一批群众参军，使队伍迅速扩大到1100多人。1934年11月，陈寿昌（中华苏维埃共和国执行委员）带领队伍继续向鄂东南行动，在通城、崇阳之间的老虎洞打了一仗，红十六师又损失不少，陈寿昌也在战斗中牺牲。陈寿昌牺牲后，傅秋涛任省委书记兼军区政委。省委决定，把扩大红军工作列为当时压倒一切的中心任务。从1934年11月中旬起，省委做了半个月的动员工作，部队扩大了300多人。1935年，省委又先后制订了扩红战斗动员计划、红五月扩红冲锋计划，号召共产党员和表现较好的干部参加红军部队。地方干部工作积极，苏区群众踊跃参军，再次出现了许多父母送儿子、妻子送丈夫参军的动人场面。黄金洞的易冰凤老大娘，只有一个儿子，她坚决送儿子参军。临走的时候，连换洗的衣服都没有，老大娘只好把仅有的一条床单交给儿子，儿

中央人民政府南方老根据地
访问团访问湖南纪实

子坚决不要。最后，只好母子各分一半，儿子带着半条床单参加了红军。经过半年突击扩红运动，扩军1500多人。红十六师由原来的3个营1000余人扩大到3000余人。

虹桥大捷

1935年3月，红十六师日夜兼程向虹桥进发，敌"义勇队"30多人乖乖投降，部队顺利进驻虹桥。这时，驻长寿街敌十九师陈铁侠旅的2个团、湖南省2个保安团追来，扬言要"活捉徐彦刚，消灭十六师"。红十六师师长徐彦刚当即利用有利地形，设下埋伏。敌人到达虹桥时，红军立即开火，吸引敌人进入虹桥前面的开阔地带，红四十八团二营和师部机枪连佯装退却，待敌人一拥而上时，徐彦刚一声令下，四十六团和四十八团2个营从侧翼横杀过来，敌人知道中计，慌忙后退。我师机枪连和四十八团二营当即回头，像猛虎般冲下山去，与十六师红军主力相互配合，前后夹击，把拥挤在开阔地面上的敌军主力，打得死伤累累。这次战斗歼敌1个团，击溃1个团，俘敌500多人，缴获枪支400多支。虹桥战役的胜利，击溃了敌人对苏区的疯狂进攻，给苏区人民以巨大鼓舞，推动了正在开展的扩红运动。同时，也钳制和拖住了一大批敌军，有力地援助了中央红军反"围剿"、北上长征的斗争。

转战平浏铜

1935年5月底，湘鄂赣省级机关转移到平江虹桥长庆一带开展恢复苏区工作；已发展到5000余人的红十六师也集中在这里休整。这时蒋介石将进攻江西中央苏区的主力汤恩伯、樊松甫等部调到湘鄂赣边区，配合三省保安团共60多个团的兵力，向湘鄂赣省委驻地虹桥长庆苏区"进剿"，形成严密包围圈。面临10多万敌军压境的险恶形势，省委、省军区先从修水突围，但却遭遇敌人严密的交叉火力网，部队没有大炮，硬冲几次，伤亡很大，只好改由通城的麦田分三路突围。由麦田向通城过河时，中路四十六团冲过去了，省级机关的特务团及四十七团没能突过去。第二天早上，傅秋涛带着省级机关和特务团转回通城云溪、磐石，会合了四十七团和四十八团掉队的连队共1700余人向南行动，却又遭受敌人新调来2个师的兵力围攻。部队进入平江周坊、横江山区，敌人调来飞机在空中追击扫射，地面的敌人前堵后追，大包围又套上小包围，形势十分危急。驻三眼桥敌团长给傅秋涛写信说："你们被我们中央军打得七零八落，你率残部想逃窜到哪里去？希你率部属人员携械前来投诚，才是生路。"傅秋涛见信，拳头捏得咕咕响。他对指战员们说："对付敌人，一是斗，二是斗，三还是斗。哪怕剩下一个人，一条枪，也要打出去，突出去就是胜利！"省委、省军区下了命令："谁害怕谁动摇，谁就受军纪制裁，只有前进才是出路！"在夜幕下，红军静悄悄地一个紧跟一个，穿过土围子和碉堡，越过敌人设置的重重障碍，渡过雷家滩河。突围中，傅秋涛妻子、省委妇女部长曾相娥不幸落水，战友要下水救她，她怕发出声响惊动敌人，便悄无声息沉下去。在生死关头，她选择牺牲个人，保全集体。战友们含着泪水，奋力拼搏，终于突出重围。不久，省级机关回到了老根据地黄金洞。

红十六师师长徐彦刚带领的四十六团、四十八团在麦田突围之后也遭到敌人重点追击和堵截，损失严重，徐彦刚在战斗中负伤后被叛徒出卖，惨遭杀害。

这时，平江苏区的局面更加恶化了，敌人由大举进攻转入了分兵、分

湘鄂赣革命根据地纪念馆

中央人民政府南方老根据地
访问团访问湖南纪实

区、分期的"清剿"，实行"囚笼政策"，50户以下的村庄都建立一个碉堡。面对敌人推行"杀光、烧光、抢光"的"三光"政策和长期反复重重包围，层层封锁，驻在平江的省委机关和平江县委遇到了难以想象的困难。

（1）生活艰难。1935—1936年有半年时间，机关人员没有吃上一顿饱饭，有时200多人只吃2升米（1.5公斤），只好把米磨成粉，熬米汤喝，后来连这样的米汤也喝不上了。部队和机关就常常吃苦菜、竹笋子、红薯叶子、芭蕉蔸、粽子、茨子、山杨梅、野胡桃、鸡爪梨、野芹菜、糯米藤等。没有油，没有盐，用山上五倍子花泡水当盐吃，白水煮辣椒是好菜，煮竹笋是好饭，大家乐观地戏称这种饭菜平常要到过年才能吃得上。山上出什么就吃什么，常以野菜充饥。有时从100多里以外的地方弄来一点米，首先让给伤病员吃。省委书记、省军区政委傅秋涛以身作则，带头吃苦。战士们吃什么，他就吃什么，从不特殊。一次他的勤务员因他几天没吃一粒米了，设法弄来一升米，要单独煮给他吃，傅秋涛大发脾气，逼着勤务员把米倒进了战士们的苦菜锅内，他只吃了两碗苦菜汤。苏区的人民群众冒着生命危险，打破敌人的封锁，想方设法支援红军。黄金洞的农民李楚群，秘密送了四五次食盐和粮食给省委机关，后来被敌人发现抓去严刑审讯，要他供出省委的驻地。敌人用砖头打断了他的肋骨，用烧红的火铲烙他的身子，最后用烧红的铁棒从肛门中刺进去，但他始终不屈。就义时，他对敌人说："你们今天杀了我，将来我们有千千万万的人杀你们的狗头！"

（2）居住与行动艰难。部队穿的盖的也十分困难。被褥很少，就铺稻草当褥子，用树叶当被子。在北风呼啸的风雪之夜，指战员们就找一个隐蔽的地方，砍柴烧火，围着火堆睡觉，向火的一面犹如夏天，暖烘烘的，背火的一面犹如冬天，凉冰冰的。下雨天，衣服湿了，就穿在身上靠体温暖干。苏区的房屋都被敌人烧光了，红军住在茅棚里，有时用两三把雨伞打开做房顶，构成一个小房子。这种房子只能遮头，不能遮身，刮大风，下大雨全身淋得透湿。刮大风下大雨时，树叶沙沙作响，敌人来了难以发觉，所以要非常留心，而且要在大树上放上瞭望哨。省委机关在荒山、丛林里经常与敌人周旋，必须注意走路的技巧。下雪天走过的路，要用扫帚把足迹扫掉。如果原来有走下的脚印，就照着脚印走。在草地上，敌人常常结草作记号，走过去就会碰断，我们的同志走过以后，就把草扶起来，照样打上草结。有时走路容易被敌人发现，就走小河沟。当时机关干部战士还总结了"上山不奔，下山不蹲，上山用脚尖，下山用脚跟"的爬山经验，靠着两只铁脚板，保存自己，拖垮敌人。

（3）枪支弹药和医药用品供给艰难。没有枪支弹药，便想办法缴获敌人的枪弹，利用苏区保留下来的轻便兵工厂，在连云山等深山中修理枪支，制造子弹、小炮等武器；到山沟里采挖中草药治病疗伤。人民群众把保护红军的枪支看得比自己的生命还重要。有一次，省委机关驻在黄金洞的盖板洞，敌人打来了，在转移时有一支枪丢在一位农妇家里，这位农妇背着自己的孩子，拿着枪追赶队伍，途中被敌人发现向她开枪时，她毫不动摇，放下自己的孩子，一直追赶，终于把这支枪送给了省委机关，这位可亲可爱的农妇和她的孩子却被敌人的子弹打中，光荣牺牲了。在边区人民的支持和掩护下，湘鄂赣省委、省苏维埃政府和随省委机关一同转移的平江县委与红军游击队，经受住了艰苦卓绝的3年游击战争的严峻考验，不但为党保存了一大批革命的骨干力量，还有力地配合其他革命根据地，支持了全国的革命斗争。

平江惨案

嘉义位于平江东乡，南倚连云山，北望幕阜山，临近汨罗水，扼湘赣要冲。连云山绵亘东南，环抱着辜家、徐家、灶门等革命根据地，早在1925年这些地区就秘密组织农会，是党组织发展农民运动最早，革命力量较雄厚、活跃的地方。1925年，中共平江支部改为平江地方委员会后即在嘉义献钟建立了第一个农村党支部。1926年8月，国民革命军攻克平江，中共平江地方委员会改为中共平江县委，同时在梁振庭、罗纳川（嘉义人）领导下建立了平江第一支农民自卫武装。马日事变发生后，白色恐怖笼罩平江，许多革命志士惨遭杀害。但是人民群众没有被敌人的淫威所吓倒，他们以各种方式与敌人开展战斗。1927年9月，李六如、夏明翰领导秋收暴动，1928年2月，在罗纳川、余本健领导下建立平湘岳游击总队，3月，30万农军攻打平江县城，因消息泄露，"二月扑城"失败（当时均以农历计年月）。1928年7月，彭德怀、滕代远率国民革命军独立五师第一团在平江起义，同时，黄公略亦率部举义旗于嘉义，这就是名彪史册的平江起义。

1937年全面抗战爆发，中国共产党以民族利益为重，促成了国共合作。平江各地游击队于1937年11月集训于嘉义，后游击队改编为新四军第一支队第一团，1938年2月，部队开赴抗日前线，遂设留守处于嘉义（后改为通讯处）。在中共湘鄂赣特委领导下，留守处团结各界人士，组织统一战线，进行抗日宣传，动员青壮年参军参战，开展减租减息运动，力挫投降派的分裂倒退，扩大了我党的影响，并积极掩护湘鄂赣特委整顿和发展党的组织。国民党反动派对此十分不安，1939年1月，国民党召开五届五中全会，制定"溶共、防共、限共、反共"的八字方针，制定了《限制异党活动办法》，企图限制共产党的活动。在这种反共气氛下，国民党第二十七集团军司令长官杨森率二十军驻防平江，立即对新四军驻平江嘉义留守处实行严密监视，并紧锣密鼓地策划取缔留守处的阴谋活动。杨森还授意以国民党平江县党部、县政府、县三青团名义，联名呈文要求取缔新四军驻平江嘉义留守处，并秘密绘制了留守处周围地形图和军事进攻路线图，派出1个连的兵力驻守嘉义，构筑碉堡，对嘉义镇实行严密军事封锁。

1939年5月30日，蒋介石发出绝密电报，命令国民党军镇压新四军平江通讯处人员。

其电文节录如下：

密。顷据中央秘书处渝（28）字第5719号公函，据报："中共在平江嘉义岭一带大肆活动，其负责人黄耀南、涂正坤，以游击为号码……且密藏多量军火……等情"……影响殊非浅鲜，请设法制止，以免滋蔓……

6月初，湖南省政府主席、第九战区司令长官薛岳秘密召见杨森，出示了蒋介石密电。杨森迅即回到平江，在长寿街太平墩二十七集团军军部召开县、区、乡国民党、三青团、政军及军队中的反共骨干秘密会议，部署"清剿"任务。6月11日，特务营长何学植指挥二连重机枪排暗地包围平江通讯处，二排驻嘉义封锁通讯处左面，三排驻嘉义下街封锁通讯处右面，三排严密注视通讯处对面，通讯处后面架9挺机枪封锁。6月12日下午1时，特务营二连闯入新四军驻湖南平江县嘉义镇的通讯处，将中共江西省委副书记兼湘鄂赣特委书记和新四军高级参谋涂正坤、中共湘鄂赣组织部长罗梓铭、新四军驻赣办事处秘书兼江西省委组织部长曾金声、中共湘鄂赣特委秘书主任吴渊及通讯处工作人员吴贺泉、赵绿吟等杀害，制造了举世震惊的平江惨案。平江惨案中新四军留守处十几个干部惨遭杀害，同时，在平江的红军家属及其他革命者被杀的不下千人，其中有一红军家属兄弟8人竟被杀6人。

惨案发生后，党中央对国民党当局提出了严重抗议和谴责，要求国民党当局严惩肇事凶手，并将事件真相昭告天下。1939年7月7日，周恩来、叶剑英在重庆举行了追悼平江通讯处遇害烈士大会；8月1日，中共中央在延安举行万人公祭死难烈士大会，毛泽东作了《必须制裁反动派》的著名演说，中共中央的挽联为：在国难中惹起内讧，江河不洗古今憾；于身危时犹明大义，天地能知忠烈心。延安各界人士万余人举行了追悼平江惨案被害烈士大会，愤怒声讨反动派残杀抗日军人的暴行，巩固国内团结，完成烈士未竟事业。嘉义人民强忍巨大悲痛，前赴后继，韧战不止，坚信革命一定会胜利。

1963年平江县人民政府在平江惨案烈士就义的虎形岭修建公墓，1980年公墓重新修葺，安葬遗骨380余具，平江县原县长陈定安同志为公墓撰写了墓志。

平江惨案中罗梓铭、曾金声、吴贺泉、赵绿吟四位同志牺牲的地方，现建有汉白玉纪念碑一座。此外在嘉义镇街上，新四军平江通讯处旧址附近涂正坤、吴渊二位同志遇难地方分别建有纪念碑一座。

不出不止出 中央人民政府南方老根据地
访问团访问湖南纪实

第三节

访问浏阳县

一、访问经过

1951年8月24日，中央人民政府南方老根据地访问团湘鄂赣分团到达浏阳县东门市。8月26—27日，在东门市召开平（江）浏（阳）万（载）修（水）铜（鼓）老根据地人民暨烈军工属代表大会。8月27日，在县城举行大型革命文物展览。8月28日至9月3日，访问团分为二支，一支经达浒→官渡→沿溪桥→古港；一支经张坊→皇碑市→棠花乡→狮子乡→高平→双江口，到浏阳县城，沿途进行访问，9月4—6日，召开浏阳县老根据地人民暨烈军工属代表会议。并于9月8日返回长沙。

召开平浏万修铜五县老根据地人民暨烈军工属代表大会。8月26—27日，中央人民政府南方老根据地访问团湘鄂赣分团在浏阳东门召开平江、浏阳、万载、修水、铜鼓五县老根据地人民暨烈军工属代表会议。这五个县是原湘鄂赣省的基本地区。1931年在东门镇召开中国共产党湘鄂赣省第一次代表大会，中国共产主义青年团第一次代表大会，湘鄂赣省苏维埃政府、湘鄂赣省委长期在这些地区领导湘鄂赣三省革命运动，成立了工农红军，配合中央苏区粉碎了国民党反动派五次"围剿"，老根据地人民对革命有伟大的贡献。因此，傅秋涛团长在代表会致词中强调指出：饮

1927年9月20日，秋收起义部队在浏阳里仁学校操坪举行会师大会，随后部队向湘南进发

1931年，湖南省苏维埃政府曾设于浏阳东门市锦绶堂，领导开展革命斗争

中央人民政府南方老根据地
访问团访问湖南纪实

水思源，我们应该关心老根据地人民的生活和恢复老根据地的经济文化等建设。在这里召开烈军工属代表大会，是有伟大历史意义的。湘鄂赣分团副团长兼秘书长陈再励向大会作报告，座谈中代表们回忆了老根据地人民的革命斗争历史，解放后生产生活改善情况及存在的困难，对政府工作提出了意见和建议，并讨论制定了慰问礼品发放标准和审定对象的方法。会上，访问团将毛主席题词、纪念章等礼品发给代表。代表们纷纷表示：回去后在各种建设工作中要起模范和带头作用，重建革命乐园，以感谢毛泽东主席的关怀。

8月24日至9月6日，中央人民政府南方老根据地访问团湘鄂赣分团在浏阳访问期间，沿途欢迎群众2.68万人，召开全县老根据地人民暨烈军工属代表大会1次，参会代表536人；召开平浏万修铜五县烈军工属代表大会1次，参会代表57人；召开座谈会8次，参加会议306人；召开群众大会24次，参会14.12万人；接待谈话480人；重点访问29户，医治病人841人；直接发给急救金21户34万元；发出慰问信45万份，其中访问团直接发放10万份，由县直接发放35万份；群众来信906封，其中给毛泽东主席530封、给访问团347封、给志愿军29封；接受锦旗227面，其中给毛泽东主席133面、给访问团94面。

访问中形成浏阳平江醴陵三县老根据地人口土地房屋土特产学校学生等情况统计表；平江浏阳醴陵三县老根据地基本情况与烈军工属统计表；浏阳县解放两年来老根据地生产及优抚工作简要检查；平江浏阳醴陵三县老根据地的优抚工作等报告；等等。

二、访问团副团长兼秘书长陈再励工作报告（摘要）

（一）关于烈军工属地位确定问题

1. 曾参加中国工农红军、独立团、县大队、游击队、中国共产党、共产主义青年团、各级苏维埃政府和其他革命团体，脱离生产，专门从事革

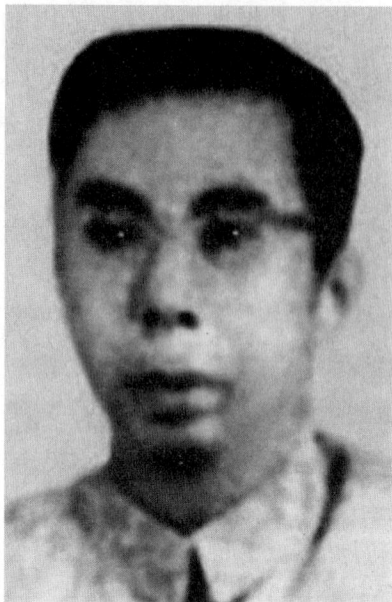
湘鄂赣分团副团长兼秘书长　陈再励

命的工作人员，在对敌斗争中，英勇牺牲或长期为革命事业奋斗，因公致病而死者，称为烈士……未脱离生产的赤卫队员，在各个战役中（如攻打平江、浏阳、长沙）有组织地参加红军作战阵亡者，亦称烈士。但若有他种企图（如乘机获得财物）跟随军队行动，因而致死者，不得算烈士……烈士的姓名将刊入烈士馆，其英勇事迹，也要搜集编纂起来，永供后人纪念瞻仰，他们的家属称为烈属，依法享受政府优待。

2. 确实参加红军、独立团、县大队、游击队、中国共产党、共产主义青年团、各级苏维埃政府和其他革命团体，脱离生产，专门从事革命工作的人员，随同部队行动，现无音讯者，其中绝大部分已为革命牺牲，少数中途动摇逃跑叛变也是有的，其情况非常复杂，一时无法查明。我们认为凡现在无确实材料证明其牺牲或逃跑叛变者，对其家属一律暂按军属待遇。将来如有确实材料证明其已经牺牲转为烈属；任何时候发现其确已逃跑或叛变，则取消其家属军属资格和政府优待。如果还有许多同志参加革命或英勇牺牲，而没有证明文件，因此未被承认，现在必须加以解决。我们提出三个证明办法：（1）有当时区以上苏维埃政府，或红军大队以上的政治或司令机关的正式证明文件；（2）经其当时的同事或上级领导同志而现在又继续在各级党政军民机关中供职者负责证明；（3）如无法取得上述两种证明，如经当地群众负责证明确系参加红军、游击队及地方工作，或在对敌斗争中牺牲，亦为有效证明。

3. 根据内务部所颁优抚暂行条例规定，家属即指其本人同居之直系血亲、配偶及依靠本人生活之16岁以下弟妹；或本人自幼曾依靠其抚养长

中央人民政府南方老根据地
访问团访问湖南纪实

大，现在又必须依靠本人生活之其他亲属。女性革命烈军人或工作人员之娘家及夫家何方应享受优待，由她自定，或由双方协商决定。总之，只能优待一方。确定后各有关区乡政府，应互相通知，以免重复。依据法律，已出嫁之女儿，不能再享受烈军工属待遇，但如这女儿在其父参加革命或牺牲以后，对其寡居之母，尽过生养死葬的义务，亦得享受优待。关于承继子问题，我们认为凡本人参加革命或牺牲以前承继的儿子，以及参加革命或牺牲后不久承继的儿子，依照习惯，经过立书请客等一定手续和仪式，尽过养生葬死等义务者，应享受优待。如当时已口头约定承继，事后并未尽过义务，以及解放以后继承的，均不得享受优待。革命烈士如无上述应享受优待之家属，其余亲属不得享受优待。但烈士本人仍保留其应有的光荣。

4. 地主阶级出身，为革命事业奋斗到底或英勇牺牲者，应承认为革命烈士、军人或工作人员，其家属如仅有一般的收租放债行为而无反动劣迹，应承认为烈军工属，并依法优待。

5. 一个家庭中如同时有革命同志和反革命分子，革命同志的配偶子女如无反动劣迹，应享受革命家属待遇。其父母如同情革命或既不革命也不反对革命，亦得享受革命家属待遇，如随同反革命分子，坚持反对革命，则不能享受政府优待。

（二）残废军人问题

1. 在红军作战负伤成为残废，经一定机关批准，发证安置在老根据地，或在1937年国共合作以后，发证回家生产，如未向敌人屈服或仅履行群众性自新登记者，应换发新证，并依法优待。

2. 作战受伤后，经群众掩护治疗，或被敌俘虏，将伤养好，解回原籍。事后未做过任何反革命工作，经有关的现职干部或当地群众证明属实者，可补发残废证，并依法优待。

3. 残废后叛变革命，无论当时客观因素如何，均不能承认其为革命残废军人，如目前确定无法生活，将当作鳏寡孤独酌予救济。

（三）遗留在老苏区工作人员的问题（略）

（四）老根据地恢复与建设问题

1. 老根据地的特点（略）。

2. 根据老根据地特点，各级政府必须很好地加以研究，然后订出计划，有步骤、有领导地帮助老根据地人民，进行恢复与建设工作。

3. 目前主要的问题是思想建设和政权建设问题（略）。

4. 你们要求修通浏铜公路，以利恢复和发展老根据地的生产并进行各项建设事业是对的。但是目前国家财政还有困难，修通浏铜公路现在还不可能……目前山区交通，应就原有大路，加以修复培养为建设和发展创造条件。每乡架设电话问题，可由县政府研究处理。

5. 学校问题。……各级政府必须因地制宜，逐步帮助修建校舍，解决经费和师资问题。

6. 卫生问题。……我们建议省府县府有重点地建立诊所，逐步扩充扩广。

7. 税收公粮问题。……我们将建议省府，照顾老根据地人民的困难，酌情减轻。至于公粮问题，去年省府已规定老根据地可酌情少征，我们将建议县府根据规定精神办理。

8. 捐献飞机大炮和扩军问题。加强抗美援朝是必要的。老根据地人民真诚拥护共产党，响应人民政府号召，每次任务提出以后都能克服困难，努力地超额完成。这说明了老根据地人民政治觉悟高，保持了革命的传统。然而遭受敌人长期破坏，元气大伤，人员减少，财力困乏，故不能和在其他地区一样布置任务。部分老根据地区在捐献与扩军中，发现挑战摊派数字现象，近乎强迫命令，已告地方政府停止。

中央人民政府南方老根据地
访问团访问湖南纪实

三、红色故事

小石头砸大水缸的故事

浏阳市文家市属九岭山脉西南延伸部分，相传明代年间文姓聚居于此，文家市因此得名。曾3次来过文家市的毛泽东，因母亲姓文，他把这个亲切而温暖的地方，称为自己的"外婆"家。载入史册的里仁学校位于秋收起义文家市会师纪念馆的左边，建于1841年，初名文华书院，1912年更名为里仁学校，尽管经历了一百多年的风雨剥蚀，但经多次维修，仍保存完好。校门口清晰可见当年留下来的一些标语，如"建立工农政权""红军万岁"……

1927年轰轰烈烈的大革命失败后，全国一片白色恐怖。同年9月初，八七会议后，时任党中央政治局候补委员的毛泽东，以中央特派员身份回湘，帮助改组湖南省委，并与新省委一起发动和领导了震惊全国的湘赣边界秋收起义。9月9日，湘赣边界旌旗猎猎，起义部队向西挺进，目标直取省城长沙。因敌强我弱，部队途中受挫，前委会只得临时放弃攻打长沙的计划。10天后，3路起义部队集结文家市，进驻在镇上的里仁学校。这所百年的古校不仅文化底蕴深厚，而且也是大革命时期共产党人开展革命活动的据点。1926年，校长陈世乔在这里建立了文家市第一个共产党支部，领导当地的革命斗争。在学校左边一个寂静隐蔽的小院里，4间房子一线排开，从外到里，当晚依次住过李立三、毛泽东、卢德铭、余洒度（后叛变）等秋收起义指挥员和参与者。进驻学校的当晚，乌云笼罩，天黑甚早，点亮油灯，前委书记毛泽东久久徘徊在窗边，陷入沉思……

起义受挫，火苗闪烁的油灯下，乌云压境，毛泽东禁不住思绪翻滚。马上就要开会讨论部队下一步行动方案了，部队应开向哪里，如何统一大家的思想呢？火苗扑闪，秋风醒脑，毛泽东心中忽然有了影响中国革命道路的非凡决策：长沙不能再打了，部队退向敌人薄弱的湘赣山区，保存和

浏阳市文家市镇秋收起义会师纪念馆

积蓄革命实力。秋雨越下越大，扑闪的油灯下，前敌委员会的委员聚集在学校文昌阁后面的教室里，围绕起义10天来的战斗情况，你一言我一语议论开了。在讨论下一步"全军进军的方向"这一中心议题时，展开了激烈的辩论。师长余洒度与前敌委员会书记毛泽东意见完全不一致，他的发言尖锐且带有火药味，认为部队应继续攻打长沙，这是中央和省委的决定，应坚决执行，更不能当逃兵。毛泽东站起来发言了，他分析敌强我弱、革命暂时处于低潮的形势后认为，再攻打反动力量强大的省城长沙，无疑是"鸡蛋碰石头"。

他力主实施战略退却，退到湘鄂赣3省边境去，坚持农村武装斗争，建立农村革命根据地。天明时分，前委书记毛泽东的主张终于得到了秋收起义总指挥卢德铭等大多数前委委员的支持，会议通过了"以保存实力，应退萍乡"的决议，中国革命由此走出了一条"农村包围城市、武装夺取政

下山不忘山　中央人民政府南方老根据地
访问团访问湖南纪实

权"的发展道路，具有划时代的伟大意义。

次日清晨，雨过天晴，一轮红日喷薄而出，1500多名秋收起义部队官兵在学校操场上召开会师大会。余洒度首先讲话，情绪低落，气氛低沉。"欢迎毛委员给我们讲话！"队伍中有人情不自禁地喊起来。这时，毛泽东从里仁学校侧门走了出来，只见他身材魁梧高大，留着长长的头发，上穿刚过膝的蓝布半大褂子，蓝色的粗布裤子，脚着草鞋，打着绑腿，一副地道的江南农民打扮。他向前跨了几步，站到队伍前，以坚定的目光扫视一下部队，开始了慷慨激昂的讲话。他精辟而生动地阐明了暂不去打长沙、打大城市，而是到农村去，到敌人控制比较薄弱的山区寻找落脚点，建立革命根据地的道理。还形象地打了一个比喻："我们好比一块小石头，蒋介石好比一口大水缸，我们这块小石头总有一天要砸烂蒋介石那口大水缸的！"

毛泽东的讲话，像一盏明灯，不仅吹散了当时笼罩在战士们心头的迷雾，重振了士气，如一股清泉，给困惑迷茫的革命将士灌输了前进的力量，坚定了将革命进行到底的决心，也为中国革命指明了方向。这就是著名的文家市决策，毛泽东在作动员讲话时，其时还有两个细伢子正趴在操场院子的墙头上，他们正在这个学校读书，亲耳聆听了毛泽东带着浓重湘潭口音的激情动员。这两个细伢子，一个就是后来担任过中共中央总书记的胡耀邦，另一个就是他的表哥——英勇善战的开国上将杨勇。

海伦·斯诺是首位访问文家市会师旧址的外国记者。她写道："1927年，毛泽东主义在湖南浏阳县文家市一所学校问世。"这所学校指的就是著名的里仁学校，学校里那盏普通的油灯，从此一直陪伴着伟人毛泽东，井冈八角楼、瑞金的樟树下、延安枣园窑洞、西柏坡的四合院……每个晚上它都默默地贡献出自己微弱之光。

今天，这盏油灯的微弱之光，已经化作指引共产党人前进道路的火炬，成为中华民族的复兴之光，成为实现中国梦的强国之光！

"第二次长征"的八路军南下支队政委——王首道

王首道（1906—1996），浏阳张坊人。1928年任中共湘鄂赣边特委书记。1931年任中共湘赣省委书记，参加领导湘赣革命根据地反"围剿"斗争。1933年任中共中央组织局秘书长。1934年参加长征，任中央军委纵队政治部主任、国家保卫局执行部部长。

1944年10月，为了迎接抗日战争第三阶段——战略反攻阶段的到来，党中央确定了南征的区域和组织机构，决定由王震、王首道、贺炳炎、廖汉生、王恩茂、文建武、张成台、刘型等8人组成军政委员会，以王首道为书记。南征

湖南筹备委员会主任　王首道

部队被正式授名为"国民革命军第十八集团军独立第一游击支队"，简称"南下支队"，以八路军第三五九旅为主，全军约5000人，由军政委员会统一领导。支队司令员王震，政治委员王首道。11月1日，南下支队在延安举行隆重的誓师出征大会。阅兵式后，毛泽东、朱德、任弼时、叶剑英、贺龙和西北局的负责同志都作了铿锵有力的动员讲话。当晚，王首道提笔写下了雄壮豪迈的诗句："北塞嘶战马，挥师斩敌顽。任凭风浪险，何惧行路难。南征拯父老，壮志凌云端。誓以身许国，破敌凯歌还。"

11月10日，南下支队正式踏上了征程。11月22日，部队东渡黄河。

经过艰苦作战，1945年1月29日，南下支队到达湖北礼山县，和李先念率领的新四军第五师在陈家湾举行了会师大会。2月23日，南下支队渡过长江。3天以后，在王震、王首道部署指挥下，南下支队取得痛歼日军的大田畈大捷。3月23日，南下支队从江西进入湖北，接着从通城南部的大坳进入

中央人民政府南方老根据地
访问团访问湖南纪实

湖南。入湘以后，为了适应斗争发展的需要和扩大我军的政治影响，经报请党中央、毛泽东批准，取消了"国民革命军第十八集团军独立第一游击支队"的番号，改名为"国民革命军湖南人民抗日救国军"。3月26日，部队夺取平江。28日在景福坪体育场召开平江全县的民众大会，宣布平江县抗日民主政府成立。4月13日，抗日救国军在汪坪召开军政委员会，决定建立湘鄂赣边党、政、军统一的领导机构。后经报请中央批准，于4月底正式成立了湘鄂赣边区党委会、湘鄂赣边军区和湘鄂赣边区行政公署；以王震为军区司令员，王首道为区党委书记兼军区政治委员，全面领导平江、浏阳、湘阴、岳阳、临湘、通城、通山、嘉鱼、崇阳、大冶、鄂城、阳新、咸宁等地的斗争。

然而，在国民党反动派的疯狂"围剿"之下，抗日救国军在平江处境艰难。4月15日，抗日救国军不得不忍痛撤离平江城。不久，主力迅速分散到岳阳、临湘、平江、通城和崇阳之间广大地区，深入发动群众，建立各级抗日人民政府和抗日人民武装，很短时间里，以上各县都组织起县大队抗日人民武装。5月4日，毛泽东来电指示：一、顽方既以6个师向你们进攻，你们可以采取机动作战，在你们考虑成熟之后，即可行动。机动办法，或以大部队向修水、铜鼓行动一次，或由王震率精干支队向南行动，均由你们依据情况考虑决定；二、湘鄂赣边区根据地必须建立，以为南北枢纽。

收到电报后，王首道和王震等立即在山口铺召开边区党委会议，决定今后的军事行动。遵照毛泽东指示精神，会议当即决定，由王震率领主力第一、二支队和第五、六支队之一部，跳跃式向湘北挺进；王首道随军直机关以及三、四支队偕张体学部坚持鄂南斗争，以此南北配合，进一步巩固、发展鄂南根据地，为建立湘鄂赣边区根据地打下基础。

在王震、王恩茂率领主力挺进湖南期间，王首道和张体学留在鄂南的部队也不断向四周发展。我军在湘鄂赣边经过2个多月的艰苦转战，扩大了我党、我军的政治影响，宣传、发动了群众，壮大了地方抗日武装力

20世纪30年代，王首道（左一）与湘赣苏区
其他领导干部合影

量，给敌人以应有的打击。7月7日，根据党中央的指示，抗日救国军开始了向湘粤赣边区的长途进军。不久，抗日形势发生了很大的变化。8月8日，苏联对日宣战，出兵中国东北，美国也在日本本土投掷了原子弹。8月11日，党中央致电王震、王首道："苏联参战，日本投降，内战迫近。你们任务仍是迅速到达湘粤边与广东部队会合，坚决创造根据地，准备对付内战。"

8月29日，部队刚从南雄突破重围，进入一个叫沙坑的小山村休息，王震、王首道就提议军政委员会召开会议。会议分析、讨论了当前敌情，一致认为，从整个形势分析，日本投降后，时局已发生根本变化，我军如毅然北返，避开顽军优势兵力，避免内战，配合我党和全国人民争取和平、民主的斗争，这样就能变不利为有利，化被动为主动，迅速摆脱对我极端不利的局面。据此，会议一致决定立即北返中原，与新四军五师会合。

王震、王首道马上起草了一份向党中央请示的电报，建议北返。不久，中央军委复电表示同意，同意他们"即由现地自己选择路线，北上与五师靠拢"。北返途中，国民党军在湘赣粤边调动第九战区全部6个军和第七战区一部兵力10万余人对我施行"围剿"合击，以后又层层设防，尾追不舍，意欲置我军于死地。然而，王震、王首道率部在极度艰险困难的斗争环境中，发扬革命英雄主义精神，创造了夜行军90公里的惊人速度，翻越八面山、抢渡湘江、长江等天险的战绩，克服了自然环境的险恶和物质生活的困难，胜利地完成了党中央和毛泽东交给的任务。9月23日，抗日救国军返回鄂南地区。9月27日渡过长江天险，胜利地回到鄂豫皖地区与新四

中央人民政府南方老根据地
访问团访问湖南纪实

军第五师第二次会师。9月29日，中央军委给王震、王首道发来贺电。10月中旬，抗日救国军在黄陂休整期间恢复了三五九旅的番号，编入中原军区第二纵队序列，王首道任中原军区副政委兼政治部主任。1946年9月15日，三五九旅胜利重返革命圣地延安。南下支队南征北返历时659天，转战于8省100余县。这支部队冲过敌人的100多条封锁线，共大小战斗300余次。南下支队胜利返回延安后，党中央为他们举行庆功宴。席间，毛泽东高度评价说：这是我党历史上的第二次长征。

1949年王首道随第四野战军南下，任中共湖南省委第一副书记，湖南省人民政府主席。1952年后任交通部副部长、部长，中共广东省委书记，政协全国委员会副主席等职。

访问醴陵县

一、访问经过

1951年8月24日，中央人民政府南方老根据地访问团湘鄂赣分团醴陵分队带楚剧团、弹词组到达醴陵县城，受到群众的热烈欢迎。8月25—27日，在县城召开老根据地人民暨烈军工属代表大会，参加会议代表88人，访问分队负责人传达了中央人民政府和毛泽东主席对老根据地人民的关怀和指示，中华人民共和国成立后革命和经济建设取得的伟大成就，访问工作的目的意义和任务，讨论审定了慰问品和急救资金发放的标准和办法。代表分组讨论了全县优抚工作及老根据地建设的意见和要求，代表一致表示感谢中央人民政府和毛泽东主席对老根据地人民的关怀，要响应毛泽东主席"发扬革命传统，争取更大光荣"号召，为建设新中国而努力奋斗。

8月28日至9月7日期间，访问分队共召开烈军工属代表座谈会22次，参会代表220人；召开群众大会27次，参会10万人；接待谈话125人；重点走访了东富、泗汾、三星里、新联、大障、双峰、贺家桥、水口、申明、塘村、盐山、洪罗、虹渊、冷水、长水、攸坞、周坊、关王庙、仙覆等地，重点访问134户，医疗组医治病人301人；直接发给急救金185户、183.5万元；发慰问信16141份，其中访问分队发15341份，由县级发放800份；群众来信269份，其中给毛泽东主席267封，给志愿军2封；接受锦旗9面，其中给毛泽东主席3面，给访问分团6面。放映电影、演出节目共13场次，观众2.3万人，每次放映和演出前，访问分队负责人传达中央人民政府和毛泽东主席对老根据地人民的关怀和指示，中华人民共和国成立后革命和经济建设取得的伟大成就，这次访问，使老根据地人民深受鼓舞。

访问中形成醴陵、平江、浏阳三县基本情况与烈、军、工属统计表，醴陵、平江、浏阳三县老根据地的优抚工作报告等。

二、红色故事

两次激战独身脱险——独臂中将晏福生

晏福生，原名晏国金，醴陵县（今株洲市禄口区）人，1904年出生，1923年进入安源煤矿当工人，随着共产党的革命思想来到安源煤矿，他积极参与工人运动。1926年加入中国共产党。1934年4月，任红六军团十七师四十九团政委。长征开始之后晏福生跟随部队长征，渡过金沙江，历经艰难险阻，翻过了玉龙大雪山。

长征途中红军一路征战，1936年10月7日，红六军团在罗家堡地区，遭遇了国民党的主力部队（胡宗南的第一军）。这帮国民党半年前被彭德怀打

湘鄂西分团副团长兼湘西分队队长
晏福生

败了，半年后遇到了红六军团，于是展开了疯狂进攻。激战的过程当中，红十六师的4位指挥员，有3位相继负伤，只剩下晏福生指挥部队和敌人展开了血战。最终圆满完成了任务，成功挡住了敌人，他们这一个师，保护

了整个军团的主力。晏福生一边打一边撤，准备退出战场，可就在这个时候，国民党派遣飞机轰炸。晏福生的右前方落下来一颗炸弹，急忙卧倒之后，紧接着就感觉地动山摇。警卫员急忙扑上来，扶着政委撤到安全地点，到此时才看到，晏福生的右边胳膊，在肩膀上耷拉着，明显已经被炸断，鲜血染红了右边的裤腿，留下了一串血红色脚印。晏福生说："赶紧带着文件走吧。"可是警卫员哪里肯同意？哭着说自己要保护政委，坚决不走。按照我军纪律，警卫员的职责，就是要保护首长安全。晏福生大声怒斥说："你懂个屁！文件包里面，装着咱十六师的重要资料！决不能落在敌人手里！我命令你立即去追赶部队，赶紧滚！"警卫员嗷嗷大哭着，抱住文件包离开了，他才刚刚走出去不远，就看到国民党大部队杀来。王震一看警卫员回来了，而晏福生没回来，赶紧调遣一个营，再次打回罗家堡。然而整整2天却没能找到晏福生。大家都认为，晏福生已经"光荣"了，所以开了个追悼会，沉痛悼念晏福生同志。处在兵荒马乱的年代，部队开完追悼会之后又出发，南征北战去了。

其实，晏福生还活着，他一看警卫员安全撤走，于是爬着离开了藏身地点，一直爬到了山下。躲进一孔废弃多年的窑洞，晚上，晏福生又爬到一处小村庄，敲开了老乡家里的房门，随后就晕了过去，幸亏遇到好心人，所以他捡回来一条命。当晏福生醒来的时候，看到伤口已经包扎完毕，而胳膊用纱布吊在胸口。晏福生把身上仅剩的2个银圆，给了自己的救命恩人，随后换上破棉衣，忍着伤痛去寻找部队。整整18天，晏福生艰难跋涉上千里，其间多次遭遇敌人的盘查，他一路乞讨要饭，白天休息晚上赶路。好在是苍天有眼，就在晏福生晕倒的时候，刚好有村民路过，于是用门板抬着，送到了红军医院当中。结果，晏福生醒来的时候，看到自己在红军营房当中，一问才知是三十一军的医院当中。晏福生说明自己的身份。没过多久，三十一军的军长萧克，骑着马来到医院，远远就大喊一声："晏福生，是你吗？"晏福生说："军长，是我呀！"

萧克说："听说红六军团，可为你开了追悼会。"

晏福生说："谁开的？我非找他算账不可！我还活着呢！"只可惜，晏福生的右臂，因为长时间得不到救治，最终只能截肢。嗣后，晏福生转入了红四方面军的总部医院，开始静养疗伤。不久，红四方面军2万多人组建了历史上著名的西路军，晏福生跟随医院出发了，踏上了西北的漫漫征程。西路军的历史，是红军永远也无法忘记的痛，因为2万多人到了西北之后，遇上了凶残的马家军，几乎是全军覆没。要知道西路军的总兵力，占据了整个红军队伍的五分之二，就这样损失在了西北。晏福生虽然指挥部队英勇作战，但面对10万马家军，终究是寡不敌众。仅剩晏福生他们30多人进山，2天之后躲在山洼当中休息，结果又遇到了马家军。晏福生在撤退的途中，再次和部队走散，他只能孤身一人，从西北大漠戈壁，徒步去往延安。晏福生带着警卫员，躲过了敌人一次次的搜查之后，他说："咱俩不能在一起，否则谁也回不去。"警卫员一看，晏福生仅剩左边胳膊，如果没有自己的照顾，大概率会葬身西北。就在两人商议的时候，敌人的骑兵再次出现，因此晏福生和警卫员走散。孤身一人，跋涉千里！当晏福生走到黄河边的时候，衣衫褴褛、蓬头垢面、浑身上下都黑乎乎的。恰逢黄河冰雪消融，晏福生望着满河流凌碎冰，他鼓励自己说："冰都化了，最困难的时期已经过去，革命终将胜利！"晏福生随即渡过黄河，然而途中却被国民党的保安团抓住。在战争年代，大多数的情况下，只有当过兵的人，才会只剩下一条胳膊……所以晏福生这位独臂乞丐，自然引起怀疑。晏福生假装哑巴，任由敌人如何询问，他就"啊啊啊"地回应，一直比画着，意思就是劈柴的时候，从山上滚落悬崖，所以胳膊断了。保安团逮住晏福生，狠狠打了一顿，晏福生一边哭一边比画，表示自己是冤枉的。足足纠缠了半个多小时，敌人认为晏福生只是普通人，这才将其放走。晏福生脱身之后，直到春暖花开3月天，才再找到了党组织。遇见队伍之后，他说出了自己的身份。结果对方却说："晏福生？不是牺牲了吗？已经开过追悼会了……"晏福生脸一黑，说："我还活着呢！"1949年10月后，晏福生先后任沅陵军分区政委、湘西行署主任、湘西军区司令员、湖南省人民政府民政厅厅长、中共湖南省委常委等职。1955年被授予中将军衔。

湖南最早的苏维埃政权——醴陵"南四国"

醴陵南四区苏维埃革命纪念馆，位于醴陵明月镇的梁公祠内，1996年由一批革命老前辈和烈士后裔自发筹资修建。2010年入选湖南首批民办博物馆，也是其中唯一的革命烈士纪念馆。2010年被列为省级重点文物保护单位。2017年被列为株洲市爱国主义教育基地。

1928年1月30日，醴陵南四区工农兵苏维埃政府，在马恋塅陈家洲成立，开创了"湖南有苏维埃组织，由醴陵开始"的光辉历史。当年2月6日，湖南省委主要负责人伍桐在《关于湖南状况的报告》中说："醴陵全县的农民都起来了，都在做杀豪绅夺取武装分豪绅财产土地等工作，尤其是醴陵南乡已经建立苏维埃政权肃清了一切封建基础，其他各乡正在仿效去做。"

1930年9月，毛泽东在醴陵召开湘东特委会议，对醴陵区乡红色政权给予很高评价，称：醴陵人民不怕牺牲，敢于斗争，斗出了一个"南四国"，很有名气。

先行示范，醴陵南四区建立苏维埃政权。"醴陵县南四区苏维埃政府正式成立！"1928年1月30日，醴陵马恋塅陈家洲，时任醴陵南四区苏维埃政府委员长谢运才话音刚落，主席台下2万余名群众一片欢声雷动。会场红旗招展，梭镖刀枪林立，"一切权力归苏维埃！""打倒土豪劣绅！"等口号响彻云霄。

醴陵南四区苏维埃政府成立，源于这里农民运动及武装割据深入开展，为建立苏维埃政权创造了良好条件。1927年1月底，毛泽东到醴陵考察并指导农民运动，醴陵农民运动火热开展。当年4月，醴陵90%的农民加入了农民协会。至9月13日，工农革命政权"中国革命委员会醴陵分会"成立，初步形成了苏维埃政权的雏形。由于醴陵南四区的武装割据开展得比较好，1928年初，中共醴陵县委召开区委书记会议，"会上决定，南四

中央人民政府南方老根据地
访问团访问湖南纪实

区先行一步，做出示范，摸索经验后全面铺开"。

1928年1月中旬，在南四区的6个乡建立苏维埃政府，1月30日，南四区苏维埃政府成立。2月中共湖南省委为发动湘东地区工农武装暴动建立湘东特委，而湘东特委

醴陵南四区苏维埃革命纪念馆内的浮雕像
（图片来源于《株洲日报》）

就建立在醴陵南四区。1—3月，全县有8个区、178个乡建立了工农兵苏维埃政权，苏区范围占比达53.8%，人口有22万多人，实行土地改革的耕地面积24万余亩。

武装割据，这里曾被称为"南四国"。醴陵明月镇从主街拐入一条小巷，一个门口蹲着两尊石狮的古朴祠堂出现眼前，这里便是醴陵南四区苏维埃革命纪念馆。纪念馆正中大厅的英雄雕像，革命志士正手持长矛大刀奋勇向前，雕像底座，密密麻麻地记录着烈士的名字。漫步于各个陈列室，图文并茂的历史资料，革命烈士曾使用过的梭镖、松树炮等遗物，以及马克思画像与红旗，瞬间将人拉回革命的烽火年代。醴陵南四区苏维埃革命纪念馆馆长杨辉浩说，醴陵南四区苏维埃政府曾管辖13个联乡、人口6万余人，反动势力一度久攻不下，被土豪劣绅称为"南四国"。当时的醴陵南四区有自己的兵工厂，实行全民武装、军事管制的政务体制，出入道口都设置哨所，重要山卡设炮台，每乡境内竖"信号杆"，遇紧急情况就以"悬红旗"为号发警报，可疑的反动分子很难进得来。

"南四国"的由来。1927年12月，敌第八军熊震部来醴陵驻防，纠集反动势力共5000余人大举"进剿"南四区。敌军知道游击队厉害，不敢当

前锋，于是让100多名土豪劣绅当向导，挨户团和"清乡"队当第二梯队，熊震部则缩在后面跟随前进。工农革命军联手数千名游击队员，采用夜战加伏击的方式，杀了个出其不意，敌军如惊弓之鸟，连夜逃回县城。这次战役被称"南四区之役"。从此，南四区被土豪劣绅称为"南四国"。

1928年4月11日，国民党三十五军军长何键，组织2万多名各路反动军队，对醴陵苏区实施血腥屠杀。仅南四区和一区被屠杀者就达3000人，其中党员1115人，一时之间，尸横遍野，血流成河。

醴陵南四区的革命烈士，并未被后人遗忘。69岁的杨辉浩身材魁梧，据说这点很像祖父杨新茹。作为在1928年4月被国民党反动势力屠杀的烈士之一，杨新茹的照片和生平简介被展示在陈列室。杨新茹曾以裁缝为生，上无片瓦、下无寸土，他和妻子及数个子女都寄居在亲戚家，靠一门手艺撑起一家开支。生前，他曾任十三乡守望队队长兼农协会财经委员。杨辉浩年幼时，曾听父亲讲述，祖父被捕杀害前，曾路过家门，并嘱咐妻子："不要怕！对革命要有信心，带好儿女。"

1996年，醴陵南四区苏维埃革命纪念馆建立，创建者为老地下党员杨光潜和革命烈士后裔，其中就包括杨辉浩的父亲。那年起，杨辉浩的父亲就带他参与纪念馆的维护与运营。"最开始资金困难，我负责过出租办酒席的桌子碗筷，借以维持。"杨辉浩说。如今，杨辉浩成了第四任馆长，纪念馆也由之前的杨家祠堂，搬到了现在的梁公祠。纪念馆平均年接待游客达8万人次，每到清明就有人自发前来烧香烛与纸钱缅怀。现在的理事会成员里，大部分是革命烈士的后裔。"我父亲临终前曾嘱咐我，这个纪念馆的事你不能丢，它绝对垮不了，决不能让它垮。"杨辉浩哽咽着，眼眶湿润地说。

信念是永不熄灭的火把。置身醴陵南四区苏维埃纪念馆，最难忘烈士留下的一句遗嘱。

第
三
章

湘赣边分团访问纪实

第一节

湘赣边分团访问工作总结

一、湘赣边分团的组成

湘赣边分团依据第二次国内革命战争时期的苏区的名称而组成的，自该区解放后，已按全国统一省份划归湖南、江西各省。这次访问工作实际上是一个重大群众工作，必须依靠当地组织才能做好，因此，湘赣边分团为完成中央赋予的重大访问任务，由各省抽出重要的负责干部参加湘赣边访问分团（见表3-1-1）。

表 3-1-1　湘赣边分团组织人员一览表

名　称	职　务	姓　名	籍贯	访问总团及工作单位职务
访问分团	团长	谭余保	湖南	访问总团副团长、湖南省人民政府副主席
访问分团	副团长	朱学范	上海	访问总团副团长、中央邮电部部长
访问分团	副团长	刘俊秀	江西	江西省委组织部部长
访问分团	副团长	李　立	江西	江西省吉安地委书记
访问分团	副团长	谷子元	湖南	湖南省衡阳专署副专员
访问分团	秘书长	李立（兼）	江西	江西省吉安地委书记

中央人民政府南方老根据地
访问团访问湖南纪实

续表

名　称	职　务	姓　名	籍贯	访问总团及工作单位职务
访问分团	副秘书长	张　军	湖南	湖南省委宣传部科长
访问分队				
湘东南分队	队长	谷子元	湖南	湖南省衡阳专署副专员
湘东南分队	副队长	刘汉才	湖南	湖南省郴州专署副专员
湘东南分队	副队长	刘宗舜	湖南	湖南省水利局副局长
赣西南分队	队长	刘俊秀（兼）	江西	江西省委组织部长
赣西南分队	副队长	李立（兼）	江西	江西省吉安地委书记
工作组	工作职责与任务			
小组正副组长	负责按时按要求完成访问分团、分队分配访问工作任务			
秘书	负责与访问县联系，收发文件，整理分组所有资料			
调查干事	负责随同县党委、政府有关部门进行调查，收集、统计烈、军、工属数字及所提出的问题，并同地方政府研究解决困难的办法			
宣传干事	负责领导电影队、文工队、制订宣传工作计划，组织大小晚会、座谈会，发放张贴慰问信及研究发放毛主席相片、主席题词与纪念章			
总务干事	负责管理日常生活及行政事项，并领导医疗队工作			

二、访问重点和方法

（一）访问重点

根据中央总的精神原则，湘赣边分团访问地区主要是：分配土地在一年以上的老根据地，在分团统一领导下，由湘、赣两分队各自分头进行以下工作。

1.赣西南分队访问地区分为三部分（略）。

2.湘东南分队访问地区分两部分，依地区之分布另行编组：①分配土地一年以上的老根据地——衡阳专区之茶陵、酃县、攸县是访问的主要地区。②二次国内革命战争起较长期存在的老游击区——衡阳专区之耒阳、安仁县，及郴县专区之郴县、宜章、资兴、桂东、汝城县，是访问的次要地区。③依据中央访问团精神和各地区的情况，分为茶攸、酃县、郴县、耒安4个小组，力量配备重点放茶攸及酃县小组，郴县和耒（阳）安（仁）小组主要由当地配备干部进行访问。

（二）访问办法

湘东南分队（赣西南分队，略）访问由于地区大，工作人员不足，时间短促，访问工作以举行代表会（或烈军工属代表会）与重点访问结合方式进行；由于工作人员来自各方，大部分对当地情况不太熟悉，所以必须依靠当地政府了解情况之老干部进行工作，并把代表会开好，使代表体会中央人民政府访问精神，发挥其代表性作用，依靠代表搞好调查和慰问宣传工作，因此计划集中力量以茶陵为中心，召开茶攸酃耒安五县代表会议，为慎重计，耒安烈军工属代表采取指定邀请并经群众审查的方式。以郴县为中心召开郴州专区烈军工属代表会议（代表产生方式与耒安同），代表会举行后，即照原定小组分头到县，在重点区举行座谈会，然后到重点乡进行访问，以及做重点乡、村、户之调查。按要求开好代表会议。

1. 各地、县代表集中后，经专署审查不合格者，退回原籍。

2. 代表会要求：①使代表了解中央人民政府访问精神，回去后能发挥代表性作用；②对各县当年活动地区的情况有初步了解；③对各县当年活动地区的烈军工属数目、现在情形以及向政府之要求有初步了解；④交代发放礼品之标准，初步决定发放之步骤。

3. 代表会议内容：①报告中央访问精神，并由代表讨论（计划时间1天）；②座谈老根据地的情况及对政府的要求，其内容包括坚决不屈的英烈事迹、反革命摧残情况，优抚工作的检查及生产、建设等（计划时间1~2天）；③小结座谈会的内容，包括鼓舞政治，继续发扬光荣传统及生产积极性，交待礼品发放原则，并进行小组讨论（计划时间1天）；④总结。

4. 代表会时间为3~4天，以照顾代表情绪和会议的收获程度为原则。

中央人民政府南方老根据地
访问团访问湖南纪实

（三）行程安排

9月9日全团从长沙出发，11日抵茶陵，12日在茶陵开5县代表会，各小组参加会议工作，组织座谈会及小组讨论，收集本组所需要之材料，17日茶、攸、酃、安、耒小组随代表下县进行工作，分团分队拨一部分人及郴县小组去郴县开会，24日前（因江西李立同志、刘俊秀同志至17、18日才开始工作）分团人员自郴折回去江西之莲花、永新。各小组的工作必须在9月8—10日完成，先后返回长沙作出小组工作总结，向分队汇报。

湘东南分队共配备洞庭湘剧团、文工团、电影队、灯影队、弹词队等单位。洞庭湘剧团随团部在茶陵演出后，随团部往江西，文工团留在耒阳、郴县两地演出，灯影、弹词、电影到茶陵后另行分配。

三、访问工作总结

湘赣边老根据地包括江西西南部及湖南东南部，是毛泽东主席亲手建立的南方老根据地之一。在第二次国内革命战争时期，湘赣边老根据地人民在共产党领导之下，建立了人民政权，实行土地改革，为中国革命创立根基，积蓄经验，丰富了斗争内容，红军北上后又坚持了三年游击战争，一直到1937年全面抗战开始后，对革命的贡献是伟大的。在全国胜利以后，中央人民政府和毛泽东主席关怀老根据地人民的生活，派了访问团，到南方老根据地区进行政治慰问，听取他们关于恢复当地政治经济文教卫生事业的意见，希望老根据地人民发扬革命传统，争取更大光荣。

（一）工作经过

分团接受了这一光荣任务，在总团及湖南党政首长的直接领导下，拟定初步计划，组成力量，分成两个分队，分别负责江西、湖南地区的访问工作。两个分队共组织785人，在出发前听取了分团团长有关工作任务及情况介绍的报告，学习了有关文件。8月9日分团团部与湘东南分队自长沙出发，8月18、19日江西吉安专区分队自吉安先后出发，各到指定地区进行普遍而有重点的访问，现分团已于9月12日结束工作回长，共花时间35天。

吉安专区分队分成3个小队，组织了4个文工队、1个电影放映队和2个医疗队，配合访问进行工作，访问永新、莲花、宁冈、泰和、吉安、遂川、峡江等12个县，访问重点是吉安专区。

湘东南分队访问重点是茶陵、酃县、攸县等在第二次国内革命战争时期曾分配土地在一年以上的地方；其次是耒阳、安仁和郴州专区诸县的老游击区。全队分成5个小组，另配备了湘剧团、话剧团、电影队、幻灯队以及弹词队等5个单位和3个医疗小组，有重点地配合各组到各县进行工作。

由于各地情况不同，进行工作的方式和步骤也稍有异，但基本上是依照原定方针和计划进行，做到了县有重点区、区有重点乡，而且是与当前工作结合着的。

湘东南分队以茶陵及郴县为中心，先后召开了茶酃攸耒安5县和郴州专区共10个县的老根据地老游击区人民和烈军工属代表会议，共计代表468人。吉安专区分队以永新为中心召开了永安莲宁吉5县烈军荣干属代表会议，与会代表418人。会期都是3~4天。在代表会议上，由分团团长谭余保同志和分团副团长李立同志，总团副团长朱学范同志分别传达了毛泽东主席对老根据地人民的关怀，号召大家回去搞好工作，记住毛泽东主席"发扬革命传统，争取更大光荣"的指示。代表们在会上回忆了过去英勇斗争与受敌人摧残屠杀的情况，检查了优抚工作，提出了有关政府工作的意见和建议，最后都表示要以实际行动继续深入开展抗美援朝运动、生产抗旱、检查贯彻爱国公约来回答毛泽东主席和中央人民政府的关怀。经过这样大张旗鼓的宣传慰问，扩大了政治影响以后，接着就根据各老根据地区的情况选择重点，采取由点到面和点面结合的方式进行工作。如永新以花溪、更阳、荣溪三个乡，茶陵以高陇、腰陂2个区为重点进行调查，结合重点访问；同时又召开座谈会或烈军工属代表会（吉安），结合群众登记审查，评比等级，召开一乡或几乡联合的群众大会发放礼品。

中央人民政府南方老根据地
访问团访问湖南纪实

（二）工作成绩

由于总团的正确领导，全体团员们的艰苦努力和各专区、县、区、乡工作人员的协助，在20~30天之内，各访问组共到达了19个县；湘东南分队各组直接访问了70多个乡的人民和烈军工属，做到了广泛的宣传和政治慰问。剧团电影共上演放映了95场，参加晚会的观众有65万余人，单永新和茶陵城里每晚来参加晚会的即达2万余人。医疗队给群众医治疾病，单就湘东南分队经过医治和进行防疫注射的即有4959人，吉安专区方面就永新县医治474人。这些人大部分已恢复健康或逐渐恢复健康，群众感到非常满意，一致表示：毛泽东主席给我们带来了愉快和光明。这次访问工作收获：

1.首先传达了毛泽东主席和中央人民政府对老根据地人民的关怀，鼓励了老根据地人民的革命情绪，扩大了政治影响，密切了党、政府与群众的联系。凡是访问团所到之处，都受到群众热烈的欢迎。如井冈山群众听到毛泽东主席派人来访问，曾特地把黄坳到茨坪40里长的山路修好。鄘县工作组进入四区时，1000多群众翻山越岭赶来欢迎，秧歌队、龙灯，接上2~3里路长。每一个地方的人民，都迫切希望访问团的人员住到他们那里去。他们看到银幕上出现了毛泽东主席，大家聚精会神像看到亲人一样兴奋地鼓起掌来。

在宣传慰问和分送礼品时，他们深深感谢毛泽东主席和中央人民政府，说："毛主席没有忘记我们，给予我们最大的光荣，我们一定要报答毛主席这一番心意。"鄘县大小垸烈属石世成说："礼品虽然不能吃，不能穿，可是千金难买这份光荣！"在访问期间，我们收到很多烈军工属冒着生命危险从1925—1937年保存下来的革命历史文物，他们纷纷给毛泽东主席写信，报告他们的生活生产情况，表示有信心重建革命家园。同时也送来了许多致谢致敬的锦旗。这一些事例，充分说明经过访问工作，党和人民政府的政治影响是大大扩大了，烈军工属的政治地位和革命热情也大大提高了。

2.在各种会议和个别访问中，通过回忆控诉反动派对老根据地人民的残酷烧杀，当地烈军工属和人民都加强了对国民党反动派和美帝国主义及一切反革命分子的仇恨，因而纷纷以实际行动推动各项工作来表示报答毛泽东主席。如在抗美援朝捐献方面，永新全县在访问期间，将捐献款项送到银行的共有3.8亿元，占全县捐献总额27%。郴州苏维埃时期的老干部李恒春同志，分团访问以后，即首先带头捐献15万元，带动了全乡人民迅速完成了4000多万元的捐献任务。茶陵县腰陂乡的乡政府在农会工作人员分了田安了家，生活渐渐好了，本来都不安心工作，团员怕"带头"，民兵怕"误工"，但经过这次访问，传达了毛泽东主席的关怀和"发扬革命传统，争取更大光荣"的指示后，他们都说："毛主席这样关心我们老根据地人民，烈士们流血牺牲给我们带来今天这样的光荣，我们分了田就不安心工作，如何对得起他们哩？"这样很多人便开始批判了自己的"自私自利"和"个人主义"的错误思想，重新积极起来工作了。

3.经过访问，比较深入地了解了各个老根据地人民的情况，特别是老根据地人民过去英勇奋斗流血牺牲的光荣业绩和对革命伟大斗争的贡献后，全体团员对革命创造的艰难与苏区人民的伟大的认识都大大提高一步。访问后，全体团员都一致表示说：在机关中听了首长们的报告，看了中国共产党党史，再加上这次在实地工作中很生动的学习，我们对中国革命和中国共产党党史的认识是更加深刻了。

（三）工作中的缺点

1.由于地区大，工作人员少，老根据地和游击区山地多，交通不便，虽然各县区都配备了干部，按地区人力来说，我们依然是在力量十分分散的基础上进行工作的。如吉安专区分队，映江一县只去2人，湘东南分队安耒二县只去5人，郴州一专区共去7人，因此只能在重点上进行分发礼品，其他地方则委托县区办理。如湘东南分队郴县只去了良田、宜章只到了黄

中央人民政府南方老根据地
访问团访问湖南纪实

沙、资兴只到了布田。这样还有许多应该完成的工作没有完成。

2.各县工作组下乡以后，若干小组变成赶任务的现象，彼此之间缺乏联系，一县小组内不能很好地执行汇报制度，小组、分队、分团的联系也很不够，因此不能掌握情况及时指导工作。

由于上述的困难和缺点，访问团不能得到比较全面深入的调查材料；礼品发放方面，也难免有所遗漏。

30多天的工作中我们深深体会到中央对这一次访问工作的决定是正确的。老根据地人民是如此热烈地欢迎中央人民政府访问团，盼望中央人民政府访问团的到来，充分说明了老根据地人民对毛泽东主席和中央人民政府的热爱。

四、访问工作成果

湘东南分队在访问茶陵、酃县、攸县30多天的工作中取得了丰硕成果。这一成果以《访问湘赣边老根据地》为题发表在1951年11月19日的《人民日报》上。

访问湘赣边老根据地

朱学范

一

今年八九月间，我参加了中央人民政府南方老根据地访问团，访问了湘赣边老根据地。计在各地工作三十余日，接触了数十万老根据地和老游击区的人民。这次访问给予我的印象是极深刻的。

湘赣边老根据地包括江西西南部及湖南东南部，在罗霄山脉的中段，井冈山便在境内遂川、宁冈、永新、酃县等县之间；是第二次国内革命战争时期毛主席亲手建立的最早的革命根据地，是中国人民革命的发源地。这些根据地建立以后，中国共产党就和这里的人民取得了密切的联系，并在这些地方建立革命政权，组织革命军队，训练革命人材，实行土地改革，考验了党的各项政策，取得了革命斗争的丰富经验，为以后的全国革命胜利打下了坚实的基础。同时，这里的人民在毛主席和共产党的教育下，认清了只有坚决跟着毛主席和共产党走，才能够翻身。因此，他们发挥了高度的革命精神和爱国热情，与残暴的国民党匪帮进行了长期艰苦的革命斗争，打过了无数次的仗，得到过无数次的胜利。红军北上以后，国民党匪帮、封建势力、地主恶霸曾对这里的人民进行了疯狂的烧杀，但人民绝不屈服，坚持了游击战争和其他各种形式的革命斗争，一直到全国解放。在残酷的革命战争中，人民牺牲了无数生命，遭受了无比的摧残，但也锻炼出无数革命人材，创造出无数可歌可泣的史实。老根据地人民对于革命事业作了伟大的贡献，应该受到全国人民的热爱和尊敬！

二

和老根据地人民谈话时，他们会以极大的仇恨向你诉说在国民党匪帮统治时期所受的严重的摧残和损害；也会激动地告诉你许多英勇的共产党员和人民与敌人斗争的英雄事迹。

　　国民党匪帮曾对这里的人民实行了所谓"三光"政策。据直接和间接了解：茶陵全县被杀的革命工作者和人民，就有两万数千人；以第四区为例，该区有上尧、下尧、洮江等六个乡，合计被杀的人民有一千一百人。郴州分区单登记的老烈属就有十三万五千多户，其中百分之五十以上都已无后代。酃县第四区石洲里乡大院，原有三百六十户，共一千余人，现仅剩七十五户，共二百四十八人。耒阳"三大屠夫"段子维、谭斗才、李济坤所杀的革命工作者和人民，就在三千人以上。宁冈全县在第一次国内革命战争以前，原有人口十三万人，现仅剩三万五千人。永新县酃阳、沣田、石桥、怀忠四区，第一次国内革命战争时原有人口九万四千一百零五人，现只有七万九千七百五十九人，减少了一万四千三百四十六人。其他如烧毁房屋、损坏财产的情形更是无法统计。如茶陵第五区溪江乡民房八百四十四间，一九二八年曾被全部烧光。永新被烧或拆作碉堡的房屋，共一千九百九十二栋，被地主夺去的土地共十一万零九百四十七亩；仅石桥、怀忠、酃阳三区，农民被倒算谷租共三万三千五百九十一担。茶陵第四区上严乡原有茶山六十里，被烧毁五十四里，过去每年出产茶籽约一万担，榨油六万斤，其中两万斤可供外销；现在每年只出产一千担，榨油六千斤，连本地消费还不够。攸县十一个乡，损失牲畜共三千四百六十九头。安仁全县现在平均都是三户才有一头耕牛。此外由于杀戮、抓丁、苛捐杂税、农民逃亡等原因，荒芜田园的情形也很严重。如永新县、酃阳、沣田、石桥、怀忠四区，共荒田一万八千四百九十四亩。攸县第六区洋网乡，荒田达五千二百七十三亩。茶陵第三区洲陂等五个乡，荒田共达三千六百一十七亩。安仁羊老乡福星村一村的荒田，即在两百亩以上。

　　国民党匪帮残害人民的手段，更是凶狠毒辣到万分。他们杀人的口号是"鸟过剪翼，龙来切角，石头成灰""宁肯错杀一千，不肯放走一个""见人杀，见屋烧，见了石头也要过过刀"。所用酷刑名目，有"锁颈骨""下踩棍""上快活凳""压杠子""上秤杆""香火煨""开肠破肚"等。中共耒阳县区委书记谷枚青临刑时被匪帮用梭镖反复刺戳，头部被戳成肉酱。茶陵芙冲乡秘书尹释生被匪帮剖开肚子、挖出心脏泡酒吃。茶陵石陂乡农民刘端仔为革命作情报工作，被杀时身体肢解为四块；匪帮并切下他的头来，示众三天后，把头还给他的老婆，要她悬在自己屋里客堂上，还逼着她缴付四十块光洋的杀头手工钱。此外如匪帮抢劫财物，他们不动手，要你自己挑起，连人一齐跟着走。其他种种压迫剥削，苛捐杂税，此处难以尽书。

但是，直接受过毛主席和共产党教育的老根据地人民，没有被吓倒，被征服，被杀绝。在党的领导下，他们与武装到牙齿的敌人进行了无比顽强的斗争，狠狠地打击了敌人的凶焰。他们大批地送了自己的子女、父兄和丈夫去参加红军，并克服了各种严重的困难，积极支援红军，保护革命政权。在斗争中，写下了无数页惊天动地、可歌可泣的史实。如1927年马日事变后，领导鄞县农民运动的朱子和烈士被捕后，匪帮逼他供认组织关系，他不肯吐一字。匪帮把他绑在县里，让人们去"参观"，并让地主恶霸尽情侮辱他。后来正式审讯，匪帮边审边动刑，给他头上顶起烧红的铁锅，膝下跪着烧红的火砖，又不断在火砖上加泼冷水，让蒸气上腾，炙得他浑身皮肤尽脱。但是烈士没有屈服，他咬紧牙齿，没吐出一个字。匪帮无计可施了，对他说："你是不是木头啊？"他这才回答了一句话，他说："我不是木头，我是铁，是钢，是共产党员！"茶陵八团烈士欧阳德喜，1931年10月间在某山地工作，被反动派围住，他用一块木板做武器，打死了2个持枪的敌人，还打伤了4个敌人，他自己身中20多发子弹后，才光荣牺牲。茶陵湖口乡烈士陈梅莲的哥哥陈初仔，因为进行革命活动，被反动派用铁钉钉死在戏台上。陈梅莲为了替哥哥报仇，为了革命事业的成功，坚持游击战整整12年，最后他也被捕壮烈牺牲。临刑前他高呼"中国共产党万岁！"

在访问老根据地的时间里，每天我们听过许多类似的故事。它们燃烧起我们对敌人仇恨的火焰！对英雄无限崇敬与感激的感情！今天祖国自由的大地上，开遍了朵朵的鲜花，这些鲜花都是无数先烈的鲜血浇灌出来的，其中流着老根据地人民的鲜血。

三

重新获得了解放的老根据地人民，在各级人民政府的领导与大力帮助下，正积极重建曾被国民党匪帮毁灭了的家园。经过不断的努力，并经过减租、反霸、土地改革及镇压反革命等运动后，生产已渐渐恢复，人民生活已逐步得到改善，农村里家家户户出现了新气象。永新1950年农业增产了6%，今年单早稻可能增产15%；2年来开了荒田15000余亩，开荒收益估计在300万斤稻谷以上。茶陵农业今年计划比去年增产6%，1亩田增产20斤。酃县解放前，农业每年平均缺粮2~3个月，冷天甚至有人身盖蓑衣睡在棺材里；现在他们已有饭吃、有衣穿，基本消灭了沿们乞讨的现象。攸县第六区的贫雇农，解放前大多一年四季吃稀饭或红薯渣，荒年甚至摘食野草度日；现在大多数已有大米吃，日子一天天好过了。人民对于未来丰衣足食的生活充满了信心。

由于老根据地人民所受的国民党匪帮的摧残十分深重，因此，如何进一步帮助他们恢复生产，改善生活，是一项重要的工作。当地人民政府应该定出计划，以便有步骤地帮助他们解决困难，重建革命的乐园。

经历过国民党匪帮长期残酷统治的老根据地人民，格外珍惜革命胜利的果实，他们绝不允许任何反动派和帝国主义再来奴役他们。因此，在抗美援朝运动中，他们以当年积极参加革命的同样热情，轰轰烈烈地进行了参军、捐献飞机大炮及订立爱国公约等运动。永新、宁冈等县的参军计划、在县的代表会议上就超额完成了。到处父送子，妻送郎，一幅壮伟图画！家家户户订立了爱国公约，保证了增产、捐献、优抚、完粮、纳税等任务。各县人民捐献飞机大炮运动，也都完成了或超额完成了计划。

老根据地人民拥护和热爱自己的领袖毛主席。当他们知道毛主席关怀着他们，派了代表来访问他们的时候，都高兴得不得了！访问团所到各地，必受到当地人民无比热烈的欢迎，有远从数十里外翻山越岭赶来看看"毛主席派来的人"的。他们老早就列队守候在郊外数里的地方，迎候访问团的到来。秧歌队、龙灯接上二三里路长。一路唱起《东方红》歌颂毛泽东的歌子，锣鼓喧天地簇拥着访问团的人进入县城。县城里景象更是热火朝天，爆竹声震耳欲聋，家家户户悬挂国旗，到处贴着"感谢毛主席的关怀"等标语。他们说这是解放以来第二次的盛况（第一次是庆祝解放）。各地人民都献出当地最好的土产，托访问团带给毛主席，并纷纷给毛主席写了信。访问团离开时，他们又必列队远送，依依不舍。老根据地人民热爱毛主席的真挚的感情，是令人感动的！

经过这次访问，老根据地人民进一步认识了自己的光荣，人人表示要积极地响应毛主席"发扬革命传统，争取更大光荣"的号召。茶陵腰陂乡女乡长袁富娇说："毛主席这样关心我们，我们一定要搞好生产来回答他老人家！"在她的带动下，全县在天旱时很快地成立了十一个车水队，共五百六十多人，救活一千二百多亩稻田。永新花溪乡动员了男女六千七百二十人，组成了三百二十多个车水互助组，八天中抢救了旱田三千六百四十亩。攸县老漕乡烈属唐慈龄的父母和弟弟都为革命牺牲了，这次他领到了毛主席送的礼品后，站在毛主席的像前庄严地宣誓："我要永远跟着共产党走，响应政府的一切号召，水里去，火里去，什么也不怕！"

这就是伟大的、光荣的老根据地人！

（摘自《人民日报》1951年11月19日 第3版）

中央人民政府南方老根据地
访问团访问湖南纪实

湘赣边分团访问地点及行经路线图

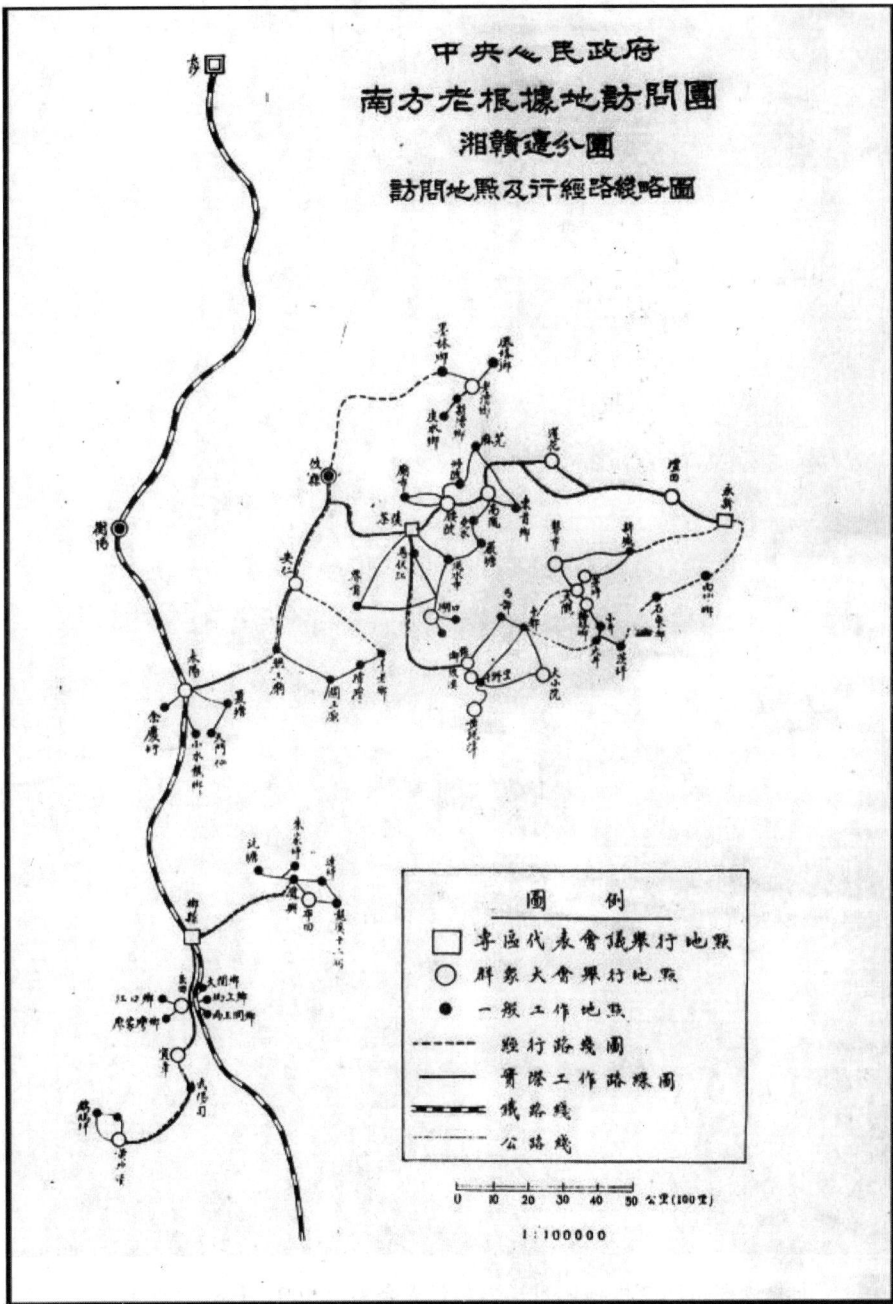

湘赣边郴州区老根据地烈军工属代表合影（1951 年 8 月 27 日）

中央人民政府南方老根据地
访问团访问湖南纪实

南方老根据地访问团湘赣边分团在茶陵县举行革命战争历史和抗美援朝
照片展览会

茶陵第四区洮水乡洮水村（谭余保故乡）群众出迎访问团

茶陵、鄜县、攸县、耒阳、安仁烈军工属代表会议中的妇女代表

中国第一个县级红色政权——茶陵县工农兵政府旧址

不以山风意山 中央人民政府南方老根据地
访问团访问湖南纪实

第二节

访问茶陵县

一、访问经过

中央人民政府南方老根据地访问团副团长谭余保、朱学范，湘赣边分团团长谭余保、副团长朱学范率领访问团，1951年8月10日下午3时到达茶陵县城，路上经过耒阳、安仁等地，受到各地人民的热烈欢迎。这天，茶陵县城家家户户都悬挂国旗，人民欢天喜地涌到街头。附近50~60里的老根据地人民和烈军属也特派代表到县城来欢迎。许多人拉着访问团人员的手说："毛主席好吗？祝他老人家永远健康！"在欢迎会上，总团副团长朱学范、分团长谭余保向长期坚持对敌斗争，受到反动派严重摧残的老根据地人民表示了敬意和慰问。朱学范副团长讲话中讲到毛泽东主席的题词："发扬革命传统，争取更大光荣"时全场掌声经久不息。

1951年8月13—16日，中央人民政府南方老根据地访问团湘赣边分团在茶陵县城召开了茶陵、酃县、攸县、耒阳、安仁等县老根据地人民暨烈军工属代表会议，参会代表236人。会上，访问分团团长谭余保传达了中央人民政府和毛泽东主席对老根据地人民的关怀和指示，总团副团长兼分团副团长朱学范作了报告，他们指出了老根据地人民对中国革命的伟大贡献，并鼓励老根据地人民发扬革命传统，争取更大光荣，这次会议任务主要是检查各地两年来优抚工作，了解老根据地人民的生产生活情况，以便将来有计划有步骤地恢复和发展老根据地经济文化卫生等建设，帮助老根据地人民重建革命家园。讨论审定了慰问品发放标准和办法。会议代表开展热烈讨论，检查了优抚工作的成绩和存在的问题，提出了对老根据地建设的意见和要求，代表纷纷表示决心，在中央人民政府和毛泽东主席领导下，发扬革命传统，克服一切困难，齐心协力重建革命乐园。

二、湘赣边分团团长谭余保总结报告（摘要）①

湘赣边茶酃攸茶安革命老根据地人民暨烈军工属代表会议开了整整4天，出席大会代表183人，列席的51人，旁听2人。

湘赣边老根据地人民对革命是有伟大贡献的人，今天在全国胜利之后，我们回到这里来开会更具有重要的历史意义。毛主席和中央人民政府对老根据地人民及烈军工属是异常关怀的。在这次会议后，我们希望各位代表把这个意思充分传达下去。

从各位代表讨论中，我们了解到老根据地的历史情况，搜集了对于恢复和建设老根据地的意见。我们一定把这次开会的情况，报告毛主席和全国人民。

这次会议收获很大，首先，提高了老根据地人民和烈军工属们的政治地位，使大家认识了老根据地人民的光荣。其次，代表们说出了老根据地当年的情形，使我们进一步认识老根据地人民艰苦斗争的历史和反动派残暴无耻的罪行，因而更亲切地体会到老根据地人民对革命的伟大贡献。

代表们在小组讨论和座谈会中的意见，归纳成下列几点：

第一，在小组座谈中代表们普遍检查了优抚工作，一致认为各地人民政府都很重视这项工作，有些地方做得好，烈军工属们都得到了优价粮。但有些地区仍然不够重视，也有个别干部，个别区乡对烈军工属照顾很

---

① 根据《湘赣边分团访问工作》档案资料整理。

中央人民政府南方老根据地
访问团访问湖南纪实

差，特别对老革命烈属缺乏热情的慰问。有些地方在代耕中，对新军属照顾得多，对烈属照顾得少。

第二，代表们提出了关于生活和生产中的困难。由于国民党反动派对老根据地的残暴统治和不断的摧残烧杀，当地人民生活水平一时难以提高。直到现在个别山岭地区，如攸县六区，酃县五区的人民，还是没有衣穿，没有饭吃，没有屋住，披着蓑衣，住着草棚，盖着祖宗三代传留下来又破又烂的棉絮。有些地方，人力畜力缺乏，塘坝失修，野兽为害，田土荒芜，这说明老根据地人民在生活上和生产上存在着严重的困难。今天解放了，虽然他们愿意熬过暂时的困难，但是政府一定要从根本上改善人民的生活，因此就必须从积极恢复和发展农业生产方面着手，否则就谈不到经济文化各方面的建设！

第三，代表们报告了老根据地丰富的矿产、土产和特产，如果设法开发和利用不但可以增加国家收入，而且可以解决一部分人的生活。如攸县白石皮、水二乡银矿，至今无人开采，等等。

第四，代表们认为在政治、经济翻了身，还要文化翻身。茶陵三区、四区，攸县六区，以及酃县、耒阳、安仁等地代表都反映了人民要求文化的迫切愿望，以茶陵一县文教情况来说，有些偏僻山区没有学校，全县现有失学儿童22500人，大部分的烈军工属贫苦子弟不能入学。今后必须特别重视文教工作，要把文教工作提高到与生产建设同样重要的地位，才能满足各地人民对文化建设的迫切要求。必须大力加强医药设备，注意环境卫生，逐步改善老根据地人民的生活环境。

各位代表：老根据地人民这些要求是迫切的，正确的。恢复农业生产，发展经

中共湘赣临时省委书记谭余保

济文化，重建家园是非常重大的任务，今天这个会议上，我们出席的代表和各级人民政府工作人员，初步听取了人民的意见，认识了重建老根据地任务的重要性，要全面地有步骤地进行这个工作，各级人民政府和老根据地的人民必须同心协力，共同订出计划，以谋逐步实现！老根据地人民是富有革命传统的，是勤劳勇敢的，目前虽然有些困难，但只要大家继续发扬过去克服困难的精神，团结互助，深信老根据地的人民完全可以在毛主席和中央人民政府的领导下把老根据地重建为理想的家园。

各位代表：几十年来，你们坚信革命一定会胜利，现在革命已经胜利了，我们应该欢欣鼓舞，热烈庆祝，但我们还有困难的，台湾还没有解放，美帝国主义还在侵略朝鲜，疯狂屠杀爱好和平的人民，威胁世界和平！我们国家的建设工作才开始，还要加倍努力，毛主席希望我们老根据地人民发扬革命传统，争取更大光荣，就是说老根据地人民曾经对革命有伟大贡献，是光荣的，我们要发扬为革命奋斗到底的精神，努力协助政府搞好工作，永远保持光荣的革命传统，争取更大的光荣。在这次会议上很多代表都自动提出了保证搞好抗美援朝工作，搞好生产工作，用实际行动来答谢毛主席和中央人民政府的关怀，我们相信代表们回去以后，一定会实现这些保证的，几年之后，我们会看到惨遭反动派破坏的老根据地在毛主席和各级人民政府的领导和帮助下，建设成为美好幸福的家园。

三、朱学范副团长在闭幕式上的讲话（摘要）[①]

湘赣边茶酃攸耒安五县人民烈军工属代表会议今天胜利闭幕了，我们这个会开得很好，得到了很大的成绩。我们这个会是在充满了胜利、愉快和团结的空气下进行的，是在燃烧着对于敌人的仇恨和对于自己阶级友爱的感情下进行的，这是一个团结的胜利的大会。这个会说明了人民政府和毛主席是爱人民的，是真正全心全意为人民服务的，也说明了人民是爱政

---

① 根据《湘赣边分团访问总结》资料整理。

中央人民政府南方老根据地
访问团访问湖南纪实

府、爱党、爱毛主席的。这个会充分证明了我们是胜利了的中国人民，是翻了身的中国农民，我们永远不会再受恶霸地主土豪劣绅的压迫与剥削了。这样的会议只有在中国共产党和毛主席的领导下，才有可能召开，我们庆祝会议的胜利结束，我们要感谢人民政府，感谢中国共产党，感谢毛主席！我们要巩固人民民主政权，保卫我们已经得到的胜利果实。

会议的情形，刚才谭副主席已经总结过了，我提出几点意见。

第一，我们要把会议的精神很好地带下乡去，要大力宣传中央人民政府和毛主席关心老根据地人民的意思，让人民知道中央人民政府和毛主席没有忘记他们，并且派了人、带了礼物来看他们。

第二，我们要让人民知道，老根据地的人民对于革命是有功劳的，中国革命的胜利是与老根据地的人民分不开的，因此，老根据地的人民是非常光荣的，毛主席希望老根据地的人民要"发扬革命传统，争取更大光荣"，热烈地响应毛主席的号召，向着毛主席指示的目标前进。

第三，怎样叫作"发挥革命传统，争取更大光荣"呢？就是要大家继续保持过去革命斗争的精神，今后更加努力，搞好生产，生产搞得好，就是顶大的光荣。另外，还要搞好抗美援朝、土地改革和镇压反革命工作，这些道理，我们也要详细地说给人民听。

第四，我们要详细地调查和研究老根据地人民在生产上和生活上的困难，并且想出解决困难的办法，建议给人民政府，以便人民政府分轻重缓急，有计划地有步骤地解决这些困难，帮助老根据地的人民重新建立起革命的乐园。

第五，我们要调查和收集老根据地和老游击区人民在反动派统治时期所受的摧残和损害的情形，同时要调查和收集老根据地和老游击区人民与敌人艰苦斗争、英勇牺牲的事迹，向全国人民作报道，让全国人民学习老根据地人民艰苦斗争、英勇牺牲的精神，鼓励全国人民革命斗争的情绪。

8月17—19日，访问团深入腰坡、高陇、严塘等地召开群众大会，重点访问烈军属和伤残军人，发放急救金。发慰问礼品2565份，其中烈属1880

份（甲等47份、乙等293份、丙等1118份、无直系亲属者422份），军属395份（甲等38份、乙等48份、丙等260份、无直系亲属者49份），工属18份（甲等2份、乙等9份、丙等7份），荣誉退伍军人93份（乙等5份、丙等88份），群众179份（乙等2份、丙等177份），演出节目，放映电影。在茶陵县城举行革命战争历史及抗美援朝照片展览。

8月20日，湘赣边分团清晨离开茶陵，当天上午到达江西省永新县。8月25日，访问团由永新县又回到茶陵，26日由茶陵到郴州访问。9月12日，茶陵老根据地近1000人夹道欢送中央人民政府南方老根据地访问团湘赣边分团。

访问中形成了茶陵六区工作报告——革命斗争情况。

四、红色故事

游击司令——谭余保 [1]

谭余保（1899—1980），茶陵县舲舫乡洮水村人。1926年参加革命，1927年2月加入中国共产党，后来上井冈山参加了红军。1932年8月，谭余保当选湘赣省苏维埃政府副主席兼财政部长，1933年任主席。红军第五次反"围剿"作战失利以后，中央决定退出中央苏区，任弼时等率红六军团从湘赣苏区突围西征，留下中共湘赣省委书记陈洪时、湘赣省苏维埃政府主席谭余保和湘赣省军区司令员彭辉明等继续坚持湘赣苏区的革命斗争。

主持召开棋盘山会议，坚持三年游击战争

主力红军长征后，湘赣省苏区只留下5个独立团3000余人，装备也很落后。国民党当局趁主力红军撤退之机，纠集5个师的兵力，对湘赣苏区形成包围之势，妄图消灭湘赣红军。陈洪时、谭余保率部跳出重围，进入安福县境的武功山区。敌人一直穷追不舍，采用"分进合击"和"篦梳"战术，对红军进行围追堵截。1935年2月，彭辉明在武功山双园坪战斗中牺

---

① 根据《中国共产党新闻》《历史回眸·人物长廊》周英才撰文资料整理。

牲。几个月下来,部队减员,只剩下800余人,仅有的一部电台也已损坏,湘赣省与红六军团和党中央失去了联系。此时省委书记陈洪时叛变投敌。谭余保带着身边的几个干部战士,跳出重围,进入莲花县的棋盘山区。他们分散行动,四处联络,寻找失散的同志,找到了独立五团团长曾开福、茶攸莲中心县委书记吴金莲、三团政委刘培善和莲安萍中心县委书记朱水生等100余人。7月下旬,谭余保在棋盘山丝瓜塘召开了有40余人参加的湘赣省干部紧急会议,将原游击队建制改编成3个大队和1个教导队,坚持以武功山为依托,相邻地区为回旋余地,采用隐蔽分散,灵活机动的战略战术开展斗争。湘赣省委和湘赣游击队在谭余保的领导下,恢复了安宜萍、茶攸莲几个中心县委,整编游击队在打仗、筹款、做群众工作三大任务中取得了很大的进展。他们在群众的支持下,摧毁车田、南庙、严台等国民党守军的碉堡11个,打垮吉安县油田区一个保安中队,除掉了永新县油田区长漆伯昂,在安福县洲湖镇击毙了下乡巡视"剿匪"的国民党县长朱孟珍,震惊了国民党当局。《江西民国日报》描述说:"千余共匪,袭击安福,县长殉难……"

巧逼富商捐物,以解游击队之困

1935年下半年,湘赣边游击队发展到近300人。时入冬季,游击队的给养成了大问题。谭余保和几位领导商量,决定去茶陵老家吊一只"肥羊"。这只"肥羊"名叫周季勋,茶陵八团乡人,15岁就考中了秀才。此人为人耿直,血气方刚,在地方反贪官、赶县长的行动中敢说敢为,湖南都督谭延闿任命他为茶陵县税政局长。但周季勋不久就弃政从商,在家乡开办钨矿、铁厂和电灯公司,成了茶陵的首富。大革命时期,为了维护自己的利益,他当上了茶陵县挨户团团长,通过较量认为谭余保们不好对付,便辞去挨户团团长职务,躲进了长沙城。谭余保分析,周季勋临近春节一定会回茶陵。于是派出副司令曾开福带领一班人马前去活捉周某。游击队解决了厂内卫队武装,把正在梦中的周季勋从热被窝里拖了出来,把他抬上了武功山。谭余保为周季勋松绑:"周先生,久仰了,你放心,我们绝不会杀你，借此机会还要与你交朋友呢。""今天请你来，是想请先生给我们帮帮忙。"周季勋按照谭余保的安排，给在茶陵县政府当官的大儿子周灿先写了一封信，叫他赶快筹办短枪100支，子弹10000发，还有食盐、西药、电池、绒衣、跑鞋、油布等物品如期送上山来，以赎老父性命。

周季勋的儿子接到父亲书信，按照游击队规定的办法，把一批批物资送到了莲花、安福交界处的秘密山头。周灿先赴江西上饶，向岳父尹耀南求援枪支弹药运到了茶陵交接。谭余保放周季勋时说："周先生，你为革命做了一件有益的事，我们不会忘记，后会有期。"

1949年12月，谭余保回茶陵视察时，得知周季勋被乡农会关押准备镇压时，要求茶陵县委、县政府向农会群众讲清他的功过是非，把他释放，户口迁入县城，以民主人士相待。

奔赴延安，跨向新征程

国共和谈以后，中共中央东南局决定，湘赣边300余名游击队员编入新四军开赴抗日前线，谭余保等80余名官兵仍留下坚持在湘赣边，以便将来建立南方抗日根据地。1938年秋，经毛泽东提议，谭余保被通知前往延安参加扩大的六届六中全会。

9月2日，中共中央东南分局副书记兼组织部长曾山在新四军驻吉安办事处负责同志陪同下到九龙山见到谭余保，曾山就开门见山地说："老谭，我今天来此有两大任务，其一，中央通知你去延安参加六中全会；其二，你和易湘苏同志今晚结婚，我当证婚人，至于手续可以到延安去补办。"9月8日晚，谭余保与易湘苏在攸县一家小客栈里举行了婚礼。两天后，谭余保、易湘苏一行数人奔赴延安，开始了新的征程。

1949年谭余保随部队南下，先后任湖南省人民政府副主席、监察委员会主任、省纪委副书记。1953年后任省委副书记、中南局监察组长、全国人民代表大会常务委员、中央监察委员会委员。

革命的母亲和儿子 [1]

尹禾咀，1930年参加革命，是一个18岁的共产党员，是茶陵四区大岳乡（游击区）的少年先锋队长。他在乡里培养了70多个少年先锋队员，80多个童子团员，与敌人进行了无数次的游击战争。1931年5月某夜，他带领了童子团，过河奔袭一区小车乡敌人的地方武装——"义勇队"，尹禾咀他们没有枪，拿的是梭镖，他们为了打击敌人，机智地用大爆竹在洋油瓶里鸣放，吓得敌人慌忙向黄塘市（白区）逃跑，他们便冲入敌人驻地，将敌人的秘密文件等都拿走了。

1932年，区领导上调他到雅凤桥乡马工桥村做白区工作，由于恶霸地主尹道盛的陷害，尹禾咀同志被逮捕到县城（白区）。国民党反动派把尹禾咀同志严刑拷打，胳臂粗的松木棍也打折了好几根，但尹禾咀同志什么也没有说，连"哎哟"也没有喊一声。比野兽还残暴的敌人，不能屈服这位岩石般的人，又将他母亲尹年秀逮捕到县城。他把尹禾咀同志横吊在台上拷打，让他母亲看，并对她说："这是你的亲生儿子，你要想救他的命，就要他把共产党的秘密说出来，报出一个共产党员给你10元光洋，报10个给你100元。"这位革命的母亲尹年秀，虽然只有一个儿子，但当她想到革命的正义和革命的利益时，立刻愤怒地说："要办就办，我不晓得。"像这样拷打了1个月，尹禾咀仍未说出半句话来。最后一次拷问时，尹禾咀同志很激昂地说："要杀就杀，共产党是杀不尽的，今天杀了我，还有千千万万的人在，总会有一天要报仇的。"当他走向刑场时，大呼"共产党万岁""红军万岁""打倒土豪劣绅"！英勇的尹禾咀同志就这样光荣而壮烈地牺牲了。敌人杀了尹禾咀同志，把尸首砍成四块丢到河里，他母亲看着自己的儿子为革命牺牲斗争意志更加坚决。

红军北上抗日后，尹禾咀同志家中的财产全被反动派霸占了，尹年秀只得靠出卖劳动力为生，但她并不向敌人低头，她常常说："我虽然穷，

---

① 根据 1951 年 8 月 31 日《新湖南日报》记者向仲茂报道资料整理。

情愿饿死，也不帮恶霸地主做事。"有一次，恶霸尹道盛逼她出派款，见她不肯出，派了几个"狗腿"将她的左眼打瞎，但她仍然不出。她时常盼望着红军与毛主席早日回来，她怀念毛主席与红军比怀念为革命而牺牲的儿子还要深切。

1949年8月15日，茶陵解放了，"红军回来了"，受了几十年压迫的尹年秀在毛主席旗帜下站起来了，她感到无限的兴奋，她高兴得几晚睡不着觉。这次访问团来到茶陵，她光荣地当选为老根据地人民的代表，在代表会上她悲愤地叙述了过去的事情。她对着访问团的人员说："我今年66岁，本来走不动，为了见见毛主席的代表，我爬也爬来了，今天我见了你们，就如见了毛主席，过了几十年的黑暗生活，今天又见了光。"在睡觉与休息的时候，她嘴里总是念着毛主席的两句话"发扬革命传统，争取更大光荣"。

在老根据地的革命斗争中，像尹禾咀同志母子这样在残暴的敌人面前坚强不屈的人，是很多的，我们大家来学习他们吧！把他们为革命为祖国为人民而忘我牺牲的精神，带进我们的工作中来吧！

第三节

访问攸县

一、访问经过

1951年8月13—16日，中央人民政府南方老根据地访问团湘赣边分团在茶陵县城召开茶酃攸耒安五县根据地人民暨烈军工属代表大会。通过会议，进一步激发了老根据地人民发扬革命传统，争取更大光荣，为建设新中国而奋斗的决心。8月17日，湘赣边分团东南分队攸县工作组一行6人到达攸县县城，受到攸县群众的热烈欢迎。8月18日至9月10日，访问工作组在攸县访问期间，访问鸾山、漕泊等18个乡，召开群众大会、烈军属残废军人代表座谈会，传达了中央人民政府和毛泽东主席的关怀，中华人民共和国成立后革命和经济建设的伟大成就，代表们对优抚工作和老根据地建设提出了意见和建议，讨论和审定了慰问品发放标准和办法。代表们对中央人民政府和毛泽东主席对老根据地人民的关怀和指示十分感激，纷纷表示响应毛泽东主席发扬革命传统、争取更大光荣的号召，继续为建设新中国而努力奋斗。访问中，重点走访烈军属残废军人。放映电影，演出节目，医治病人，发急救金。共发慰问礼品437份，其中烈属371份（甲等4份、乙等27份、丙等166份、无直系亲属者174份），军属35份（乙等6份、丙等5份、无直系亲属者24份），工属25份（乙等2份、丙等13份、无直系亲属者10份），荣誉退伍军人1份（丙等），群众5份（丙等3份、无直系亲属者2份）。

访问中形成了攸县工作调查报告。

二、红色故事

3张红军收据见证军民鱼水情[①]

在攸县档案史志局有3张泛黄、有些破损的红军收据。虽然时隔80多年，但由于保管较好，收据上的字迹、印章等仍清晰可辨。3张红军收据，有着一段感人至深的故事，见证了军民鱼水情深。

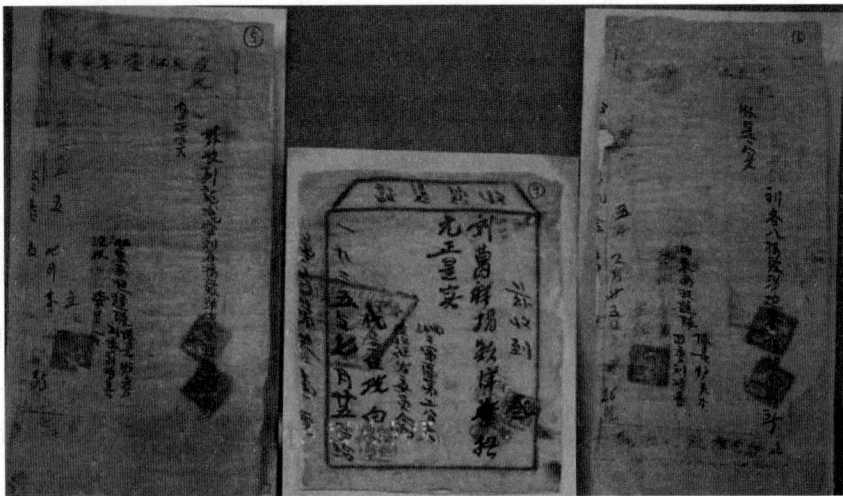

三张红军收据

这些收据的纸张均为土纸，字则为墨汁手书，每张收据上都盖有公章或多枚私章，其中第一、第三张长16厘米、宽8厘米，第二张长10厘米、宽8厘米。第一张写着"兹收到龙塘冲刘各（编者注：当时漏了一个"八"字）捐款洋边壹拾肆元整所收是实"，落款为"湘东南挺进队没收征发委

---

① 根据2019年5月6日株洲日报记者黎世伟，通讯员曾建荣报道资料整理。

员会队长炉天才、政委刘培善"；第二张上书"兹收到刘葛祥捐款洋叁拾元整是实"，落款为"湘赣军区第二分区没收征发委员会代主任攻白"；第三张写着"兹收到刘各八捐款洋边壹拾陆元整所收是实"，落款为"湘东南挺进队队长炉天才、政委刘培善"。

当年，红军主力长征后，湘赣革命根据地大部分地区被反动派占领，被困深山的谭余保、刘培善领导的湘赣红军给养极其困难，这3张收据便是那时筹款留下的。

刘葛祥又名刘各八，1887年生于酒埠江镇龙塘冲村（原官田村）一个贫苦家庭，靠租种地主田地维持生计。1935年2月25日，时任湘赣游击大队政委的刘培善化装成卖货郎找到刘葛祥，讲述了当时红军举步维艰的境况，刘葛祥当即把家里仅有的16块银圆交到刘培善手上，刘培善感激地说："等革命成功了，一定偿还。"刘葛祥却答道："我这是捐款，不用还了。"

同年6月，国民党反动派对红军游击队实行残酷的"清剿"镇压。危难时刻，刘培善再次想到了刘葛祥，于是找上门去。7月10日，刘葛祥将卖早稻得来的14块银圆交给刘培善，并约定刘培善月底再来。半个月后，刘葛祥变卖了家里值钱的东西，凑齐30块银圆捐给红军。按照红军的纪律，刘培善每次都出具了收据。

后来，由于消息走漏，刘葛祥被国民党反动派抓走，关押数月，并遭到毒打，但他始终未透露半点红军的消息，1943年，刘葛祥因病去世。

数十年来，刘葛祥的妻子齐桂英把这3张红军收据藏在阁楼隐蔽处，从未示人，新中国成立后也未向党和政府索要补偿。1976年，齐桂英病逝。临终前，她才将这个埋藏了40多年的秘密告诉儿女，1983年9月8日，刘葛祥的儿子刘李运生将3张红军收据捐献出来，被攸县档案史志局珍藏。

攸衡潭陵边委负责人——谭龙 [1]

谭龙，又名农，字段仙，1898年6月28日出生，攸县菜花坪（今江桥街道）谭家洲村人。父亲节衣缩食送他上私塾读书，1908年大饥荒辍学在家跟父亲从事劳动。1926年冬，加入中国共产党，任谭家洲党小组组长。1930年9月17日，谭龙随红十二军回到攸县，任县革命委员会委员。1932年初，湘赣省军区军医处成立，他被调任军医处副处长。1932年5月，谭龙调任攸县苏维埃政府主席。时值前任主席贺生财不幸牺牲，继任主席朱香远不久又叛变，加之国民党政府军第二十八军军长刘建绪率部进驻攸县县城，派遣其六十二师、六十三师和十五师八十五团到攸县苏区进剿，攸县苏区工作处于十分困难之境。为了应对这一局面，他先开办白区工作训练班，为县、区两级组成6个白区工作团，深入白区发动群众进行斗争，牵制敌军行动，使之顾此失彼；然后带领攸县地方革命武装协助湘赣红军作战，仅7、8两个月时间，就先后取得攻占网岭、新市、大漠观、沙陵陂和官田等战斗的胜利，恢复了部分苏区，还在酒埠江一带建立了革命政权。同年冬，攸县苏区被敌军占领，县委和县苏维埃政府带领数千苏区群众进入江西莲花县坚持斗争。为解决部队给养和群众的生活困难，谭龙带领由机关干部组成的白区工作团，深入攸县敌后活动。他在县城河对岸的谭家洲、白茅洲一带，发动群众组织进行打土豪、筹粮款的斗争，有时还到县城附近散发传单，迫使进攻湘赣苏区的西路军不得不调回2个团驻防攸县县城。

1933年6月，谭龙被任命为中共攸（县）衡（阳）（湘）潭醴（陵）边区委员会负责人。为了应对攸县保安团的进攻。他特别着手进行基层党组织的建设，先在老家谭家洲组织隐蔽下来的党员，成立中共谭家洲支部，自任支部书记，并发展陈耀新等人入党。在流塘、白茅洲、薄洲、莲塘坳和攸、茶两县交界的虎踞山等地发展党员，建立秘密支部和赤色农会，带领群众利用攸茶两县边界的崇山峻岭和攸、渌二水在当地构成的复杂地

① 根据《三湘英烈传》第七卷第102~104页资料整理。

中央人民政府南方老根据地
访问团访问湖南纪实

形，四处活动，开展打土豪、筹物资、镇压地方反动势力的斗争，给沿攸茶、攸安（仁）公路一线活动的保安团造成很大压力，使得攸县一些士绅向湖南省政府发出告急之书："泣恳转咨剿匪西路军总司令及二十八军军部并令茶攸政府，迅调重兵痛剿，以救浩劫，而拯灾黎"（见1933年9月24日《湖南国民日报》）。与此同时，他还利用攸水交通之便，为支援苏区做起木材生意，组织放筏工人到攸、渌二水上游采购木材，运往株洲、湘潭、长沙等地出卖，然后将食盐、药品、布匹等物资运往苏区。同年11月，攸县苏维埃政府技术科干部夏新恒叛变，并串通边区委员会负责干部颜若华充当内奸。12月12日，两个叛徒带领攸县"铲共义勇队"分别到新市、栳山、白茅洲、虎踞山、郭家洲等地逮捕了50多名共产党员。18日下午，谭龙与陈耀新、陈曼仔、武年和等20余人，不幸在谭家洲被捕。他受尽酷刑，但始终坚贞不屈，1934年1月12日，他与关文斐、吴仲华等12人被杀害在攸县城南南沙洲上，时年36岁。

第四节

访问酃县（今炎陵县）

一、访问经过

1951年8月13—16日，中央人民政府南方老根据地访问团湘赣边分团在茶陵县城召开茶攸酃耒安五县老根据地人民暨烈军工属代表会议。通过会议，代表们深深感到中央人民政府和毛泽东主席对老根据地人民的关怀，进一步激发了老根据地人民发扬革命传统、争取更大光荣，为建设新中国而奋斗的决心。8月17日湘赣边分团东南分队酃县工作组到达酃县县城，受到群众的热烈欢迎。8月18日至9月11日，湘赣边团东南分队酃县工作组在区、乡召开群众大会、烈军属及伤残军人代表座谈会，重点访问烈军工属，医治病人，发放急救金，放映电影，演出节目。共发放慰问礼品920份，其中烈属821份（甲等29份、乙等124份，丙等393份，无直系亲属者275份），军属19份（甲等4份、乙等2份、丙等9份、无直系亲属者4份），工属1份（甲等），荣誉军人11份（丙等），群众68份（乙等1份、丙等67份）。

访问中形成酃县全面访问调查报告。

二、红色故事

访问团见证红军标语背后百姓红色情怀 [1]

1951年8月18日至9月11日，湘赣边分团湘东南分队酃县工作组访问酃县消息传开后，酃县策源乡良桥村刘山春老人立即找来村里的几位青年人帮他拆屋。有人问他，好好的一间屋拆掉干什么？他说有件"礼物"藏在里面，现在要亮出来让中央慰问团看一看。大家七手八脚把刘山春老人的舍屋拆掉了，只见屋的侧墙上写有箩筐大的6个字："工农红军万岁！"落款是"酃县赤卫大队"。原来，为打退敌人对井冈山的第三次"围剿"，1929年1月4日召开的柏露会议决定，毛泽东、朱德率红四军主力出击赣南，实行"围魏救赵"的战术，留下彭德怀红五军、红四军王佐三十二团和井冈山根据地所属各县赤卫大队坚守井冈山。酃县赤卫大队奉命协守双马石哨口，上山前夕赤卫大队在他家侧墙上写下了这幅标语。此后敌人攻占了井冈山。刘山春为保护好这幅红军标语，就请人挨墙砌了一间舍屋，把红军标语遮盖得严严实实，这幅标语就这样被完整保存了下来。

其实，像这样被群众想方设法保存下来的红色标语，全县有数百条。1927年10月，毛泽东率秋收起义部队沿湘赣边界来到酃县后，[2]炎陵成为井冈山革命根据地和湘赣革命根据地的重要组成部分，先后有50余支红军部队在这里活动过。红军官兵在酃县城乡写下了数以万计的宣传标语，为宣传革命作出了独特的贡献。2011年6月9日，中宣部批准建设的"炎陵县红军标语博物馆"开馆，339条标语集中收藏、保护、展示于一馆，这是个奇迹。在这奇迹的背后隐藏着一个个感人的故事。

现炎陵县城中心占地面积200多平方米的"江家试馆"，过去是江西人聚集的客馆，如今是一处普通民宅。表面上看去，这幢旧房子白粉墙上，

---

[1] 根据《湘东文化》杂志网2011年7月18日资料整理。
[2] 根据《光明日报》2011年5月4日资料整理。

保存红军标语25条、681字。标语边，"红独一师"的字迹清晰可见。这些标语大多写于1931年8—9月间，其中一条标语完整地抄写了"共产党十大纲领"，共100多字。这里曾居住着2户3代20多人，拥挤不堪，但楼上楼下、内墙外墙的红军标语一直完好无损。72岁的曾福兰老人指着窗户下面一大堆门窗、木料告诉记者，他的5个儿子相继结婚都没有房子，她几次想对房屋进行翻修改造，但是怕破坏了这些红军标语，所以一直没有动。"我在这里住了40多年了，我最爱护这些字。小孩子不准动，晾衣服我自己晾，碰到墙壁的事我自己做。我的孙子们，16岁的没有画，13岁的也没有画。"

大院农场张传石家几次对房屋进行翻修改造，但一堵写有红军标语"保巩红区"的墙壁却始终未动。张传石告诉记者，继父石世林当年也参加了红军，后来由于腿部受伤不能跟随部队长征，留在当地。当年，石世林家正门墙中和墙脚都留有"发动群众，保护苏区"和"白军士兵是我工农，拖枪投诚者，决不杀戮"等标语。敌人发现后放火烧他的房子，把石世林关进碉堡严刑拷打半个月之久。受尽折磨的石世林设法逃出大院，等敌人撤走后回家一看，房屋的上半截墙体已倒塌，所幸写有标语的下半截墙体还在。后来房屋破烂不堪，必须重修，但恰好老屋的一面土墙上留有红军标语。把这堵墙拆走不可能，让这堵墙留在露天更不可能。修建房屋时，石世林为了保存标语，就在老墙上接筑新墙，建起了新房子，却把那面旧墙精心地镶嵌在新墙之中。时至今日，石家墙上的标语仍保存完好，新墙与老墙的接口处也清晰可见。张传石回忆道，直到父亲去世的时候，他还嘱咐孩子们，红军标语是革命先烈留下来的痕迹，如果要砌新房子就到别处去，不要损坏了这条标语。

在炎陵县中村乡联西村钟一彬老人家的旧墙上，至今可见好几条斑驳的红军标语。其中一条为"红军是工农的军队"，落款是"红三军团"。1927年，红军来到村里，看到钟家房子的堂屋、厅有20多间，正房60多间，这么大，以为是土豪劣绅的，要烧掉它。钟一彬的伯伯把一些打草鞋的烂棉絮抱出来。红军一看，这房子里住的竟是这样的人！于是在墙上写了几个大字："红军是工农的军队！"

硝烟已逝英魂在，红色精神永相传。这些红军标语，作为井冈山革命时期的重要历史见证，作为红军留下的宝贵精神财富，深深扎根老区，成为世代相传、教育后人的民族精神财富。

访问团收到中国共产党第一份入党誓词[①]

1927年10月15日晚，毛泽东在湖南省酃县水口街叶家祠的阁楼上，带领陈士榘、赖毅等6名新党员进行入党宣誓。亲自撰写了入党誓词："牺牲个人，努力革命，阶级斗争，服从组织，严守秘密，永不叛党。"

毛泽东写的这份24个字的入党誓词，一直没有发现文字记载，直到1951年8月，中央人民政府南方老根据地访问团团长谢觉哉（时任内务部长）到江西慰问时，看到了老红军贺页朵上交的珍藏了20年的入党誓词。泛黄的布片最上面写的是"C.C.P"，下面从右到左写了24个字的入党誓词。因为识字不多，贺页朵还写错了6个字。

贺页朵清楚地记得，1931年1月25日晚上8点多，乡农会黄主席带着两个赤卫队员来到油坊，他们挡严门窗，点起3盏桐油灯，举行了宣誓仪式。那天晚上直到半夜，贺页朵依然毫无睡意，他起身将铺床的土布剪下一块，把说过的誓词工工整整默写下来。

---

① 根据安阳市商务局2021年9月22日资料整理。

3年后，因为在战斗中负伤，贺页朵没能跟随红军长征，也与党组织失去了联系，但他一直精心地保护着自己的入党宣誓书。新中国成立后，1951年8月，中央人民政府南方老根据地访问团湘赣边分团访问江西省宁岗县时，贺页朵才将那份珍贵的入党誓词交给了慰问团负责人。

　　1982年，党的十二大将入党誓词精炼概括，首次写入《中国共产党章程》并明确规定"预备党员必须面向党旗进行入党宣誓"，总共12句80字的入党誓词也一直沿用至今，成为每一个共产党员庄严的承诺。

第五节

访问耒阳县、安仁县

一、访问耒阳县

（一）访问经过

1951年8月10日，中央人民政府南方老根据地访问团湘赣边分团去茶陵县城经过耒阳，受到耒阳人民热烈欢迎。8月13—16日，中央人民政府南方老根据地访问团湘赣边分团在茶陵县城召开茶攸鄙耒安五县老根据地人民暨烈军工属代表大会。通过会议，代表们深深感到中央人民政府和毛泽东主席对老根据地人民的关怀，进一步激发了老根据地人民发扬革命传统，争取更大光荣，为建设新中国而奋斗的决心。8月17日，湘赣边分团湘东南分队耒阳工作组到达耒阳县城，受到群众的热烈欢迎。耒阳县成立了访问工作委员会，由资政委任主任委员，葛旗胜、乐任远任副主任委员，曾欣秋为委员，秘书周建兼任。资政委负责一区，乐任远负责河东，曾欣秋负责河西，各区成立访问工作组，由区长、副书记任正副组长，民政助理任秘书。由湘东南分队耒阳工作组4人会同县抽调干部和教师及区民政助理等人，在重点区召开周边区老根据地人民代表及烈军属残废军人座谈会，传达中央政府和毛泽东主席对老根据地人民的关怀，中华人民共和国成立后革命和经济建设的伟大成就，此次访问的目的和任务，讨论和审定慰问品发放标准；确定重点村及重点户进行重点访问。座谈会议采取民主评议慰问品发放等级标准，经证明后进行填表签名盖章汇总呈送区政府审核确定后呈县。各类礼品存县，经主任委员会审查合格后填写各等级标准分区发放，各区民政助理盖章领回统一发放。访问中重点对烈军工属中61户鳏寡孤独户发放急救金810万元。发放慰问品2090份，其中烈属1729份（甲等14份，乙等200份，丙等503份，无直系亲属者1012份），军属63份（甲等3份，乙等5份，丙等25份，无直系亲属者30份），工属29份（甲等2份，乙等2份，丙等5份，无直系亲属者20份），荣誉退伍军人4份（丙等），群众265份（乙等4份，丙等111份，无直系亲属者150份）。

访问中摸清了解了耒阳县游击区基本情况，形成了耒阳县老根据地访问调查材料。

（二）红色故事

在湘南和湘粤边战斗的岁月——谷子元[①]

谷子元（1908—2002），耒阳市人，出生于贫苦农民家庭，1925年进入湖南省立第三师范学校读书，1927年3月加入中国共产党。"四一二"反革命政变后，谷子元参加了黄文林等人组织的衡阳岣嵝峰起义。

1931年1月，中国工农红军第七军到广东乐昌梅花岭，时任中共湘南特委委员的谷子元负责前去送一份中央文件，接见的首长邓小平说："我们准备在这里打一仗，你们赶快发动党员和群众。"在与敌人激战后，张云逸率领的红七军五十八团大部和军教导队、特务连以及直属队一些非战斗人员进入湘赣边区。谷子元赶到乐昌黄圃司，张军长要谷子元赶快给他们派向导。谷子元立即动员从井冈山回来的李杰等2人带领红七军后续部队迅即从宜章赤石经桂东等地，进入井冈山根据地。红七军临走时，留下步枪175支和水压重机枪2挺。

---

① 根据《谷子元纪念文集》第185~192页资料整理。

中央人民政府南方老根据地
访问团访问湖南纪实

不久，中共两广省委派李弼廷、王涛先后来湘粤边工委工作。王涛于3月中旬开会决定恢复中共湘南特委。8月，湘南特委在黄圃司街对面的西岭脚村召开第一次扩大会议，王涛传达了两广省委的指示精神。会议决定由王涛担任中共湘南特委书记，李弼廷任组织部长，戴月为宣传部长，谷子元为委员。

1932年秋冬之际，湘南游击大队发展到3个中队。其时，郴县瑶族特区人民很想打掉敌人碉堡，实现分田分地愿望。经特委研究决定，谷子元奉命从临武香花岭赶来参加了这次战斗。游击队首先就攻占了两个石堡，缴获步枪14支和手榴弹2箱。敌人一面向郴县救援，一面集中三个石堡的残敌居高顽抗，大队长李鄂带队冲锋英勇牺牲，谢汉接任大队长。是年冬，游击队在清潭库大河弯附近消灭敌进犯的一个加强排。

1933年6月，谢汉和李林带领战士15名到良田镇附近宿营，由于轻敌而被敌包围，经过1天战斗，成功突围，但有14位老战士牺牲。是年，谷子元担任中共宜（章）、乐（昌）工委书记期间，建立了宜乐游击队共15人，活动威胁到宜章城郊；调李林大队肃反，收缴伪警备队和地方武装，按政策处死反动分子；在田头收缴坪石警卫队1个排的枪，收缴当地村寨地主长短枪30余支。同年冬，特委在郴县东边山王仙巷子召开扩大会议，特委决定以骑田岭为中心，恢复整顿白石岭、龙广洞一带工作，建立二、六区区委。会后，特委决定调谷子元去郴州当特派员，与蒋月、李林协同郴县工作，在郴县东边五盖山棉花垄，先后四战皆告捷。

1935年5月谷子元重建中共湘粤边工作委员会，担任书记，决定集中流散人员和枪支武器，恢复整顿党组织，严惩叛徒，开展统一战线工作，争取地方武装。1936年5月，中共湘南特委恢复。8月，特委书记周里到坪石皈塘，领导湘粤边区的党组织和开展游击武装斗争。1937年冬，中共中央派陕甘宁边区统战部副部长，原湘南特委书记王涛到坪石，领导湘粤边区人民抗日救亡运动，动员湘粤边游击队改编为新四军开赴抗日前线。1938年2月，湘南特委主要领导人王涛、周里、谷子元和党中央从延安派来的政治、军事、文化工作人员给游击队员做宣传动员工作，湘粤边区游击队改编为新四军。3月奉上级命令从良田进发，延安派来的政治、军事、文化工作人员和队伍北上抗日。

1950年1月，谷子元任衡阳地委委员、专署副专员，兼专区人民法院院长。1952年11月，任省人民政府监察委员会副主任。1953年12月，任省人民政府政法委员会副主任。1955年9月至1959年9月，先后任湖南省监察厅副厅长、厅长。1959年9月，任湖南省人事局局长。1960年10月后，历任省民委副主任、党组书记、省委统战部第一副部长兼省民委第一副主任。1977年11月，当选湖南省政协副主席。

二、访问安仁县

（一）访问经过

1951年8月10日，中央人民政府南方老根据地访问团湘赣边分团去往茶陵县城经过安仁，受到群众的热烈欢迎。8月13—16日，中央人民政府南方老根据地访问团湘赣边分团在茶陵县城召开茶攸酃耒安五县老根据地人民暨烈军属代表大会。8月19日，湘赣边分团东南分队安仁小组杨世骥等4人到达安仁县城，受到群众热烈欢迎。安仁县配备县干部5人，小学教师10人，中学生12人，幻灯队2人参加访问工作。8月20—22日从县城出发至二区，8月21—22日审定二区13个乡烈军工属名单，发放礼品。8月23日重点访问肖家湾乡、古塘乡、小背乡；8月24日了解四区大革命时期烈军工属情况。8月25日在五区政府欢迎会上报告访问团访问的目的意义和任务。8月26—27日，召开五区烈军工属代表座谈会，传达了中央人民政府和毛泽东主席对老根据地人民的关怀和指示，此次访问的意义和工作任务，讨论和审定慰问品发放标准和办法。分组召开乡长或农会主席及烈军工属积极分子座谈会议；审定个别访问重点户，走访烈军工属及残疾军人。8月28日访问关紫山、赵源、潭湾、肖湾、着腊等乡烈军工属及残废军人。8月29—30

日收集整理各乡烈军工属登记表。8月31日，分组召开乡长、农会主席及烈军工属代表座谈会。9月1日，召开区乡负责同志及烈军工属代表会议，审定发放礼品等级与对象；9月2日发放礼品。9月4日结束访问。访问中直接发放急救金37户135人510万元，发慰问礼品160份，其中烈属95份（甲等6份、乙等27份、丙等40份、无直系亲属者22份），军属25份（甲等1份、乙等10份、丙等10份、无直系亲属者4份），工属17份（乙等4份、丙等13份），群众23份（丙等），演出节目，放映电影，医治病人。

访问中形成了湘东南分队安仁小组访问工作情况资料。

（二）红色故事

中共安仁县县委书记——唐名煌[①]

唐名煌，安仁县华王乡茶叶村人，1917年出生，父亲唐勋芳，以种几亩薄田和做点小本生意维持一家七口的生计。他10来岁时，父亲病死，仅读了2年书在家种田。

1934年春，中共耒（阳）安（仁）永（兴）中心县委成立，同时组建湘南赤色游击第三大队，开辟了耒安永边游击区。此时中心县委书记谢竹峰来到道仙桥，发动群众，吸收队员，唐名煌即邀同6个伙伴一起参加了游击队。一再申请要跟着老队员去打前锋。经领导同意后，他跟着老队员们于早晨冲进罗家祠，1个人就把墙上的8支枪全部背了出来，得到领导的表扬。4月，经谢竹峰介绍加入中国共产党，并担任游击队分队长。唐名煌在游击队，作战勇敢，对敌斗争十分坚决，当时，在华王消湾有贺华发、贺应读2个劣绅，当了国民党的暗探，游击队决定处决这2个反革命分子，他主动要求承担这一任务。这时，他得知二贺去衡山烧香，便与队员贺经学前往中山坪，将2人处决。又如，华王庙附近泉塘湾的土豪唐如轸家，原是反动分子经常出没的黑窝，游击队员唐德南在这里惨遭杀害。他利用唐如

---

① 根据《三湘烈士传》第四卷第227~229页资料整理。

轸10月3日为儿子娶亲大摆酒席的机会，一面派唐德寅率领部分队员伏击闻讯前来增援的华王保安团，一面随大队政委带领一部分队员直奔唐如轸家，以迅雷不及掩耳之势，将唐如轸等几个首恶分子捆绑起来，当众宣布罪状，就地处决。1935年5月7日，他任中共华王区委书记。同年7月，湘南特委决定撤销耒（阳）安（仁）永（兴）中心县委，分别成立2个县委和永兴区委。谢竹峰任安仁县委书记，唐名煌任县委宣传委员。1937年2月，唐名煌任安仁县委书记，为了对付国民党政府当局大肆宣传所谓"自首""自新"的政治攻势，在游击队处境十分困难时，他曾暗地里通知婶母将家里的粮食卖掉以接济游击队；并将游击队划分为若干小组，从事商贩，分散活动，争取生存。有一天，他和两个"商贩"在中山坪一个茶亭里歇脚时，正碰上挂着枪的保长和2个保丁来到亭子上，互相埋怨连个游击队的影子也没看到，无法向上司领赏，并质问他们3个"商贩"是什么人，这时，他掏出手枪吼道："我们是游击队！"一枪将保长击毙，然后指着跪地求饶的保丁说："抬着他回去领赏吧，但以后不准再作恶了！"

同年底，湘赣临时省委书记谭余保派人来安仁传达关于游击队集中北上抗日的决定。次年初，重新成立的耒（阳）安（仁）永（兴）中心县委，派唐名煌去县城找国民党县政府官员谈判。他毫不畏惧，毅然启程，经过会谈，达成立即停止对抗，允许游击队下山整训，开赴前线抗日的协议。唐名煌带领全县39名游击队员到消湾竹山园集中，后到耒阳县江头祠与郴州等地的游击队会合，改编为新四军。游击队北上抗日后，唐名煌返回安仁，继续做地方工作，遭到国民党安仁县党部书记唐全如的仇恨。1939年2月22日，他由耒阳回家给乡亲们拜年，得知当天晚上他的妻子贺花妹及岳母被抓走，第二天即与杨华、贺经学（都是共产党员）到县城去找国民党当局评理。也许他感到此行凶多吉少，半途曾一度要贺、杨二人都赶紧返回，二人不从，他又要杨华回去照管地方工作。中午，当他来到唐全如住处，质问唐全如为什么要将他的妻子老母抓来时，唐全如一面留饭，一面答应立即查问此事。不一会，一队保安团丁来到唐宅，他和贺经学就这样被捕了。唐名煌入狱后，备受严刑逼供，坚贞不屈，对见最后一面的妻子贺花妹说："腐朽的国民党就是如此霸道，现在我已明白，在黑心的豺狼面前根本无理可讲！"3月1日深夜，他和贺经学被枪杀于县城白石牌楼，时年22岁。

第六节

访问郴县、宜章县、资兴县、桂东县、汝城县

一、访问郴县（今郴州市北湖区、苏仙区）

（一）访问经过

1951年8月28—30日，中央人民政府南方老根据地访问团湘赣边分团在郴县召开郴州区老根据地人民暨烈军工属代表会议，会议代表232人，湘赣边分团团长谭余保作了工作报告，传达了中央人民政府和毛泽东主席对老根据地人民的关怀和指示，中华人民共和国成立后革命和经济建设的伟大成就，此次访问的目的意义和任务，讨论和审定了慰问品发放标准和办法。与会代表心境又悲又喜、感想至深。郴县代表陈良福发言回忆当时的革命斗争，说得清楚生动，他说："1925年起，我们良田区就由湘南特委谢怀德办起农会，当时区农会仅20多人，后来通过减租减息平卖食盐、平粜粮食，农民开始认识农会是为自己办事的，于是到处都办农会，全区共有32个农会，每个农会中少的有20多人，多的有50多人，气势真大。当时的良田、陈家湾、高雅冷、两湾洞的一般土豪劣绅，只好乖乖服从。马日事变后，土豪陈世泽养了一批地痞流氓，每人每年拿10块光洋，专门来残

害革命农民，还在郴县城里成立了个包打官司的办事处，勾结县知事，到处捉杀革命同志。当时就有陈初策等5人被害，后来我们在湘南特委伍一仙同志的领导下，秘密组织了100多人，12月15日深夜，把土豪陈世泽家围住，杀了陈世泽父子，封建地主阶级从城里搬来1营人，我们的队伍就奔向了大山口。1928年3月，我们二、三区的农民共计组织起来有2000多人。"分组座谈中代表们提出了优抚工作和老根据地建设的意见和建议。通过会议，激发了老根据地人民落实大会精神，发扬革命传统，争取更大光荣，为建设新中国而奋斗的决心。

召开郴州区老根据地人民暨烈军工属代表大会。1951年8月28—30日，中央人民政府南方老根据地访问团湘赣边分团在郴州召开郴州区老根据地人民暨烈军工属代表大会，到会代表232人。代表会上，分团团长谭余保向大会作报告，传达了毛泽东主席及中央人民政府对老根据地人民的关怀，要求老根据地人民"发扬革命传统，争取更大光荣"，在抗美援朝和老区建设中做出新的贡献。与会代表对老区建设和政府工作提出了建议；讨论了慰问礼品发放及对象审定标准。

代表们纷纷表示，不辜负中央人民政府和毛泽东主席对老根据地人民的关怀，发扬老区人民的光荣传统，争取更大光荣，为建设老根据地的幸福乐园而努力奋斗。

1951年8月31日至9月10日，湘赣边分团东南分队郴县工作组在郴县访问期间，沿途欢迎群众8000余人；召开贤良区良田乡等区乡根据地人民及烈军属和残废军人座谈会，重点走访烈军属和残废军人。放映电影，演出节目，发放急救金。发慰问礼品54份，其中烈属43份（乙等3份、丙等16份、无直系亲属者24份），军属7份（丙等），群众4份（丙等）。

访问中形成了郴县反革命摧残情况调查报告。

湘赣边分团团长谭余保工作报告（摘要）①

远在大革命时期，郴州区的人民就在共产党的领导下，分散隐蔽下来，轰轰烈烈地进行反帝反封建的农民运动，支援了北伐战争。1927年蒋介石背叛革命，湖南军阀发动马日事变，到处捣毁农民协会，收缴农民自卫枪支，摧残学生运动，进行"清乡"、通缉、逮捕、屠杀工人农民和共产党员的罪行，使革命遭受暂时的挫折。湖南共产党人在这种形势下，分散隐蔽下来，依然秘密进行工作，积蓄力量。直到1928年，朱德同志领导湘南起义，湘南的革命群众在共产党的领导之下，又拿起梭镖、鸟枪、土炮积极响应，重建自己的农会，配合工农革命军给土豪劣绅以及挨户团反动武装以严重的回击。但由于当时党的斗争经验不丰富，马列主义理论与中国革命的实践之间还没有完整的、统一的了解。在1927年冬到1928年春，短时期内陷入左倾盲动主义的泥潭，没有了解在当时整个党的组织需要的是正确的退却，局部的武装斗争，暂时也只能成为一处特殊形势的防御。因而继续进攻，使保留下来的革命力量在一起一伏的激烈斗争中受到很大损失，湖南人民无数的生命财产遭受的摧残尤其惨重。工农革命军在湘南人民的响应支持下，扩大了部队于1928年4月到井冈山与毛主席会合，成立了红四军，在毛主席正确领导之下，进行扩大与巩固根据地的工作，湘南人民在共产党的领导下，继续坚持了武装斗争，并且在1930年冬，又恢复和加强了党的领导机构——湘南特委。以后湘南的革命运动，一直在湘赣省委领导之下，坚持了长期的艰苦的游击战争。但由于敌人强大的武装力量控制了城市交通要道，游击区活动困难，时常遭受严重打击。在这样艰苦的一次紧接一次的严重打击下，湘南特委始终联系群众，并前仆后继坚持斗争，一直到1938年还保存了武装力量，编入新四军。

在这样长期残酷的革命斗争中，无论环境如何困难，湘南人民始终没有被敌人所征服，湘南人民始终相信共产党，相信毛主席，相信革命一定

---

① 根据《湘赣边分团访问总结》资料整理。

中央人民政府南方老根据地
访问团访问湖南纪实

会胜利！为革命献出自己最亲爱的父兄子女，抛弃自己的生命财产，粉碎了敌人企图一网打尽的迷梦。郴州游击队和桂东沙田游击队编入新四军北上抗日后，蒋介石匪帮对游击区的人民进行了极端残酷的屠杀，但游击区的人民没有被吓倒、被杀绝，仍然采取各种形式同敌人进行公开和隐蔽的斗争，并且在某一些地区坚持游击战争、群众工作，一直到解放胜利。这种革命的顽强性、这种不屈不挠的斗争精神，充分表现了对革命对人民的忠诚，值得大家学习和尊敬！游击战争的坚持，是与当时党的领导，人民的全力支持，无数先烈的牺牲分不开的，烈士们的流血牺牲，换来了今天的胜利，烈军工属们都是很光荣的，共产党、毛主席和中央人民政府对你们的一切随时都关怀着，因此派我们来访问你们，带来了一些礼品来送给你们，并且征求你们对生产救济和恢复家乡的经济文化、卫生事业等各方面的意见，以便在中央与各级人民政府领导和帮助下，重建家园。

第一，是把这个会开好。在讨论会上，大家主要的还要讨论怎样恢复农业生产，发展农业经济和对政府优抚工作的意见，定出计划。代表会结束后，希望大家回去协同访问小组进行工作。当地政府应在这次工作中发现一些人才，只要政治上没有什么问题，给予思想教育，吸取他们参加工作，对我们今后的工作是有帮助的。

第二，在今冬明春土改运动中以坚决打垮封建势力巩固民主政权的实际行动来感谢毛主席的关怀！从1927年以来，无数烈士牺牲性命，就是要推翻封建势力实行农民所有的土地制度，现在我们全国解放了，但封建势力没有彻底摧毁，我们必须坚决按期完成土地改革，把封建势力从根本上打垮，农村生产力才能发展，农村经济才能恢复，希望代表们继续发挥革命的传统精神，站稳立场，贯彻土改法令，斗倒地主恶霸，把封建势力打垮。

第三，继续深入抗美援朝运动，搞好增产捐献工作，积极支援人民志愿军。代表们，美帝国主义是我们的死敌，从现在的朝鲜停战谈判来看，美帝国主义决心不要和平，想进一步侵略中国。不把美帝国主义赶出朝鲜，我们是始终不会安宁的，世界和平也没有保证，我们要解放台湾，要进行抗美援朝工作，要建设和巩固国防，建设繁荣富强的新中国。我们还有许多的工作要做，许多的困难要克服。代表们，毛主席勉励我们要发扬革命传统，争取更大光荣，从现在起我们每一位代表都要认识到自己的光荣地位，不骄傲，不自满，积极参加各项工作，争取更大光荣，为革命做更多的工作。加紧生产，重建革命的家园！

（二）红色故事

工农革命军攻克郴县 [①]

1928年1月，朱德、陈毅在宜章发动湘南起义后，率工农革命军第一师北进郴县。2月4日拂晓，消灭折岭守军1个营，上午进入良田，研究围歼据守大铺桥王东原部两加强营之策，下午工农革命军与郴县地方武装统一行动，兵分三路向大铺桥进军：朱德率主力从中路进攻，隐蔽于敌人两营接合处前沿阵地；王尔琢率2个连从东路穿插到大铺桥岔路口截击守敌；蔡协民率1个连从西路直插大铺桥后山。战斗一打响，朱德命东、西两路向敌人猛攻，吸引敌人将兵力向东、西侧收缩。朱德乘机率部从中部突然猛烈进攻，将敌分割包围。敌军指挥失灵，惊慌失措，四散逃窜，纷纷缴械投降，营长周澜被击毙。此次战斗，俘敌600余人，缴获枪600余支。工农革命军乘胜追歼逃敌，向郴县城逼进。城内王东原1个守备营不战而溃，弃城北逃。工农革命军先遣部队追至铜坑湖，再歼敌1个连。是日傍晚，朱德、陈毅率工农革命军大部队经磨心塘、南关上开进郴县县城，设湘南起义总指挥部于县城北街考棚。

3月底，蒋介石调集湘、粤军范石生、许克祥等部南北夹击，"围剿"湘南革命势力。朱德令郴县工农革命军第七师和赤卫队掩护中共湘南特委、中共郴县县委、郴县苏维埃政府、各区党政机关人员向井冈山战略转

① 根据《郴县志》第485~486页资料整理。

中央人民政府南方老根据地
访问团访问湖南纪实

移。4月3日起，中共郴县县委书记陈毅组织人员分三路东撤，一路经板桥、桥口，一路经五盖山、大奎上，一路经瓦窑坪、东江。三路于资兴县彭公庙集结。第七师第一团负责东撤人员沿途警卫，第三团与部分宜章县农军负责掩护在城机关转移，其余3个团兵力与部分宜章县农军及秀良区赤卫队前往郴、宜两县交界处折岭阻击追兵。其中良田、邓家塘、黄家湾、廖家湾赤卫队配合第七师二团阻击中路敌军，黄茅、竹枧水一带赤卫队配合第七师独立团阻击左路敌军，秀良区赤卫队配合第七师四团阻击右路敌军。三路部队近千人，分别与敌人激战3昼夜，掩护中共湘南特委及郴县党政机关人员跟随陈毅于4月7日全部安全撤离郴县。

1928年7月中旬，朱德率红四军第二十八团、二十九团和军部特务营，由江西宁冈攻打茶陵和酃县。部队打下酃县时，以宜章农军为主的二十九团，由于严重的乡土观念，要求打回湘南老家，中共湖南省委代表杜修经及湘赣边界特委书记杨开明附和二十九团的思想，同意进攻郴州。17日，部队从酃县出发，经资兴进攻郴县县城，24日，击败城防部队，占据郴县县城。傍晚，遭国民党第十六军2个师和许克祥独立师反扑。由于力量悬殊，红军撤出县城。二十九团大部撤往宜章，余部编入二十八团，由朱德率领从东波瑶林，经宜章、汝城撤往桂东，由毛泽东迎还井冈山。

二、访问宜章县

（一）访问经过

1951年8月28—30日，中央人民政府南方老根据地访问团湘赣边分团在郴县召开郴州区老根据地人民暨烈军工属代表会议。宜章县烈属代表余泽生在发言时说："去年12月28日抓住了一个自香港潜回的特务，当时我们正忙着跟烈军属拜年的时候，在香花村九阳看到他，我记得7月间捉过他1次，他承认有2条枪在耒阳，区上把他放出来取枪，便给他逃跑了，这样的坏东西，还能不抓吗？当时我便约好乡长等10多人把他抓住送到杨梅山警卫队，几天后将他枪毙了。"烈士李文香儿子李伯开感慨地说："我只是享受我父亲的光荣……今后要继承父亲的革命意志，把梓涵乡本村的工作做好……继承父亲的光荣传统。"代表分组座谈提出了优抚工作和老根据地建设的意见和要求。通过会议，进一步激发了老根据地人民发扬革命传统，争取更大光荣，为建设新中国而奋斗的决心。8月31日至9月10日，湘赣边分团湘东南分队宜章工作组在宜章访问期间，召开老根据地重点区乡人民暨烈军属代表会议，传达中央人民政府和毛泽东主席的关怀，讨论审定了慰问品发放标准，重点走访烈军属和残废军人，放映电影、演出节目，医治病人，对有困难的烈军工属每户发给急救金10~20元，对在土地革命时期烈军工属及残废军人，赠送毛主席画像1幅、纪念章1枚、《致老根据地人民的信》1份等礼品，表示亲切的慰问。

访问中形成了宜章县老苏区调查材料，宜章县第五区山门乡圣公增村访问纪要等。

（二）红色故事

访问团在井冈山帮助曾志寻子

曾志（1911—1998），原名昭学，女，湖南宜章团城厢汪家冲（今玉溪镇城东村）人。1924年秋，考入衡阳湖南省立第三女子师范学校，在校参加反帝反封建的学生运动。1926年8月，选择跟许多思想上进的男孩子一样，投身革命，进入了衡阳农民运动讲习所学习，并由此成为当时农讲所中唯一的一名女学员。一直以来，曾志认为"曾昭学"这个名字太过于文雅，她需要一个更加体现自己理想的名字。于是，在参加农讲所学习的报名表上的"姓名"一栏，她毫不犹豫地写上了"曾志"二字。"曾志"，谐音"争志"，当同学问她为什么改名字之时，她回答道："我要为咱们女性争一口志气！"从此，"曾志"这个名字伴随了她一生。10月，加入中国共产党。

1927年春，曾志从讲习所毕业，任衡阳农民协会妇女干事，她与夏明震（中共郴县县委书记）结婚。9月，曾志任中共郴县县委秘书。她同夏明震一同赴郴州，共同组织和发动湘南起义。1928年3月21日，夏明震等

1952年，曾志与家人在一起（左二为石来发）

人在郴城城隍庙召开群众大会时，一大批早有预谋的歹徒闯入会场，将夏明震等众人推下台残忍杀害，夏明震年仅21岁。此后，曾志跟随朱德上井冈山。

夏明震牺牲后不久，曾志发现已怀上了丈夫的骨肉，同年11月在井冈山生下男婴。在坐月子期间，当地人石礼保（红四军一名副连长）的爱人赖凤娥将其照顾得无微不至。当曾志了解赖凤娥3年前生过男孩而病故后，曾志说："大嫂，如果您喜欢这孩子，那就送给您，以后您就是孩子的阿妈，石连长就是孩子的阿爸。"其实，将孩子送人，并不是曾志一时的冲动。当年井冈山的根基尚不稳定，敌人时来骚扰，部队随时都可能离开井冈山。跟随部队东征西战，带着一个孩子多有不便，拖累自己、殃及孩子不说，还可能会连累部队，而自己作为红四军组织科干事，更要以身作则。于是，她思来想去，最终选择了将儿子送给赖凤娥，同时也是对赖凤娥无微不至的照顾表示感谢。赖凤娥满心欢喜，这满足了她多年的愿望，她给孩子取名为石来发。

1929年1月，井冈山受到敌人包围，曾志还没来得及再去看儿子一眼，便被迫跟随部队离开井冈山，向赣南出发。她想着总有一天会回来井冈山看望儿子，但不料这一走就是整整23年。1935年，养父石礼保连长在一次战斗中牺牲，养母赖凤娥不久因病去世，小来发跟外祖母相依为命，外祖母年迈没有收入，只能外出乞讨，将来发慢慢养大。

1951年，曾志在广州担任市委副书记，听闻中央人民政府南方老根据地访问团湘赣分团在井冈山慰问，就托访问团同志帮忙打听一个叫石来发的孩子。不久后，曾志听到了来自访问团的一个令人振奋的消息：在大山脚下，找到了一个20来岁叫石来发的小伙子，并且已经证实了就是她的儿子！

曾志因工作无法去井冈山与儿子相聚，访问团同志安排石来发于10月的一天到广州见20多年未见的妈妈。石来发深情地望着母亲："妈，我是您的儿子来发啊！"曾志看着儿子由当年襁褓中的婴儿，长成了现如今的一个小伙子，23年的思念，23年的牵挂，瞬间化作一股股幸福的泪水夺眶而出，全然不知泪水早已湿润了儿子的衣裳："乖儿子，妈妈总算见到你了！"她紧紧抱住儿子，生怕他再离开半步。

曾志期望儿子能留在广州，白天到工厂里做工，晚上去夜校读书识字。"妈妈，我看还是算了吧。我现在已经成家了，家里还分了田地，我是家里的主要劳动力，还是回去吧！再说，外婆现在已经80多岁了，我得回去照顾她，给她养老送终。"

听到儿子这话，曾志又是欣慰，又是感动。她说："来发，你说得对，应该回去，做人就是要知恩图报。外婆养了你这么多年，你应该回去给她养老送终，我也不能夺人所爱。"就这样，母子匆匆见了个面，石来发依然回到了井冈山。他虽然大字不识一个，但他的感恩之心，却感天动地。

1998年6月21日，曾志因病在北京逝世，享年87岁。曾志的遗体火化后，儿子石来发、女儿陶斯亮将其骨灰带回了井冈山，并根据母亲遗嘱，埋在了一棵大树下。从此，曾志魂归井冈山，回到了那个生育了第一个儿子的地方，回到了那个与丈夫共同生活过的地方，回到了那个孕育着革命理想的地方。

三、访问资兴县

（一）访问经过

1951年8月28—30日，中央人民政府南方老根据地访问团湘赣边分团在郴县召开郴州地区老根据地人民暨烈军工属代表会议。资兴县代表袁才奇在发言中回忆当年反革命对资兴布田的烧杀情形说："布田人民的革命斗争，在1927年2月就开始了，当时的农会，强迫地主写捐，有不写捐的土豪，抓起来戴高帽子游街。马日事变后，土豪劣绅反攻农民，凡是会员就会普遍罚款，农民积极分子抓来坐牢。但农民革命心坚决，还是待机行动。1928年6月朱总司令带队伍由郴县到了布田。布田人民不分老少给红军探消息、送信，供给部队粮食很是踊跃。几天后，朱总司令带队伍转入浓溪一带。资兴县苏维埃委员长黎见文（布田人）也组织了一些农民随朱总司令进入浓溪，后来转入江西。这年8月挨户团唐富兴勾结白匪二十一团分3路抄洗布田，把布田300多家房屋烧光。烧时匪徒不准人逃出，用枪扫射。侥幸逃出的，在就近田里伏着装死。当时死去的老弱、小孩有80多人。"代表分组座谈提出了优抚工作和老根据地建设的意见和要求。通过会议，老根据地人民落实会议精神，发扬革命传统，争取更大光荣，为建设新中国而努力奋斗。8月31日至9月10日，湘赣边分团湘东南分队资兴工作组在资兴访问期间，召开五区白廊乡、六区浓溪乡等地老根据地人民暨烈军工属代表座谈会，传达中央人民政府和毛泽东主席对老根据地人民的关怀，讨论审定慰问品发放标准和办法。重点访问烈军工属和残废军人，放映电影、表演节目、发急救金。发慰问礼品113份，其中烈属109份（甲等2份、乙等18份、丙等43份、无直系亲属者46份），群众4份（丙等）。

访问中形成了资兴老区优抚情况报告。

（二）红色故事

红色堡垒——布田 [①]

布田村位于今资兴市白廊镇布田村境内，曾是井冈山外围游击区的前哨阵地，是资兴农会的活动中心，是红四军攻打郴州之后休整了7天的地方，留下了朱德、陈毅、萧克等老一辈开国将领的战斗足迹。朱德率部队返回井冈山后，这里惨遭国民党武装血腥镇压，全村民房被烧1000多间，共产党员和革命群众被杀害107名。1986年国家重点工程东江大坝关闸蓄水，布田村属淹没区，村民搬迁至兴宁镇新联村。烈士后代和村民怀着对革命同志的深厚感情，在资兴市委、市政府及有关部门支持下，于2000年建起布田革命历史陈列馆，旨在传承历史，资政育人。一段段可歌可泣的红色历史、一个个振聋发聩的烈士英名，让布田村成为当之无愧的红色堡垒、英雄村庄。

1928年7月24日，朱德、陈毅率红二十八团、二十九团从井冈山经桂东、资兴攻打郴州。资兴独立团闻讯后，前往担负后卫，并攻占县城。25日朱德、陈毅军团作战失利，资兴独立团团长黄义藻、党代表袁三汉立即组织资兴独立团和革命群众一面帮助主力红军撤退，一面四处寻找部队失散人员。最终红军大队选择撤至农民运动开展得轰轰烈烈的布田村休整，布田共产党人、农会会员、赤卫队员及村民热情接待，为红军担负警戒、筹措粮款、看护伤病员等任务，红军部队在布田的7天里得到了很好的休整和补给。同年8月1日，朱德在布田村纪念八一南昌起义一周年大会上深情地说："此次资兴独立团及布田村人民为我军救护伤员、筹备粮草、搞好休整日夜辛劳，我党我军将牢记不忘。"8月2日，朱德、陈毅率红军离开布田返回井冈山。

由于布田人民积极帮助红军休整，国民党政府和军队对布田村民恨之

---

① 根据 2020 年 6 月 17 日郴州新闻网资料整理。

中央人民政府南方老根据地
访问团访问湖南纪实

入骨，欲灭之而后快。9月17日（农历八月初四），国民党第八军第二师王兆英团与资兴"清乡队"、挨户团2000多人夜袭布田，当场杀害革命者和无辜群众上百人，史称"布田八四惨案"。那一夜，熊熊大火的噼啪声、人们逃亡的哭喊声、匪军追杀的枪声交织在一起，星月之间布田村沦为废墟。死里逃生的人再也不敢回去，数年后村庄仍无一户炊烟。门前、路边、井口、田间……到处都横躺着布田人的尸体。

如今的布田革命历史陈列馆，是郴州市党的创新理论大众化宣讲基地、郴州市爱国主义教育基地、资兴市党员教育示范基地、资兴市委党校教学基地、资兴市红色档案陈列馆，也是资兴市青少年爱国主义教育基地、资兴市关心下一代党史国史教育基地。开馆10年来，一万七千余人在这里接受洗礼。

1951年中共中央办公厅秘书室寄出给布田老区人民的回信。"黎润吾同志并转布田村全体烈属同志们：元旦寄毛主席的信收到了，谢谢你们！希望你们努力生产，改善生活。此致，敬礼"。简单的几行文字，写在泛黄的中国共产党中央办公厅秘书室笺上，足见党中央对布田人民的深厚情谊。

1952年建军节前夕，朱德、陈毅给布田人民写信："你村在1928年为我党我军贡献极大，后被焚烧、遭屠杀，仍坚持革命。这是过去的荣光，值得钦佩。尚望继续保持革命传统，争取更大的光荣。"但由于种种原因，布田村民未能收藏到此信件。

四、访问桂东县

（一）访问经过

1951年8月28—30日，中央人民政府南方老根据地访问团湘赣边分团在郴县召开郴州区老根据地人民暨烈军工属代表会议。通过会议，进一步激发了老根据地人民发扬革命传统，争取更大光荣，为建设新中国而努力奋斗的决心。8月31日至9月10日，湘赣边分团湘东南分队在桂东访问期间，沿途欢迎群众6000人；召开城关镇、沙田、晋乐、新坊、龙头、宋坪等乡镇老根据地人民暨烈军工属荣残军人代表会，传达中央人民政府和毛泽东主席的关怀，讨论审定慰问品发放标准和办法，重点访问烈军工属残废军人，放映电影，演出节目，医治病人，发放急救金。赠送毛主席画像、题词、革命胜利纪念章、《致老根据地人民的信》等礼品。

访问中形成了桂东县老区资料。

（二）红色故事

颁布第一军规 ①

1928年3月，毛泽东率工农革命军第一师第一团从井冈山运动到桂东县，准备接应湘南暴动的朱德部队，于30日来到桂东沙田镇。该镇是湘南的三大农村圩镇（在湘南地区称集市为圩）之一。镇上有数百间店铺，平时人来人往，逢圩时，更是熙熙攘攘。可是，当毛泽东带红军到达时，却家家店门紧闭，镇上空寂无人。老百姓为什么望风而逃？原来，以前到该镇的军队都烧杀抢掠，无恶不作。1927年，王佐部队到过沙田，虽然不打穷人，但这支部队却取了老百姓的门板和稻草铺床，第二天不上门板，不捆铺草，走了还要拉几个民夫，帮他们扛行李。再加上反动派大肆宣传，污蔑工农红军见屋就烧，见人就杀，见物就抢。深受兵匪之害的群众听信了谣言，都逃进了深山野林。当日晚，毛泽东在沙田镇万寿宫的江西会馆，召开了当地党组织负责人会议，了解到上述情况。为了揭露反动派的阴谋，第二天，天刚蒙蒙亮，他就和红军战士一起进山喊回老百姓。4月1日，毛泽东在沙田圩同益布店门口与群众交谈，用"一根筷子易折断，一把筷子折断难"的比喻启发劳动大众团结起来闹革命。4月2日，工农革命军在沙田晒布堆召开群众大会。来自沙田一带工农群众1000多人参加了大

① 根据《新湖南》2021年6月25日客户端资料整理。

中央人民政府南方老根据地
访问团访问湖南纪实

桂东县沙田镇第一军规广场

会。会上毛泽东作了关于土地革命问题的讲话。

　　1928年4月2日晚，在万寿宫后殿右边一间简朴的小厢房里，毛泽东夜不能寐。他在反复思考人民军队建设的一个重要问题。工农革命军创建伊始，队伍成分复杂。有一些小资产者、游民无产者、从旧军队过来的人，自然带来了某些小生产者的习惯势力、游击习气、军阀作风等，再加上"左"倾机会主义路线的干扰和破坏，因此部队中一些人纪律松弛、作风不正，偷摸行为、打骂士兵等现象不时发生。毛泽东挑亮油灯，将前几个月曾宣讲过但未系统成为条例的军队纪律，反复地斟酌、修改、补充。时已午夜，他奋笔疾书写下了著名的《三大纪律六项注意》，将1927年10月在江西省遂川县荆竹山动员部队向井冈山进发时宣布的三大纪律中的第二条"不拿群众一个红薯"改为"不拿工人农民一点东西"，将1928年1月在江西遂川李家坪宣布的六项注意中"上门板""捆铺草"由第五、六项提写到第一、二项。

4月3日上午，天气特别晴朗。在沙田圩老虎冲三十六石丘旱田内，工农革命军战士高举红旗，昂首挺胸，站在稻田中央。刚组建起来的少年先锋队和农民赤卫队的队员们分列两旁，手持梭镖大刀，身背火铳鸟枪，显得扬眉吐气。在稻田周围和附近的山坡上，还围满了兴高采烈的穷苦百姓。毛泽东身穿灰军装，健步登上稻田边临时搭起的土戏台。他首先向部队讲述没有纪律不成军队、没有统一指挥就不能打胜仗的道理，对部队近期存在的一些违反纪律的现象进行了批评教育，然后扳着指头，逐条逐项地向部队正式颁布《三大纪律六项注意》。三大纪律是：一、一切行动听指挥。二、不拿工人农民一点东西。三、打土豪要归公。六项注意是：一、上门板。二、捆铺草。三、说话和气。四、买卖公平。五、借东西要还。六、损坏东西要赔。正式宣布《三大纪律六项注意》为工农革命军军规。后来根据形势发展和部队的实践经验发展为《三大纪律八项注意》。

五、访问汝城县

（一）访问经过

1951年8月28—30日，中央人民政府南方老根据地访问团湘赣边分团在郴县召开郴州区老根据地人民暨烈军工属代表会议，通过会议，激发了老根据地人民发扬革命传统，争取更大光荣，为建设新中国而奋斗的决心。8月31日至9月10日，湘赣边分团湘东南分队在汝城访问期间，沿途欢迎群众6000人；在汝城的重点老根据地区乡召开老根据地人民暨烈军工属荣残军人代表会议，传达中央政府和毛泽东主席的关怀，讨论和审定慰问品的发放标准，重点访问烈军工属和残废军人，放映电影，医治病人，发放急救金，赠送毛主席画像、题词、革命胜利纪念章、《致老根据地人民的信》及其他礼品。

访问中形成了汝城大革命前后情况和汝城县苏区资料等。

（二）红色故事

半条被子的温暖 [①]

"在湖南汝城县（文明瑶族乡）沙洲村，3名女红军借宿徐解秀老人家中，临走时，把自己仅有的一床被子剪下一半给老人留下。老人说，什么是共产党？共产党就是自己有一条被子，也要剪下半条给老百姓的人。" 2016年10月21日，习近平总书记在纪念长征胜利80周年大会上，深情讲述了这个发生在长征途中的感人故事。

1934年11月6日，中央红军先头部队抵达文明司，红军卫生部、干部团驻沙洲村。1984年11月7日，经济日报社记者罗开富采访了80多岁的徐解秀老人。

1984年11月7日，我采访了80多岁的徐解秀老人。据老人回忆，50年前的一天，红军来到沙洲村，由于国民党的反动宣传，许多人都上山躲起来了。她因为生孩子坐月子，又是小脚，就留下来带着婴儿在家。有3位女红军来到她家，跟她拉家常，宣传红军是穷人的队伍，叫老乡们不要怕，回到家里来。晚上，她们借宿徐解秀家中，当看到徐解秀床上只有一块烂棉絮和一件破蓑衣，就打开被子，和徐解秀母子挤在一张床上睡。3天后，她们临走时，便要将被子留给徐解秀。她不忍心，也不敢要，推来推去，争执不下。这时，一位女红军找来一把剪刀把被子剪成两半，留下半条给徐解秀。3位女红军对她说：红军同其他当兵的都不一样，是共产党领导的，是人民的军队，打敌人就是为老百姓过上好生活。

在他们互相推让的时候，红军大部队已开始翻山。她和丈夫朱兰芳送她们走过泥泞的田埂，到了山边时，天快黑了。她不放心，想再送一程，因为是小脚，走路困难，就让丈夫送她们翻山，谁知她们这一走，就没有了音讯。年年这几天，她总要在与她们分别的地方等好久。前些天，听村里人说红军要来了，她喜出望外。今天才知道，是采访红军路的记者来

---

① 根据广州日报大洋网 2016 年 6 月 7 日资料整理。

了。她问我："你能见到红军吗？"我答："能见到。"她说："那就帮我问问，说话要算数呀，说好了，打败了敌人要来看我的呀！"她说到这里，脸上已流下了泪水。我和在场的人都沉默着，眼角都湿了。

徐解秀阿婆领我到一间厢房里，16~17平方米。我见到只有一个小窗，比较暗，木板的床铺上竖有四根竹竿，横有两根，是挂蚊帐用的。木质的床腿和竹竿都因年代久远而发亮了。她说："那3个姑娘走后，我就没有再搬动过。心里总在想，红军姑娘会回来看我的。"她抚摸了一下枕头说："我们5个人，两个女红军睡一头，我们母子和另一位女红军睡一头，横盖着她们的被子。""3个姑娘长得很漂亮，有一个还不到20岁，心也好，你们说，一条被子能把半条给穷人，天底下哪有这样的好人，我丈夫送她们上山时，她们还在一步三回头地对我说：大嫂，天快黑了，你先回家吧，等胜利了，我们会给你送一条被子来，说不定还送来垫的呢。现在我已有盖的了，只盼她们能来看看我就好了。"

我擦了泪水，握着老人的手说："徐大妈，我一定向红军汇报，尽力帮你找到她们。"她点点头说："找到就好，找不到你也要回来看看我呀。"

徐阿婆把我送到山脚，就是当年送红军送到这里分别的地方。站在她一旁的68岁的朱青松说："红军走后，敌人把全村人赶到祠堂里，逼大家说出谁给红军做过事，大家都不说，敌人就搜家。女红军留下的半条被子被搜走了，还强拉踢打让徐解秀跪在祠堂里半天。"徐解秀阿婆听了后对我说："虽然那辰光为了红军留下的半条被子吃了点儿苦，不过也让我明白了一个道理：什么是共产党？共产党就是自己有一条被子，也要剪下半条给老百姓的人。"

2020年9月16日，习近平总书记在沙洲村考察时指出，"半条被子的故事"体现了中国共产党人的初心和本色，当年红军在缺吃少穿、生死攸关的时候，还想着老百姓的冷暖，真是一枝一叶总关情！老百姓也由此理解了什么是中国共产党领导的人民军队。

中央人民政府南方老根据地
访问团访问湖南纪实

第四章

湘鄂西分团访问纪实

第一节

湘鄂西分团访问工作总结

一、湘鄂西分团的组成

湘鄂西分团依据第二次国内革命战争时期的苏区的名称而组成，自该区解放后，已按全国统一划分省份划归湖南、湖北各省。这次访问工作实际上是一个重大群众工作，必须依靠当地组织才能做好，因此，湘鄂西分团为完成中央赋予的重大访问任务，从各省抽出重要负责干部参加湘鄂西访问分团（包括常德小队）（见表4-1-1）。

表 4-1-1　湘鄂西分团组成人员一览表

名　称	职　务	姓　名	籍贯	访问总团及职务
访问分团	团长	李先念		总团副团长，湖北省人民政府主席
访问分团	副团长	钟春林		湖北军区荆州军分区司令员
访问分团	副团长	王海山		湖北省人事厅厅长
访问分团	副团长	晏福生	湖南	湖南省湘西行政公署专员
访问分团	秘书长	周致远		湖北省人事厅副厅长
访问分团	秘书主任	汪文瀚		湖北省高院秘书科长

中央人民政府南方老根据地
访问团访问湖南纪实

续表

名 称	职 务	姓 名	籍 贯	访问总团及职务
访问分队				
湖北分队	略			
湖南湘西分队	队长	晏福生	湖南	湖南省湘西行政公署专员
湖南常德小队	小队长	孙云英		湖南省常德行政公署副专员
湘西分队常德小队工作组	工作职责与任务			
秘书组	负责与地方联络，掌管印信，收发文件，整理全队各组所有资料			
烈军工属调查组	以县为单位，结合地方党委政府有关部门进行调查，收集、统计烈军工属数字及所提出的问题，并同地方政府研究如何解决困难的办法			
宣传组	负责领导管理电影队、文工队，制订宣传工作计划，组织大小晚会、座谈会，发放张贴慰问信及研究发放毛主席相片、主席题词与纪念章			
总务组	负责管理日常生活及行政事项，并领导医疗队工作			
湘鄂西分团访问主要地区为湖北省，参加人员有中国人民银行总行人事司主任张文秋（女）、北京师范大学教育长董渭川、北京协和医院教授宋恩泽等，湖北省文联文工团、湖北省楚剧团、湖北省电影放映队等100余人参加访问活动				

　　湘鄂西分团湘西分队有湘西行署、湘西区党委、军区及贸易公司等机关干部45人（其中由医生4人，护士6人组成医疗队）。另吸取永顺专署、地委及老根据地各县干部共100余人。除省派电影放映队外，并组织永顺军分区文工团参加访问。

　　中央人民政府南方老根据地访问团常德小队下设秘书组5人，赵振声任组长；宣传慰问组（包括电影队4人）14人，雷历任组长；调查研究组8人，由高明任组长；医务组6人，刘星阁任组长；总务组3人，贾玉清任组长；并从行署机关抽调人员共40余人参加访问。

二、访问重点和方法

（一）访问重点

根据中央人民政府南方老根据地访问团的精神，访问工作任务是政治慰问为主，提高老根据地及老游击区烈军工属的政治地位，鼓励其政治和生产积极性，使老根据地群众继续发扬革命的光荣传统，并从访问中进行调查，收集老根据地及老游击区群众在反革命的严重摧残下所受的损害及坚贞不屈的英勇事例，了解群众迫切的要求和老根据地、老游击区生产建设恢复计划，逐步落实建设规划。依据中央人民政府访问团的访问原则，湘鄂西分团湘西分队访问地区是分配土地在一年以上的老根据地，在分团统一领导下，由湘西分队、常德小队各自分头进行访问工作：（1）湘西分队访问第二次革命战争中分配土地一年以上的老根据地为永顺县、桑植县、大庸县（今张家界市永定区、武陵源区）、龙山县；（2）常德小队访问第二次国内革命战争起较长时间存在的老游击区华容县、石门县、慈利县。

（二）访问方法

由于湘鄂西分团湘西分队、常德小队访问地区大，交通不便，时间较短，工作人员不足，访问工作主要采取召开老根据地人民暨烈军工属残废军人代表会议与重点访问相结合的办法。湘西分队在永顺县召开永顺、大庸、桑植、龙山老根据地人民暨烈军工属代表会议。常德小队在访问华容县后，在石门县召开石门、慈利、桃源、安乡、澧县、临澧等6县老根据地人民暨烈军工属残废军人代表会议。代表会议中由访问分（小）队负责人传达毛泽东主席和中央对老根据地人民的关怀，布置访问工作任务，听取代表们对老根据地建设的意见和建议，审定慰问礼品发放办法，推选参加湖南省老根据地建设会议代表。分（小）队在访问各县中召开县老根据地人民暨烈军工属残废军人代表会议，参加会议代表要严格审查，凡直系烈军工属代表、残废军人和地方干部未叛变者为正式代表,非直系烈军工属解放后参军的军人代表及政治情况不明尚待调查者为列席代表。在访问工作中重点访问英雄模范和特殊困难的烈军工属和残废军人及家属,帮助解决其困难,组织开展电影放映和文艺演出活动,各队在9月中旬完成访问和访问总结工作。

三、访问工作总结

(一)访问经过

1951年8月4日,成立湘鄂西分团湘西分队和常德小队,8月7日,在长沙参加了中央人民政府南方老根据地访问团湖南的工作会议,听取了湖南省政府主席王首道、中央人民政府南方老根据地访问团副团长傅秋涛、谭余保、朱学范的工作报告,了解了中央人民政府南方老根据地访问团的精神,明确了工作任务和方法,制定了访问纪律,提出了保证措施,8月11日起,各队按照访问地区开展访问工作。

湘西分队于8月11日从沅陵出发,8月15日到达永顺,8月16日湘西地委召开会议,讨论决定访问工作的方法和步骤。8月19—21日,在永顺县召开湘西区永顺、桑植、大庸、龙山等4县老根据地人民暨烈军工属代表会议,参加会议代表154人。8月22日分成四组赴龙家寨(永顺县)、桑植县、大庸县、茨岩塘(龙山县)等地召开各县老根据地人民及烈军工属残废军人代表会议和进行重点访问,访问分队召开老根据地人民暨烈军工属残废军人等代表会议7次,群众大会8次,烈军工属等座谈会议20次,重点访问烈军工属等对象200余户。9月8日访问工作结束,形成了永顺县、桑植县、大庸县、龙山县及湘西分队访问工作报告。

常德小队于8月12日从常德市出发,8月17日到达华容县。8月18—24日在华容县访问,8月25日离开华容,8月31日到达常德市。9月1日从常德市出发,9月3日到达石门县。9月5—6日,在石门雄磺矿召开石门、慈利、桃源、安乡、澧县、临澧等6县老根据地人民暨烈军工属残废军人代表会议，参加会议代表390多人。9月7—12日在石门、慈利县进行访问，9月13日访问工作结束，形成了华容县、石门和慈利县及常德小队访问工作报告。

（二）湘西老根据地一般情况

湘鄂西老根据地由跨越湖北、湖南、河南三省的8块根据地组成，即洪湖、湘鄂边、巴兴归、鄂北、鄂西北、荆当远、枝宜、洞庭湖等根据地（特区），这些地区在中共湘鄂西特委即以后成立的中共湘鄂西中央分局的统一领导下开展革命斗争。全盛时期连游击区在内牵延70余县，先后进占过监利、沔阳、潜江、石首、华容、南县、公安、桑植、鹤峰等县城。全区人口约370万人，主力红军累计3万余人，地方赤色武装累计20万人，革命政权和农、工、青、妇组织都有很大发展。它地处华中腹地，威逼武汉、长沙等重要城市，暨东西南北水陆交通要道，与鄂豫皖、湘鄂赣、中央革命根据地，以及川东游击区和川陕根据地遥相呼应，具有十分重要的战略地位[①]。

湘鄂西老根据地在湖南境内辖今湘西自治州、张家界市全部和怀化市、常德市、岳阳市、益阳市局部约20个县市区。毛泽东曾总结了"贺龙周逸群式"的工农武装割据经验。1928年4月2日，由周逸群、贺龙、贺锦斋等领导桑植起义夺取县城，建立了桑植县革命委员会，创建了湘鄂西老根据地。桑植县苏维埃政府共历5届，历时8年，拉开了武装割据的序幕，为湘鄂西的创建奠定了基础。贺龙率湘鄂西红军学习了毛泽东、朱德井岗山红四军建党、建军、建政和游击战术，不断巩固和发展湘鄂西根据地。1930年，湘鄂西红军编为红二军团，全团共1万多人，枪5000余支，湘鄂西特委和湘鄂西联县建立，标志着湘鄂西老根据地正式形成。1930年10月，成立湘鄂西省苏维埃政府；1931年4月成立湘鄂边联县苏维埃政府、洞庭特区苏维埃政府；1933年10月成立湘鄂边苏维埃政府；1934年1月成立湘鄂边中心

① 根据《中国革命老区》第51页资料整理。

县苏维埃政府。湖南大湘西的桑植、石门、慈利、大庸、龙山、华容、岳阳、湘阴、南县、安乡、常德、桃源、汉寿、澧县、益阳、沅江等16个县大部分或一部分属于湘鄂西老根据地范围。湘鄂西老根据地7年奋斗牺牲革命先烈20万人，走出了67位共和国开国将帅[1]。据当时不完全统计，桑植、永顺、大庸、龙山等4县有208个乡成立了苏维埃政权，有127个乡分配了土地，有15万余贫苦农民分得了土地。另加访问华容、石门、慈利等3县成立苏维埃政权268个乡（表4-1-2）。1935年，毛泽东主席和朱德总司令率红一方面军顺利到达陕甘宁边区后，才主动撤出湘鄂川黔根据地，北上抗日。

表4-1-2 湘西分队访问县基本情况统计表

县名	建政情况			土改情况			
	县革命委员会	区革命委员会	乡革命委员会	乡数	户数	人口	土改面积
永顺	2	12	50	27	2920	22117	31004 石
桑植	1	10	33	29	6513	44030	1392 平方华里
大庸	1	14	73	71	—	91541	123455.44 亩
龙山	1	8	52	—	—	—	4414.6 亩
华容	1	2	23	—	—	—	—
石门	1	10	30	—	—	—	—
慈利	1	8	7	—	—	—	—
合计	8	64	268	127	9439	157688	
备注	永顺、桑植、大庸、龙山县的数据为各县统计数，故土地面积不统一，龙山县当时只挂牌子未进行土改；华容、石门、慈利县建设情况为1953年评审数据，缺土改数据						

---

[1] 根据《湖南苏区历史研究》第286~288页资料整理。

（三）访问主要收获

1.多种形式宣传中央人民政府和毛泽东主席对老根据地人民的关怀和指示，提高了老根据地人民的政治地位。

（1）召开老根据地人民暨烈军工属残废军人代表会议进行宣传。访问队召开县及县以上老根据地人民暨烈军工属残废军人代表会7次，参加会议代表1463人。其中常德专区召开石门、慈利、桃源、澧县、安乡、临澧等6县老根据地人民暨烈军工属残废军人代表会议，参加会议代表390人。永顺、桑植、大庸、龙山、华容等5县召开县级老根据地人民暨烈军工属残废军人代表会议5次，参加会议代表1073人。每次会议会期为2~3天，会议由访问分（小）队负责传达中央人民政府和毛泽东主席对老根据地人民的关怀和指示，宣传老根据地人民在革命斗争中所起的巨大作用，介绍新中国成立后革命和建设的伟大成就，讨论和审定慰问品发放标准和办法，听取代表们对老根据地建设的意见和建议。

（2）在举行电影放映和文艺演出活动前，由分（小）队负责人向群众传达中央人民政府和毛泽东主席对老根据地人民的关怀和指示，介绍新中国成立后社会和经济建设的伟大成就，这次访问的目的意义和工作任务。共放映电影和文艺演出14次，观众3.55万人。在湘西农村交通不便，老百姓从来没有看过电影，因此有人走40里山路带着干粮来看电影。

（3）在召开群众座谈会、重点访问、医疗救治活动中，会议召集人、访问人和医务人员均宣传中央人民政府和毛泽东主席对老根据地人民的关怀和指示，中央人民政府老根据地访问团精神。共举行群众座谈会21次，参会人员390人，重点访问782户1032人，医治病人5814人次。分发慰问信（礼品），发放了救济粮款。使他们充分认识到中央人民政府和毛泽东主席对他们的关怀，感到当一个老根据地人民是无比的光荣，提高了他们的政治觉悟，启发了他们热爱生活和爱国热情。特别是烈军工属无论在代表会议或重点访问时，对中央人民政府和毛泽东主席的关怀及访问团的慰问，表现出无限的兴奋和感激，也表现出老根据地人民对党和领袖的爱戴，同时对自己的荣誉也有了正确的认识，感到过去的牺牲流血没有白费。如桑植县烈属王国岳说："我以为人死了就没办法了，谁知毛主席没有忘记我们，还派了访问团这么远来访问我们，关心我们的生活，我的儿子没有白白地死……"

2.检查了老根据的优抚工作。访问中统计1934年永顺、桑植、大庸、龙山等4县有烈属2163户8235人，红军家属1491户5396人，工属95户348人，残废军人110户399人，共计3859户14378人。华容县、石门和慈利县，1953年9月统计总户数3347户13897人，其中烈属37户165人，军属229户902人，工属14户63人，残废军人6户26人，共计286户1156人。访问中深刻教育了老根据地的工作干部，纠正了个别地区重活不重死（重视军属不重视烈属），重新不重旧（重视现役军人的家属，不重视老红军家属）的偏向，并经过访问调查，使干部了解到过去反革命对老根据地人民的残酷迫害，以及老根据地人民坚持斗争的情形，充分体会到中国革命的艰苦过程，认识到今天的革命胜利是无数先烈流血牺牲换来的，没有老根据地人民坚持革命斗争，也不会有今天的革命胜利；同时也认识到烈军工属是我们最可靠最有力的基本群众，今后在政治上经济上应该对他们加以照顾，才能很好地运用这批力量。因此为今后的优抚工作也打下了一个好的基础。

3.帮助各级政府进一步了解了老根据地的具体情况，如人民的生产生活情况，干部情形，政府与群众关系，群众的意见和要求等，使政府在今后的工作中得到改进，同时也更进一步发动了群众，推动了老根据地建设工作的发展。

（四）工作中存在主要问题

1.访问工作中存在的问题。各地召开老根据地人民暨烈军工属残废军人代表会议准备不够，主要表现在代表审查资格不严，在推选代表中有部分不符条件的对象，也有部分代表提出的意见和建议不够实际。访问调查面不宽。如永顺县仅到洪家寨地区，龙山县仅到茨岩塘地区，石门和慈利县仅访问4个保，部分访问材料和数据不够准确。访问团工作干部部分属新参加工作同志，缺少访问群众的工作经验。

2.老根据地特殊情况和恢复建设问题。①老根据地特殊情况。一是自然条件差，生活环境艰难。湘鄂西湖南地区老根据多属崇山峻岭和丘岗山地，田地较少，水利条件差，交通条件极差，群众生活贫困。二是农业生产条件差，基本生活困难。据统计，1949年大庸县粮食总产3545万公斤，无水库、旱涝保收面积3.2万亩；桑植县工农业总产值1436.95万元；华容县社会总产值5467万元，其中农业总产值161.4万元；慈利县工农业总产值2614.8万元，粮食总产8090万公斤。农业生产资料奇缺，1951年统计永顺、大庸、桑植、龙山等4个县耕牛12500头、犁20050张、耙20625张、锄头35700把、镐锄15000把；华容县访问2个区21个乡，石门和慈利县访问19个保共17026户55231人，缺劳力5061户3364.5个，缺口粮3214户11132人77.5万斤，缺耕牛4097户2190.5头，缺农具5420户5164件。三是教育、医疗卫生设施差。老根据地普遍学生入学难，多种疾病流行，群众医疗治病难。②恢复建设问题。一是要加强公路建设，建立健全省道、县道、乡道设施建设，建立恢复发展的基础设施工程。二是要加强农田水利工程建设和农业机械及品种推广，增强发展农业后劲。三是要加强学校和文化馆所建设，普及农村扫盲教育和提高适龄儿童的入学率，提高群众文化水平。四是要加强县、乡、村医疗卫生院、所、站点建设，配备医疗卫生人员，开展防治疾病工作，提高全民健康水平。

四、常德小队访问工作总结

（一）组织情况

湘鄂西访问分团常德小队。由常德专署副专员孙云英任小队长，下设秘书组5人，由赵振声任组长，负责整理材料、写报告、会议记录、总结工作以及其他队务事宜。宣传慰问组14人（包括电影队4人），由雷历任组长，负责宣传慰问、发慰问信，领导宣传和电影队布置会场和写标语口号。调查研究组8人，由高明任组长，根据中央指示的调查提纲，进行系统地调查研究。医务组6人，由刘星阁任组长，负责访问期间对老区人民的医疗事宜。总务组3人，由贾玉清任组长，负责管理伙食。全队共有40余人。

（二）访问经过

1951年8月12日从常德出发，8月18—24日在华容访问，8月25日离开华容，31日到达常德。9月1日从常德出发，9月3日到达石门、慈利边境地区——雄黄矿场，9月5—6日，召开石门、慈利、澧县、安乡、桃源、临澧等6县老根据地人民暨烈军工属代表会议。9月7—12日在慈利、石门县访问，9月13日回常德进行总结。访问工作中建立了工作制度，各项工作坚持民主集中制。对各项工作做到有计划、有布置、有检查、有总结。坚持民主管理伙食。根据工作情况规定作息时间。要求每位工作人员以中央访问团的身份，端正工作作风，热情接待群众，认真听取和记录他们的意见和建议，并尊重群众风俗习惯，帮助群众生产。

（三）访问工作总结

根据访问工作规划，成立常德小队共40人，访问华容、石门、慈利老根据地。8月16日从常德出发到华容县，在华容访问9天，石门、慈利县访问10天。9月13日回常德。在此期间，召开老根据地人民暨烈军工属代表会议和对烈军属进行慰问，传达了中央人民政府和毛泽东主席对老根据地群众的关怀，赠送了礼品，对极其困难的烈军工属予以急救，对无力医治病人进行治疗，系统地调查老根据地人民的生产生活、优抚工作和对老根据地建设的意见和要求。群众对中央人民政府和毛泽东主席无比拥护和热爱，群众极其感激，沿途夹道欢迎，并给毛泽东主席送了许多老根据地土特产、锦旗贺帐、慰问信。这次访问使老根据地人民认识到自己的光荣，提高了他们的政治地位，进一步加强了中央人民政府和毛泽东主席与他们的联系。

在访问过程中，随时随地宣传慰问，传达毛泽东主席对老根据地人民的希望和关怀，听取了群众的意见，取得了群众的热烈欢迎。在访问中召开大小会议163次，参加会议人数约2.5万人，借放电影之机，发慰问信宣传中央人民政府和毛泽东主席对老根据地人民的关怀，共放电影14次，观看约3.55万人，平均每次观众约2500人，特别是石门、慈利县山区群众没有看过电影，稀奇得很，沿途各地群众组织夹道欢迎，每次都由小队长讲话，并发慰问信，深受群众的热烈欢迎。个别访问烈军工属及革命群众782人，其中华容315人，石门、慈利467人。华容县访问了21个乡，石门县访问了15个保，慈利县访问了4个保。据统计，直接访问人口约4.6万人，间接宣传人口约3.9万人，共计8.5万人，占总人口90%。

召开老根据地人民暨烈军工属荣残军人代表大会。常德小队在华容县召开老根据地人民暨烈军工属代表大会，会议地点为华容五区三郎工地。到会代表377人，常德小队在慈利石门雄黄矿主持召开石门慈利等县老根据地人民暨烈军工属残废军人代表会议，参加会议代表390多人。慈利县代表139人，由副县长莫如初带队；石门县代表146人，由副县长张琢带队，桃源、安乡、澧县、临澧等县各派代表3~5人。其中烈士家属195人，现役军人家属代表85人，残废军人代表79人，其他代表15人。会期为2天。第1天由小队长传达中央人民政府和毛泽东主席对老根据地人民的关怀和指示，检查优抚工作，讨论审定慰问品发放标准和办法。第2天组织讨论和发放礼品。会上颁发了慰问礼品，赠送毛主席画像158张，毛主席瓷塑像525份，毛主席纪念章1579枚，毛主席题词1988份。评选谭巍烈、陈子建、度登莲为出席湖南省烈军属代表会议代表。代表分组座谈优抚工作和重建家园的意见与建议。通过会议，进一步激发了老根据地人民发扬革命传统，争取更大光荣，为建设新中国而努力奋斗的决心。

毛主席像、纪念章、题词等慰问品，采取分两次发放，第一次在代表会议上颁发，第二次在分头访问后，经过调查情况根据慰问品数量和发放标准，共颁发到烈军工属及残废军人112500份。

发给急救金。根据急救款数目，结合当地情况，在走访慰问中发了一部分，留各县一部分结合留的礼品发下去，共发7600万元。石门县南圻五保翟雷氏军属救济了6万元，他说："这一辈子忘不了毛主席，我儿1925年出去的，去年捎了8万元，这就饿不着了，够买谷吃了。"医疗治病。在访问过程中，医疗队帮助有疾病的烈军工属革命人民免费治病371人。华容县易家林爱人难产3天生不下来，经医疗队治疗生下来后，给访问分队送来南瓜和香烟（未收礼物）。

访问中形成常德小队访问工作总结和石门慈利游击区革命活动（1925—1936）专项报告。

湘鄂西分团访问永顺

老根据地山区的物资运输主要靠群众挑担

中央人民政府南方老根据地
访问团访问湖南纪实

第二节

访问永顺县

一、访问经过

1951年8月19—21日，中央人民政府南方老根据地访问团湘鄂西分团在永顺召开湘西地区老根据地人民暨烈军工属荣残军人代表会议，参加会议代表39人。湘鄂西分团副团长晏福生传达了中央人民政府和毛泽东主席对老根据地人民的关怀和指示，宣传了开展慰问活动的意义及活动安排，讨论和审定慰问品和急救金发放标准、办法，代表分组座谈了对老根据地建设的意见和要求。通过会议进一步激发了老根据地人民发扬革命传统，争取更大光荣，为建设新中国而努力的决心。8月22日下午，湘鄂西分团湘西分队第一组到达永顺县第七区龙家寨村，群众列队1里多路敲锣打鼓热烈欢迎。8月24—27日，访问工作组在龙家寨召开全县老根据地烈军工属荣残军人代表大会，到会代表149人，其中烈属14人，红军家属13人，军属40人，荣残军人4人、工属1人，人民代表77人。会议听取了访问分队队长的工作报告，分组讨论审定了慰问品、急救金发放标准办法，发放毛主席像、纪念章、慰问信、毛主席题词。8月28日至9月10日，在杉木乡、马达乡、东亚乡、万民乡、塔卧乡（原省政府所在一保）等5乡召开烈军工属荣残军人座谈会，重点访问烈军工属残废军人。发放急救金。放映电影5场，其中城区2场，龙家寨2场，塔卧1场，文工团演出2场，其中龙家寨、塔卧各1场，观众3700余人，每次在电影放映和文工团演出前，访问分队负责人都要讲话，传达中央人民政府和毛泽东主席对老根据地人民的关怀和指示，中华人民共和国成立后革命和经济发展的伟大成就，这次访问活动的目的和意义，使老根据地人民深受鼓舞。8月23日至9月1日，医疗组在龙家寨治疗733人，9月2—6日在塔卧治疗535人，在永顺城区治疗113人，共治疗1408人，其中内科711人，外科172人，眼科245人，小儿外科56人，小儿内科213人，小儿眼科11人。

访问分队整理了永顺县第七区老根据地调查访问报告等。

二、红色故事

龙家寨战斗 [①]

红二、六军团进入湘西，使湘鄂统治者十分震惊。国民党第十军军长兼湖北省主席徐源泉急令驻湖北藕池的第三十四师开赴湖南津市、澧州地区，阻止红军向东发展。国民党湖南省主席何键也严令陈渠珍派兵"堵剿"。根据何键的指令，陈渠珍在凤凰召开"剿匪"会议，成立了"剿匪指挥部"，委派龚仁杰、周燮卿为正副指挥官，指挥龚仁杰旅、周燮卿旅、杨其昌旅和皮德沛部共10个团一万余人，分四路向永顺进攻，企图消灭红二、六军团。

红二、六军团为恢复和发展湘鄂川黔革命根据地，领导分析了敌我情况，认为湖南何键的部队正被中央红军吸引在湘南，湖北徐源泉部大部分分散在鄂西南和洞庭湖滨的津市、澧州一带。当面敌人只有陈渠珍在数量上占有优势，但内部派系复杂，战斗力不强，且深为群众痛恨。红二、六军团虽然只有8000人，而且两个军团指挥统一，团结一致，对这一带地形比较熟悉，有利于机动作战，且可得到群众支援。因此，红二、六军团领

---

① 根据《永顺县老区发展史》第34~36页资料整理。

中央人民政府南方老根据地
访问团访问湖南纪实

导决定歼灭陈渠珍10个团。

11月13日，红二、六军团接到中革军委电示："现我西方军（即中央红军——编者）已进入宜、郴之线，湘敌全部被调来抗击我西方军，二、六军团应乘此时机，深入湖南西北去扩大行动地域。"同日，陈渠珍部逼近永顺。红二、六军团决定主动撤出永顺，向敌示弱，诱敌尾追，寻机歼灭之。陈渠珍部误认为红军怯战，立即跟追。红二、六军团一面以一部兵力与敌保持接触，且战且退，时而丢弃几支枪和一些物资，骄纵敌人，一面边走边看地形，选择有利伏击、侧击敌人的地点和时机。第一次拟在永顺城北附近设伏，但因敌军主力没有离开城市，追来的只是一部分，容易收缩固守，乃决定继续北撤。第二次准备在钓矶岩打，但因战场容量小，最多只能消灭敌军2个营，也没有急于打。后又在颗沙和塔卧等处设伏，均因地形不利于大量杀伤敌人而作罢。敌军因为连日追击均未遇到坚强的抵抗，越发骄怠，一直紧跟到永顺城北九十里的龙家寨。最后红二、六军团

十万坪战役旧址。1934年11月16日，贺龙等率红二、六军团在此歼敌2个旅大部，
击溃1个旅与1个团，俘敌2000多人，缴获枪2200余支

看中了以龙家寨（今万坪镇龙寨村）为中心的十万坪谷地。此地南北长约15里，东西最宽处约4里，谷底平坦，村庄较多，可容纳大量敌军。村中多是木板房子，没有坚固的建筑物，利于攻击，不利防守。谷地两侧，林木茂密，山势较缓，既便于隐蔽，又便于多路同时出击，是一个理想的伏击战场。

16日凌晨3时，红二、六军团伪装继续北撤，撤至十万坪谷地东北隘口时即摆开了伏击阵势。贺龙、任弼时率红二军团团部和四师部署在毛坝附近；红六师部署在杉木村后山，堵住谷口。红六军团十七师（2个团）和十八师（1个团）埋伏在毛坝以南谷地东侧的山林里。下午4时左右，龚仁杰、周燮卿2个旅进入伏击圈。当他们准备在碑里坪宿营时，红六军团突然从侧翼向周燮卿旅发起猛烈攻击，红二军团则从正面猛攻敌前卫龚仁杰旅。周旅和龚旅在运动中突然遭到红军猛烈冲击，兵多摆不开，枪多不能发挥火力，无法构成防御体系，红军仅用2个多小时就把这两个旅大部消灭。接着即向其余敌人追击，追了10多里后发现杨其昌旅在把总河构筑工事，企图顽抗。红六军团五十一团和红二军团十八团，当即迅速展开夜战。第十八团从右侧攻击，第五十一团从正面攻击，不到2小时，即把杨旅大部消灭。红军留下一个团打扫战场，主力星夜向南继续追击。但因红六师师长钟炳然指挥追击不力，残敌逃脱。18日，红军重占永顺。这一仗俘敌2000余人，缴枪2200多支，给了陈渠珍部以歼灭性打击。之所以如此，从战略上讲，是时机抓得好，作战方向选择得好；从敌情上看，是陈渠珍部战斗力不强，打击的是薄弱之敌；从战术上说，采取了诱敌上钩的办法，红军连日撤退，示之以弱，敌则步步前进，将骄兵怠，越来越麻痹。此外，就是地形选得好，攻击时机也抓得好，敌刚进入伏击圈，立即出其不意地猛打猛冲，使敌军措手不及。再就是两个军团第一次在一起打仗，都能自觉地服从指挥，协同一致。夜间攻击杨其昌旅，是红二军团的十八团和红六军团的五十一团联合进行的，他们在萧克的指挥下并肩攻击，都打得很好。这次战斗的胜利，极大地鼓舞了广大军民，改善了红军的装

中央人民政府南方老根据地
访问团访问湖南纪实

备，争取了战略展开和发动群众的时间。这一仗，是红二军团离开湘鄂西根据地及红六军团西征以来扭转困难局面的一个转折点，是恢复和发展湘鄂川黔苏区具有决定意义的一仗。

湘鄂川黔革命根据地首府——塔卧 [①]

塔卧地处永顺县城东北部。现辖14个村（社区），人口3.9万余人，其中土家族占85%。总面积350多平方公里，耕田面积6.6万多亩（水田5.6万多亩）。"塔卧"是土家语地名，意为田螺，因其四周千米左右的孤形高山，紧紧包裹着境内的谷地、溪河，恰似坚硬的螺壳护着它的身躯而得此名。这里盛产水稻、玉米、油菜、板栗、柑橘等原生态农作物，其中塔卧米含有多种矿物质和微量元素，晶莹玉润，煮熟后芳香扑鼻，极为可口，明清曾上贡朝庭，至今留下了"皇田沟""皇田坪"地名。然而，如今让塔卧名声远扬的并非这些，而是因为这里是一片令人热血沸腾的红色沃土，第二次国内革命战争时期曾经是湘鄂川黔革命根据地的首府，被誉为"红色省会"。

1934年10月24日，红二、六军团胜利会师，在贺龙、任弼时、关向应和萧克、王震等领导下，创建了以塔卧为中心的湘鄂川黔革命根据地。

12月10日，中共湘鄂川黔省委、省革委会、省军区机关由大庸迁来塔卧，同时设立了红二、六军团指挥部以及红军学校、红军医院、红军兵工厂等。从此，塔卧成为了中央红军第五次反"围剿"失败后，中国共产党在长江南岸建立的最后一块红色根据地的中心。

从1934年底到1935年春，塔卧作为湘鄂川黔革命根据地的中心，在建立发展过程中，先后建立了中国共产党湘鄂川黔省委、省革命委员会、省军区和县、区、乡各级苏维埃政权，开展了轰轰烈烈的土地革命、扩红及根据地各项建设。军民团结，同仇敌忾，粉碎了敌军八十多个团的"围剿"，冲破

---

① 根据《人民资讯》2021 年 8 月 3 日资料整理。

永顺塔卧湘鄂川黔革命根据地纪念馆

了敌人的堵截，完成了牵制敌人、配合中央红军长征的重大使命。

星星之火以燎原之势燃烧。以"红色塔卧"为核心，永顺苏区共有8万余人参加和支援红军作战，1万余人牺牲，为中国革命作出了巨大贡献。塔卧孕育了中国工农红军三大主力之一的红二方面军，从这里走出了166位开国将帅，因此被誉为"红色塔卧、百将摇篮"任弼时曾称塔卧为"中国南部苏维埃运动发展中最重要的柱石"。

这里，不仅有父母送儿子、妻子送丈夫、兄弟几个争当红军的感人故事，还有军爱民、民拥军的鱼水深情；有红军运筹帷幄、奇袭克敌的战斗传奇，还有不惧艰险、坚持革命、英勇牺牲的慷慨悲歌……

作为湘鄂西革命根据地的首府，塔卧至今仍完整地保存着当年设立的省委、省革命委员会、省军区、省委党校、红军第四分校、无线电总台、兵工厂、医院和反"围剿"的战壕工事等革命遗址，以及任弼时、贺龙、关向应、萧克、王震、李贞等老一辈无产阶级革命家住房。走在集市集镇上，还能见到"提高战术素养"等红军标语。

中央人民政府南方老根据地
访问团访问湖南纪实

为了传承红色基因，缅怀革命先烈，塔卧建有湘鄂川黔根据地纪念馆和红二、六军团湘鄂川黔根据地革命烈士纪念碑。如今，这里是全国爱国主义教育基地，是红色旅游的热门打卡地。人们走进革命旧址、苏区纪念馆，登上烈士纪念碑台阶，仿佛穿越时空，亲历了那段峥嵘岁月，让心灵受到一次红色洗礼。

昔日星火燎原地，今日旧貌换新颜。革命先辈在这里点燃的燎原星火，正不断激励着老区人民用老区精神建设好老区。如今的塔卧镇村两级党组织，继承发扬光荣传统，充分依托红色资源，大力发展绿色产品，打造的"红军酒""红色贡米"等特色产品，带动了红色消费，让老区群众的生活红红火火，让乡村振兴的宏伟蓝图正一步步化为现实。

第三节

访问桑植县

一、访问经过

　　1951年8月19—21日，中央人民政府南方老根据地访问团湘鄂西分团在永顺县召开湘西地区老根据地人民暨烈军工属荣残军人代表会议，参加会议代表39人。通过会议，进一步激发了老根据地人民发扬革命传统，争取更大光荣，为建设新中国而努力的决心。8月24日，湘鄂西分团湘西分队第二工作组到达桑植县城，受到当地群众的热烈欢迎。8月25—27日，访问工作组在县城召开全县老根据地人民暨烈军工属代表大会，8月28日至9月6日，访问工作组在城关区等地召开烈军工属代表座谈会，重点访问烈军工属残废军人，发放毛主席像、纪念章、慰问信、毛主席题词，发放急救金。放映电影和演出节目，每次放映和演出前访问分队负责人都讲话，传达中央人民政府和毛泽东主席对老根据地人民的关怀与指示，宣传中华人民共和国成立后革命和经济建设的伟大成就，访问活动的目的和意见，使老根据地人民深受鼓舞。医疗组共免费为老区人民治疗2058人，进行肿瘤切除手术1人，其他手术39人。其中治疗关节炎147人，胃病174人，感冒106人，疟疾47人，痢疾56人，肺结核217人，胸膜炎9人，梅毒9人，皮肤病116人，营养不良90人，肾脏类11人，肝脏类8人，肺炎9人，神经病3人，胸膜炎4人，心脏病10人，肌肉炎7人，伤害6人，淋病10人、蛔病38人，口腔炎7人，中耳炎4人，阑尾炎2人，膀胱炎13人，外伤52人，眼病662人，其他131人，齿病17人，喉头炎5人，肿瘤4人，骨髓炎4人等。治疗中烈属占3%，军属占3.5%，工属占4.5%，贫农和中农占89%。

访问中形成桑植县老革命根据地烈军工属会议调查访问报告，记叙了老根据地反革命摧残和人民支援革命的情况；解放后人民生产生活，优抚工作及加强老区建设的意见。

二、红色故事

举行桑植起义 [①]

1928年3月上旬，中共湘西北特委领导人周逸群、贺龙，根据中共中央的指示，由鄂西石首地区到达湘西北桑植县洪家关。这一地区是贺龙的故乡，他对当地政治、经济、地理等情况都很熟悉，而且由于他早年在这一带从事反对军阀的武装斗争，有很高的社会声望，因此，湘西北特委决定由贺龙出面组织革命武装。至3月下旬，贺龙集合了亲族和旧部土著武装10数支，共3000余人。湘西特委决定正式成立工农革命军，贺龙任军长，贺锦斋任师长，下辖2个团，分别由贺桂如、李云卿任团长。此外，还编了几个支队。工农革命军的组建，为桑植武装起义做好了组织准备。

1928年4月桑植起义旧址

① 根据《桑植县革命老区发展史》第77~80页资料整理。

4月2日，起义爆发。工农革命军从洪家关出发，在特委领导下，贺龙指挥部队，兵分三路向桑植县城推进。贺龙带着警卫人员，同贺桂如率中路大军，从文家垭经八斗溪占领梅家山，直插北门；贺锦斋率左路大军从岩岗塔经柏家冲杀向东门；李云卿率右路大军从南岔横渡澧水经汪家坪进攻西门。

上午11时，各路大军兵临城下，按时到达指定位置，把桑植县城紧紧围住。贺龙一声令下，各路大军百枪齐发，向县城发起猛烈进攻。城内守敌陈策勋，慌忙指挥陈佑卿、张东轩、张恒如等部仓促应战。很快，工农革命军向县城发起了猛烈异常的总攻。顿时，城内硝烟弥漫，敌人死伤无数，陈策勋见势不妙，急令所部拼命抵抗，他自己则化装带着马弁偷偷地从厕所向西界大山逃走。进攻南门口的工农革命军，误以为他是普通老百姓，没有向他开枪，让他侥幸死里逃生。敌指挥系统失灵，而团防头子张东轩，还在执行死守西门的命令，在西门拼死挣扎，直至进攻西门的工农革命军奋勇冲杀，势如破竹，直趋城中巷战时，他才弃城而逃。东门守敌陈佑卿，极为猖狂，自恃武器精良负隅顽抗，在城墙上架起机枪，对工农革命军进行猛烈扫射，迫使贺锦斋率领的左路大军前进受阻。就在陈佑卿得意忘形之际，贺龙、贺桂如所率的中路大军已破北门，右路大军李云卿部也进城中，见顽敌陈佑卿部凶狠至极，工农革命军中、右两路大军从两侧狠狠打击陈佑卿背部，东门上顿时枪声大作，促成陈佑卿腹背受击。这时陈佑卿只好丢枪弃甲，从南门口水井湾逃出城外。

经2小时的激战，工农革命军占领了县城，工农革命军旗帜在县城上空高高飘扬起来。工农革命军刚一占领县城，中共湘西北特委和桑植县委随之迁进澧源书院（县城东门陈南星书店）举行会议，着重对接管旧政权、开展土地革命、防止敌人反扑、庆祝起义初步胜利等重大事宜进行研究，一一作出了决定。

4月3日上午，工农革命军在县城举行了声势空前的示威游行，然后开进校场坪，召开夺取桑植起义初步胜利的庆祝大会。参加庆祝大会的还有从四面八方赶来的广大工农群众。在庆祝大会上，特委书记周逸群分析了当时国际国内形势，揭露了国民党反动派的滔天罪行，指明了革命前进的方向。贺龙在会上要求工农群众，同革命军一起，掌好人民自己的权，当好人民自己的家，拥护人民自己的苏维埃政府，服从特委和县委的领导，努力开展土地革命。经过战斗的洗礼，军民个个无不欢欣鼓舞。庆祝大会散后，中共湘西北特委和桑植县委以及桑植县革命委员会都正式办公，从根本上动摇了国民党反动派在桑植的统治基础。

桑植起义的初步胜利，印证了党的八七会议所制定的总方针的正确，拉开了创建湘鄂边苏区，实现武装割据的序幕。

长征背后的桑植红色"守望女"①

1935年，贺龙与任弼时等率领中国工农红军第二、第六军团从桑植启程，踏上了长征路，当时仅10万人口的桑植县有1.3万人参加了红军。这1万多人背后有成千上万个家庭，不少桑植女人因此与丈夫、儿子生死离别。

红军后代贺学舜，为铭记桑植女人为长征、为红军的付出，多年来走访全县，手写了厚厚的书稿。贺龙元帅的女儿贺晓明曾写信给贺学舜老人，她建议，这一段段凝结成书的感人故事，应有一个名字——"红色守望"。贺学舜的奶奶是幸运的，她用27年的时间等来了与丈夫的重逢，但是当年参加红军离开家乡的万余名桑植战士，在解放后活着回到家乡的不到20人。那些桑植女人，仍然在延续着她们的守望。

桑植是红二方面军的长征出发地，也是新中国开国元帅贺龙的故乡。1927年贺龙参与领导南昌起义，率领的部队8000多人中，有3000多人来自他的老家桑植。起义失利后，贺龙只带了8个人回桑植。尽管如此，不到一个月，又有数千名桑植儿女加入红军。

---

① 根据《新京报》2019 年 9 月 25 日资料整理。

从"两把菜刀闹革命"开始，贺学舜的爷爷贺勋臣就一直与贺龙并肩作战、南征北伐。在接受新京报记者采访时，贺学舜说，奶奶张幺姑为支持革命，将七个子侄全部动员起来，让他们去参加红军。而这七个兄弟，后来全部牺牲，其中包括她的大儿子贺文述，参加红军前，贺文述正准备结婚，却在后来的激烈战斗中牺牲，连尸首都没有找到。

长征初期，红二、六军团主要为中央红军顺利长征在湖南进行策应，牵制国民党的军队。1935年11月，在中央红军顺利完成长征、抵达陕北后，中央决定红二、六军团实行战略转移。正值红军需要扩红招兵之际，桑植人亲串亲，友串友，邻邀邻，父带子，子送父，妻送夫，苏区全境呈现出"招兵一千，只要一天，招兵一万，只要一周"的参军景象。加入红军，就意味着与亲人分别。贺勋臣与张幺妹在桥头皂角树下这一别，就是27年。红军启程时，贺龙对张幺姑说的一番话让她记忆久远，时常讲给后辈听。贺学舜回忆称，奶奶说当时贺龙元帅塞到她手里三块银圆，让她用来给我父亲和姑姑读书，还叮嘱她，带好孩子，房子被国民党烧了不要紧，等着红军回来，给她修大屋。

红军走后，国民党军队和地主武装来到洪家关搜捕共产党，贺家人改名换姓，离开了洪家关，张幺妹带着儿女躲进了深山沟，一躲十几年。后来，桑植解放，张幺妹和贺勋臣在成都重逢。贺学舜说，几年后，奶奶回到桑植家乡，贺龙真的遵守当年的承诺，委托当地政府，给她修了新屋，并挂上了红军烈属光荣的牌子。

"最后奶奶终于等到了与爷爷的重聚，但是，贺家参加红军的男人们，许多都没能回来。"贺学舜说，大约有72名贺家女人没有等到丈夫或儿子的归来，但她们固守忠贞，守望到生命的最后一刻，桑植"72寡妇"的故事由此而来。

用一生教唱丈夫生前所改写的情歌："马桑树儿搭灯台，写封书信与姐带；郎去当兵姐在家，我三五两年不得来，你自个儿移花别处栽。马桑树儿搭灯台，写封书信与郎带，你一年不来我一年等，你两年不来我两年挨，钥匙不到锁不开……"在民歌之乡桑植，流传着《十送红军》等著名的歌谣，而这首情歌，也被许多人传唱。教唱这段情歌的人叫戴桂香，在桑植她的守望故事和这首歌一样著名。"戴桂香的丈夫贺锦斋，素有'马上将军马下诗人'之称。当初戴桂香和丈夫在昏暗的油灯下，改写了歌词。"1928年2月，南昌起义失败后，贺锦斋随贺龙辗转回到桑植洪家关老家，重新组织革命武装，他与年轻貌美的妻子戴桂香相聚不到半年，队伍就开拔，在一次战斗中，贺锦斋为了掩护贺龙撤退，不幸中弹牺牲。戴桂香与贺锦斋没有留下后代，公公婆婆多次劝她改嫁，她都拒绝了，而贺锦斋为她留下的唯一念想便是《马桑树儿搭灯台》。在以后漫长的岁月里，她唯一的爱好，就是教人唱《马桑树儿搭灯台》，以及摘些马桑树叶压放在箱子里或枕头下。晚年时，戴桂香在洪家关光荣院度过，每天下午，她都会来到丈夫贺锦斋的坟前，一坐就是几个小时。老人活了95岁，唱了71年的《马桑树儿搭灯台》。

在刘家坪干田坝朱家山上，坐落着高17米的中国工农红军第二方面军长征出发地纪念碑，纪念碑的底座四周密密麻麻刻满了桑植烈士名约5000位，在近10年的苏区斗争中，桑植苏区有5万多人参加革命，为革命献身的有1万多人，其中仅贺龙家族有名有姓的烈士就达2050人。

访问大庸县 ①

一、访问经过

1951年8月19—21日，中央人民政府南方老根据地访问团湘鄂西分团湘西分队在永顺县召开湘西地区老根据地人民暨烈军工属荣残军人代表会议，参加会议代表38人。通过会议，进一步激发了老根据地人民发扬革命传统，争取更大光荣，为建设新中国而努力奋斗的决心。8月21日，湘西分队第三组出发，晚宿林家坳，22日步行82华里到永顺龙关乡贺福林住宿，23日步行75华里，下午7时到达大庸县城时，县城管乐队为前导，鞭炮齐鸣，长长队伍，充满欢迎气氛。8月24—27日，召开全县老根据地人民暨烈军工属荣残军人代表大会，会议听取访问分队负责人报告，分组讨论审定了发放慰问品和急救金的标准和办法。民主选举烈军属代表张海林为参加全省老根据地人民暨烈军工属代表会议代表。发放毛主席像、纪念章、慰问信、毛主席题词，发放急救金。8月28日至9月6日，在县城召开烈军工属荣残军人座谈会，重点访问烈军属残废军人，访问中，每次在放映电影和演出节目前访问分队负责人讲话，传达中央人民政府和毛泽东主席对老根

---

① 大庸县指今张家界市永定区、武陵源区。根据《张家界永定区革命老区发展史》第41~45 页资料整理。

中央人民政府南方老根据地
访问团访问湖南纪实

据地人民的关怀和指示，宣传中华人民共和国成立后革命和经济建设的伟大成就。这次访问活动的目的和意义，使老根据地人民深受鼓舞。医疗组共免费治疗老区病人511人，其中内科22人，小儿科80人，沙眼70人，脓包30人，外科110人，等等。

访问中形成了大庸医疗组总结报告。

二、红色故事

建立中共湘鄂川黔临时省委、省革委、省军区 [①]

1934年10月28日，红二、六军团从四川省酉阳县（今属重庆市）的南腰界出发，向湘西的龙山、永顺、保靖、桑植、大庸、慈利等地区挺进，实施湘西攻势。11月7日，红二、六军团占领了永顺县城。十万坪大捷后，11月17日，红二、六军团再次占领永顺县城。接着，红二军团一部乘胜占领桑植县城。11月23日，红军主力从永顺、桑植分两路向大庸进军。

11月24日，红军从仙人溪、邢家巷到河对面午子坡上侦察地形后，于下午由先头兵踩滩过河，迎接部队过渡。红军在午子坡侦察地形时打了第1枪，驻在白龙庵的朱疤子收编的大刀连队逃之夭夭了，驻扎在小西门城楼上的1个营人马逃跑。红军侦察地形后，决定由白龙庵对面南门码头、观音桥河西面，分头由先头部队踩滩过河，踩滩时红军又在戴家塌打响了第2枪。这样齐头并进，从河对门踩滩过河的战士与守卫在猪巷码头的朱疤子部队接上了火，一个红军战士负了伤，其余战士冲上了猪巷码头，朱疤子的兵慌忙撤退，在南门大码头转拐的地方红军打死敌兵2人，红军一直冲到观音桥，乘渡船过河。与此同时，从南庄坪过河的战士也到了。同时红军另一队战士早已埋伏在北门坡、子午台。部分战士化装成老百姓，每人挑一担茅草早已混进县城形成三面包围之势。此时，朱疤子下令从土门退出逃命。国民党的县长和邮电局罗局长也急忙从土门逃走。红军由南门西门

① 根据《张家界永定区革命老区发展史》第41~45页资料整理。

冲进城，在文昌阁会师，在西正街黄海清饭铺活捉土匪头子熊保六和天主教堂外国神父1名。全城攻克以后，红军就由北门、土门追剿朱疤子。在子午台一带把朱疤子的逃兵打得落花流水，缴械投诚的200余人，缴获了大部分军用物资。当天老百姓通街关门闭户，行人断绝。红军及时开展宣传与张贴标语后，老百姓为红军送茶、送水。

红军攻打大庸时，红军营长覃金阶（大庸人）率便衣队20人进城侦察，摸到敌三十四师第三旅部驻地田观梧家，活捉旅长周燮卿的顾问汤思廉、团防主任郑子清、慈庸桑三县"剿共"指挥熊相熙等敌人要员，为攻克大庸做出了贡献。

红军除巩固地占领大庸、永顺、桑植3县外，并先后占领了龙山、保靖、慈利等县，以永顺、大庸、龙山、桑植为中心的湘鄂川黔根据地基本形成。为加强湘鄂川黔革命根据地的领导，中央书记处于1934年11月16日来电指示："……中央决定建立湘鄂川黔边省委，以弼时为书记，贺（龙）、夏（曦）、关（向应）、萧（克）、王（震）等为委员。在军委方面，二、六军团均改为现行编制的一个师，仍保存二、六军团的名义，二军团长由贺龙同志任之，政委由弼时兼。六军团（首）长为萧、王。两军团均直受军委领导，但在两军共同行动时则贺、任统一指挥之。为加强现有苏区之地方武装及游击战争之领导，组织湘鄂川黔边军区，司令员及政委由贺、任兼之。"

11月26日，在大庸县城永定镇天主教堂成立了中共湘鄂川黔临时省委和湘鄂川黔省军区，临时省委发出第一号通知："（一）根据党中央电示，在湘鄂川黔边成立新的临时省委，为这个区域党的最高领导机关。"中共湘鄂川黔临时省委（1934年11月至1936年2月）书记任弼时，委员任弼时、贺龙、关向应、夏曦、王震、萧克、张子意、刘士杰（后叛变被处决）、周玉珠。省委党校校长张子意。"（二）根据中央军委电示，在湘鄂川黔边区成立军区。"湘鄂川黔军区（1934年11月至1936年2月）司令员贺龙，副司令员王震，政治委员任弼时，组织部部长李贞（女），宣传部部长李信。红二、六军团总指挥部设在大庸县大溶溪丁家溶。

1934年11月26日，成立了中国共产党领导的临时地方政权机关湘鄂川黔省革命委员会（1934年11月至1936年2月），主席贺龙，副主席夏曦、朱长清，秘书长张启龙，劳动部部长朱长清（兼），粮食部部长张经展（又名张大成），财政部部长喻杰（代）、陈希云、虞志清，土地委员会主任王邦秀，没收委员会主任陈希云，肃反委员会主任（省保卫局）吴德峰。

在湘鄂川黔临时省委的领导下，建立了郭亮县、永保县、桑植县、大庸县党的组织和临时政权机关，相继成立了永顺、龙山、桑植3县联合政府和龙山、宣恩、慈利县革命委员会，并成立了管辖大庸、慈利的第一军分区和管辖桑植、龙山、永顺的第二军分区。建立区一级苏维埃政府51个，乡苏维埃政府306个。

1934年12月，临时省委颁布了《没收和分配土地的条例》，1935年1月做出了《关于土地问题的决定》，掀起了打土豪分田地的群众运动，10多万贫苦农民分得了土地。动员上万人参加红军。发展新党员600多名。建立工会、农会、妇女会、儿童团等革命群众组织。军区成立了红校、医院、被服厂、小型兵工厂，加强了后勤工作。地方武装独立团、营、游击队、赤卫队等逐步组织起来，镇压了胡绵、王金礼、郑子清等民愤极大的官僚地主。

1935年1月，蒋介石调动了将近30万兵力向湘鄂川黔革命根据地压来，"围剿"红二、六军团。临时省委、省革命委员会、省军区机关于1934年12月10日迁至永顺塔卧。红二、六军团于1935年3月10日（农历二月初六）撤离大庸苏区，在大庸建立苏维埃政权107天。

红军长征途经武陵源[①]

第二次国内革命战争时期，由于王明"左"倾教条主义在党内占据上风，造成中央红军第五次反"围剿"的失败。根据地的革命斗争受到严重挫折，工农红军被迫离开各个根据地，开始了战略大转移。

湘鄂川黔边区革命根据地的红二、六军团在任弼时、贺龙、萧克等人带领下，取得了棉花山、桃子溪、陈家河、芭蕉坨等战斗的胜利，消灭敌军李觉、郭汝栋等部11万人，主动放弃了北渡长江的计划。在完成牵制敌军、掩护中央红军北上长征任务后，1935年11月19日，贺龙、萧克率领红二、六军团在桑植县的刘家坪、瑞塔铺召开誓师大会，决定北上抗日，实行战略转移，开始长征。

红二军团四、五、六师及其直属机关在贺龙军团长带领下，于1935年11月19日，从刘家坪出发。20日经桑植县小溪进入大庸县的桥头乡，宿营教字垭。21日过上禹溪、牛角洞、板坪、郑家坪，宿营于火烧桥（现永定区合作桥）。于火烧桥获悉敌军一部从慈利前来堵截，贺龙命四师十二团向左翼前进。22日分多路抢渡澧水。

红六军团十六、十七师及第五师十三团、四十九团、五十团、五十二团及军团直属机关在萧克军团长带领下，11月19日，从桑植县瑞塔铺芦塘垭出发，20日至桥头乡长岭岗，经西教乡的车家山、夜火、保月、三家峪，当晚在中湖村的吊兰大院和野鸡铺宿营。21日翻化香坡，并在位于化香坡的龙凤庵召开重要军事会议。会议讨论研究部署了长征有关事宜。21日红六军团部队由此经过张家界（原名青岩山）的老磨湾、金鞭溪，到达大庸县沙堤乡板坪，与红二军团会合。随后插新桥郑家坪，赶赴火烧桥、黄家铺、李家庄待命，随时抢渡澧水。

红二军团工兵连自桑植县芦塘垭进入大庸县长岭岗，经西教乡车家山、夜火、保月、三家峪，在该乡中湖村宿营。21日从西教乡野鸡铺出

---

① 根据《张家界市武陵源区革命老区发展史》第26~28页资料整理。

发，经龙凤庵、老磨湾、锣鼓塌、老屋场院、板坪、罗家岗、蔡家岗、老木峪、申家坪、郑家坪、杨家坪、李家岗，到大庸县的覃家山一带宿营。22日在大庸县沙湾与红十六师五十二

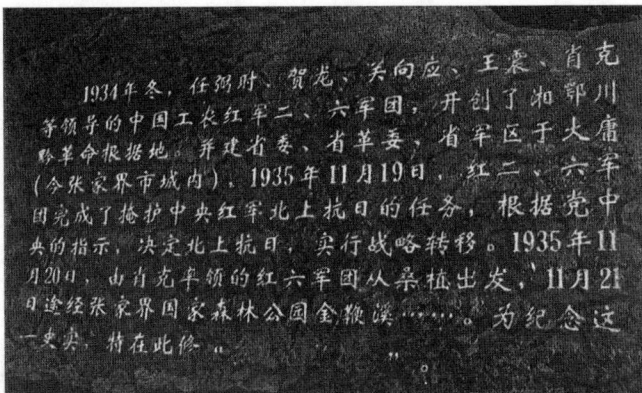

"红军路"碑

团一部会合，涉澧水到芭蕉湾。22日经七甲坪直插沅陵洞庭溪。

21日红二、六军团在任弼时、贺龙、关向应、萧克、王震等带领下，在长达30公里的澧水沿岸从7处同时抢渡，取得渡河胜利，继续西征。

红军长征途经西教乡、北固乡和现张家界国家森林公园等地的车家山、夜火、保月、三家峪、中湖、野鸡铺、张家界、杨家坪、李家岗等9个村行程百余里。

今武陵源区境内还留有红军长征时，在西教乡中湖村吊兰大院的封火墙上写下的"红军是穷人的队伍，是为穷人打天下、找饭吃、找衣穿的军队"等宣传标语。在北固乡杨家坪、李家岗村红军写下了"打倒土豪劣绅，打倒武装地主""打倒国民党反动派，打倒蒋介石卖国贼"等标语。

萧克率领的红六军团十六、十七师及军直机关在西教乡时，还给吊兰大院的张己厚送了一只水桶（此桶于1974年4月被湖南省博物馆收藏）。在野鸡铺时，红军给当地农民印勋送谷斗一个。红军沿途给老百姓送大米、猪肉、衣服、棉被等，赢得沿途群众的喜爱和欢迎。

第五节

访问龙山县

一、访问经过

1951年8月19—21日，中央人民政府南方老根据地访问团湘鄂西分团在永顺县召开湘西地区老根据地人民暨烈军工属荣残军人代表会议，参加会议代表38人。通过会议，进一步激发了老根据地人民发扬革命传统，争取更大光荣，为建设新中国而奋斗的决心。8月24—26日，访问分队工作组在二区茨岩塘乡召开全县老根据地人民暨烈军工属荣残军人代表大会。听取了访问分队负责人报告，分组讨论审定了慰问品和急救金发放标准和办法。湘鄂西分团副团长晏福生在第二区茨岩塘重点访问烈军属残废军人期间，询问方汉英烈士墓的情况，找到老红军陈洪顺。陈洪顺告诉晏福生，是贵老安葬了方汉英。晏福生找到贵老，详细询问。找到方汉英的墓后，晏福生对墓址进行了修茸，用青石圈了坟墓。访问中共发放毛主席像、纪念章、慰问信、毛主席题词338份；为烈军属发放急救金765万元。医疗组为老区人民免费治疗病人1457人。每次放映和演出前分队负责人讲话，传达中央人民政府和毛泽东主席对老根据地人民的关怀和指示，宣传中华人民共和国成立后革命和经济建设的伟大成就，这次访问的目的和意义，使老根据地人民深受鼓舞。

二、红色故事

湘鄂川黔苏区的"红都"——茨岩塘[1]

1934年11月26日，红军攻克湘西大庸县城，并在此成立了中共湘鄂川黔省委、省革委和省军区三大机关，但只维持了半月便迁往永顺县塔卧镇安营，两次选址并不理想，最后按贺龙提议三大机关于1935年4月12日迁往龙山。龙山地处武陵山腹地，湘西北端一条莽莽苍苍的大灵山脉自北面南横卧全境。由于它位于湖南西北角，北与湖北省之来凤、宣恩，西与四川省（今重庆）之酉阳、秀山接壤，有"一脚踏三省"之称，地理位置十分重要。在交通方面，陆路的湘鄂、湘川大道穿越于境内。水路中，澧水由它东北发源流经桑植，经大庸、慈利、津市流进洞庭湖；酉水从它西北发源，由北向南又自西向东环绕西南边界线半周，然后经沅陵注入沅水。因而，水陆交通便捷，素有湖南"西北门户"之称。此外，龙山与来凤两座县城坐落在一个纵100里横40里的盆地之中。由于盆地中地势平缓，气候宜人，土地肥沃，物产丰富，因而较为富有。这里最大的地主有5万石谷，是四省边区之最。当地人因感其山水地力之美，常以"武陵金盆"自诩。龙山和来凤两县城只一条酉水相隔，相距仅7公里路程，步行1个多小时。故此，自古为兵家所看重。战国时，秦为了一统江山，就曾经乌江入酉水，进入龙山里耶，又沿酉水而下入沅水征服偌大的楚国。白莲教起义大军、太平天国冀王石达开也曾在此屯兵，与清军一决雌雄，后又由此而入川。因此，对于龙山的战略地位，不管是国民党军还是红军都志在必得。

1935年4月19日，中共湘鄂川黔省委、省革委、省军区在龙山兴隆街蒋家大屋召开联席会议，结合苏区反"围剿"以来的经验教训，再次学习遵义会议的决议。大家真切地感受到以毛泽东为代表的中共中央总结出来的革命战争的基本规律、基本原则和基本方针，不仅适合中央苏区和中央红军，对

---

[1] 根据《龙山县革命老区发展史》第13~20页资料整理。

湘鄂川黔和红二、六军团同样具有普遍指导意义。联席会议正式决定暂时放弃北渡长江的计划，继续坚持在湘鄂川黔边区开展斗争，以龙山、桑植为中心巩固和扩大苏区。利用陈家河胜利的有利时机和掌握着战争主动权的优势地位，进行苏区内线和外线更大范围的机动作战，以一部牵制、迷惑敌人，主力远出江垭、慈利之线，调动敌人离开基本根据地，以减轻苏区的军事压力，以利于苏区的各项建设，并抓住敌人远距离运动可能造成的过失，给以坚决打击。4月24日，贺龙、任弼时、萧克率主力向慈利进军。张子意、王恩茂等建设后方苏区，对龙山的区划进行调整，集中了150名地方干部，培训后分赴各区、乡，派出得力干部负责恢复农车、洗车两个严重受损区委的工作。

5月6日，省委、省革委由兴隆街迁至离县城50余里的茨岩塘（今茨岩塘镇茨岩居委会）。从此龙山县茨岩塘便成为湘鄂川黔苏区的"红都"，成为国共两党两军关注的焦点。

茨岩塘传说是1个高山湖泽，后来湖水枯竭形成高山盆地。它地势平坦，土地肥沃，堪称富饶。且四面环山，东南西北各条大路都为险道隘口，易守难攻。1934年3月11日，陈渠珍的周燮卿旅追踪红三军，在南面入口石家垭遭红军伏击而大败，周燮卿本人险些送命。尤其是从龙山、来凤方向进入这里，要经过15~16里的36湾峡谷，极易在此遭到埋伏。从36湾翻越茨岩塘之隘口望乡台，是100余丈高的悬崖绝壁，在这绝壁之上一条瀑布飞流直下，好似从天而降，跌在河涧的巨石之上，发出惊天的轰鸣。一条栈道从这绝壁盘旋而上，行人要双脚双手匍地而行才能爬上隘口，属一夫当关万夫莫开之地。这里由于是湘中、湘北向西往川、入鄂之要道，因而，时有骡马穿街过镇，昼夜銮铃摇歌，脚夫吆喝结队行路，往来商客不绝于道。小镇上有学校、中西医药店和几百商户，市面还算繁华。

省委、省革委、省军区来茨岩塘之后，将红军医院设在凉水井，红军兵工厂设在甘露坪，红军供给部设在苞谷坪。又着手第三次组建中共龙山县委，拟把这里建成湘鄂川黔巩固的根据地。从此中共湘鄂川黔省委、省革委、省军区设此长达半年之久，红军领导人以这里为大本营，运筹帷幄，与蒋介石、陈诚、何键、徐源泉等国民党高级将领斗智斗勇。在人民群众的大力支持下，经过一次又一次较量，取得了一个又一个伟大胜利，成功地粉碎了国民党几十万大军的"围剿"，为红二、六军团胜利长征奠定了基础，积蓄了力量。

至1935年9月，以茨岩塘为中心的根据地，其区域（包括游击区）东至洞庭湖西岸，西至四川（今重庆）酉阳县境，西北至鄂西咸丰忠堡、恩施椒园，南到沅陵边境，北到鹤峰县太平镇附近，加上川黔边、鄂川边区，纵横1000余里，人口超过200多万，是红军在江南建立的最大的根据地。

四葬中共龙山县委书记——方汉英 [1]

方汉英，又名方献宇，1912年出生。早年加入中国共产党，从事党的地下工作。1935年6月，接受党的派遣，到龙山县茨岩塘任龙山县县委书记。

方汉英来到茨岩塘后，为了便于接近群众，脱掉中山装，头包青帕，身穿布扣对胸蓝便衣，脚穿水草鞋，扮成土家后生，这样很快就和当地群众熟悉起来。他工作艰苦深入，经常到区、乡苏维埃政府和贫苦农民当中了解情况，调查研究，及时指导打土豪、分田地、建设苏维埃政权。经常从半寨、新场坳、包谷坪等地检查工作，回到县委驻地已是深更半夜。

方汉英烈士墓

---

① 根据人民资讯 2021 年 7 月 22 日《四葬方汉英》资料整理。

方汉英与群众同甘共苦，生活上从不搞特殊。当时青黄不接，他和战友们一样，一天喝两顿稀饭。群众爱戴他，给他送来鸡蛋、面条，他都一一转送给伤员。而群众有困难，他却千方百计设法解决。岩板溪的郭家瑞到桑植红军学校学习去了，家里剩下母亲和3个年幼的弟妹，一无粮食，二无被盖，生活十分艰苦。方书记亲自给他家送去两斗苞谷，一床棉被。贫农吴纪元参加了游击队，方书记送去稻谷和蚊帐。扁担铺的一个董姓孤贫老妇，生活已陷入绝境，拿着棕绳准备上吊，方书记把五块银圆送到她面前。她睁开眼，放下棕绳，双膝跪下："大哥，你、你是谁？"方汉英双手扶起老大娘："你这样做要折杀我了，我姓方，是共产党的干部！"

方汉英为群众排忧解难，但对违反纪律的行为却坚决处置。少先队员周耀林将没收地主的一把柴刀拿回自己家里，方汉英严肃地批评了他，责令其当众检讨，退回赃物。县苏维埃干部藤久龙道德败坏，奸污民女，在群众中造成恶劣影响。方汉英为了严肃政纪，纯洁组织，坚决处决了藤久龙，伸张了正义。

方汉英受到苏区人民的爱戴，却也遭到敌人的刻骨仇恨。伪装革命的县苏维埃主席米尔莫，秘密招收田和儿等一批乡丁混进苏维埃政府，充当警卫战士，他们暗中勾结地主武装，伺机破坏苏维埃红色政权。

1935年10月9日清晨，方汉英和小刘下乡走访，晚上11点回来时已疲惫不堪，一进房就倒在床上大睡。田和儿、米远模、符东山见时机成熟，分别手持大刀、牛角叉进入东厢房。田和儿闯入外间，挥起刀砍向小刘。小刘遇刺反抗，身体滚下地面，大喊："方书记，有敌人，快跑。"敌人一刀一刀地砍向小刘……小刘的声音越来越小，慢慢消失在夜色里。米远模、符东山闯入内间。符东山握着梭镖跳着扑向床上的方汉英。"七分睡三分醒"的方汉英迷蒙中听到响动和呼喊，一个鹞子翻身想跳下床，刚好与扑来的符东山相撞，双双滚下床去。方汉英被符东山压在身下，米远模用椅子卡住方汉英的头。大刀、牛叉齐刷刷刺向方汉英。

英雄的血喷射而出……方汉英献出了23岁的生命。

10日黎明，张振坤闻讯率领侦察班赶到现场，命令红军出击，逮捕并枪决了米远模等叛乱者。

陈罗英、段五姑整理好方汉英的遗体，为他换上干净的军衣。按照习俗，段五姑扯了23根代表方汉英年龄的白纱系在腰上。

张振坤为方汉英书写了"热血灌湘西沃土，青春化武陵苍松"的挽联。

在段五姑的一再要求下，张振坤同意了她的请求，让她和方汉英的遗体举行了婚礼，实现了她嫁给英雄的心愿。段五姑披麻戴孝，抚着灵柩痛哭流涕，以未亡人的身份在杨家新屋院坝王家水井的路边安葬了英雄的遗体。

这是第一葬：红十八师哀葬方汉英。

红十八师离开茨岩塘后，以伪乡长杨哲清为首的凶残的豪绅恶霸来到英雄的坟场，掘坟曝尸，烧毁棺材，并将英雄的尸骨扔到杨家新屋后的竹林里。看着地主老财的举动，老百姓敢怒不敢言，心里暗骂"丧尽天良"。白天，老百姓不敢收拾亲人的遗骨，深夜，家住杨家新屋院坝下人贵体祥，趁夜色用白布包好方汉英的遗骨，迅速离去。随后，贵体祥将英雄的遗骨悄悄地葬在了茨岩塘王岩匠坡下，让英雄的魂灵得以安宁。

这是第二葬：穷苦百姓情葬方汉英。

1951年8月24—26日，中央人民政府南方老根据地访问团湘鄂西分团副团长晏福生来茨岩塘访问，询问方汉英墓的情况，找到了老红军陈洪顺。陈洪顺告诉晏福生，是贵老（贵体祥）葬了方汉英。晏福生又找到贵老，详细询问。找到方汉英的墓后，晏福生对墓地进行了修茸，用青石圈了坟茔。1962年，龙山县人民政府拨付民政专款将方汉英墓从王岩匠坡迁移到易地堡，并修建了纪念碑，墓碑题名为"方宪儒烈士墓"。

这是第三葬：人民政府敬葬方汉英。

1975年，因要在距"方宪儒烈士墓"不远处修建龙山县农业银行茨岩塘营业所，影响到烈士墓的安全和百姓祭祀、缅怀活动，龙山县农业银行出资将墓迁移到骡子堡，并重新规划设计了烈士墓，将碑更名为"方汉英烈士墓"。

这是第四葬：金融部门义葬方汉英。

1979年3月，"方汉英烈士墓"被湘西州革命委员会公布为湘西州文物保护单位。陵园内松柏依依，苍翠欲滴，碑刻肃然，是苏区百姓心中的圣地。

中央人民政府南方老根据地
访问团访问湖南纪实

第六节

访问华容县、石门县、慈利县

一、访问华容县

（一）访问经过

1951年8月12日，中央人民政府南方老根据地访问团湘西分团常德小队从常德出发，8月17日到达华容县，8月18—26日在华容访问期间，沿途受到群众热烈欢迎。

8月20—21日，访问小队在五区三郎堰召开全县老根据地人民暨烈军工属及老革命代表大会，参会代表377人，会议听取了访问小队负责人报告，传达了中央人民政府和毛泽东主席对老根据地人民的关怀和指示，中华人民共和国成立后革命和经济建设的伟大成就，开展慰问活动的意义及活动安排，讨论审定了慰问品和急救金发放标准和办法。代表分组座谈了对根据地建设的意见和要求，并提出了修建烈士陵园和蔡协民著名烈士纪念地建议。通过会议进一步激发了老根据地人民发扬革命传统，争取更大光荣，为建设新中国而努力的决心。会议对与会代表发放慰问品（其余部分留县于9月25日前发放后上报统计），共发放毛主席像、纪念章、慰问信、毛主席题词2265份，发放急救金100余户，8月22—26日，访问小队分别到三封寺等21个乡召开区代表会、群众会、烈军工属和老革命代表会，参加人数5000人左右，重点访问315人。访问期间放映电影4场，观众15000多人。每次放映前访问小队负责人分别讲话，传达中央人民政府和毛泽东主席对老根据地人民的关怀和指示，中华人民共和国成立后革命和经济建设的伟大成就，这次访问的目的和意义，使老根据地人民深受鼓舞。医疗组共治疗病人371人。其中易家林的爱人因难产3天生不下来，经医生医治顺利生产，一家人万分感激送给访问小队北瓜与烟卷等礼品（但没有收）。嗣后拨款建立红岗烈士祠。

（二）红色故事

创建华容苏区 [①]

华容苏区政权建设经历了"一点红、一片红、全县红"的发展过程。在秋收暴动和元宵暴动时，华容明碧山等地区形成了小块农村武装割据，为建立革命政权创造了条件。1929年春，中共鄂西特委在洪湖地区领导的武装斗争迅速发展基础上，为扩大根据地，形成大江南北武装割据的局面，鄂西特委决定开辟华容苏区。6月初，谭秋吟率游击队30余人，从隐蔽的监利县塔马洲出发，经过石首小河口，冲破敌人重重封锁，回到江南的华容明碧山区。7月24日，游击队在明碧山激战南华安三县团防队，毙敌70余人后，成立了明碧乡苏维埃政权。同年春，在石首活动的华容东山革命者朱祖光率队回到家乡，成立县游击大队，华容革命形势有了很大发展。为了扑灭革命烈火，国民党华容县政府在塔市驿、砖桥、文宣区等地设立了团防局。10月29日夜，华容游击队攻打设在大冲口的文宣区团防局。因石首县艾家嘴团防局增援，华容游击大队腹背受敌，被迫撤退，中队长朱海清中弹受伤后被捕牺牲。1930年1月6日夜，朱祖光率游击大队再次攻打文宣区团防局，敌死伤惨重，20多间即将竣工的团防局营房被焚为灰烬。

---

① 根据《华容县革命老区发展史》第8~12页资料整理。

中央人民政府南方老根据地
访问团访问湖南纪实

战斗后的第二天，砖桥团防队被吓得撤回了县城。1930年初，县游击大队拔除了东山地区最后一颗钉子——塔市驿团防局。至此，国民党在东山设立的三个团防局皆被铲除。

第二天，中共华容县委在明碧山召开祝捷大会，成立华容县第一个区苏维埃政府和党的区委会。2至3月，在穆山垄的季家祠成立了第二区苏维埃政府，在范家岭成立了第三区苏维埃政府，在石华堰成立了第四区苏维埃政府，东山地区全部苏维埃化。鲇鱼须、北景港等区、乡亦分块割据。4月，建立管辖沔阳、潜江、监利、石首、华容、江陵六县的鄂西联县苏维埃政府，创建了洪湖根据地。东山苏区的形成，对反动势力造成了极大的威胁。5月20日，国民党军王英兆团在华容团防队的配合下，"进剿"东山苏区。行至长岗庙时，遭赤卫队伏击。王英兆团退至邓家山，强迫当地群众在墨山至南坎山一带15里长的山坡上挖掘战壕，凭山踞守，伺机再犯东山。鄂西苏维埃联县政府即请红六军来华容支援赤卫队作战。红六军由洪水港及下车湾渡过长江，分三路合围邓家山。此役，王英兆团共死伤200余人，遗尸100多具。红六军仅伤亡21人，保卫了东山苏区。

1930年6月，贺龙领导的红二军和段德昌领导的红六军在公安县会师，成立红二军团，贺龙任总指挥，周逸群任政治委员。10月6日，《邓中夏给长江局并转中央的报告》写道："我们拟定第一步须将监利、沔阳、潜江、江陵、石首、公安、南县、华容、安乡九县打成一片，成为整个的苏维埃区域。"此后，红六军和华容赤卫队与敌殊死搏斗，四次攻克华容县城，开创和保卫了华容苏区。

10月20日，红六军军长段德昌指挥十六、十七师进攻华容县城。红十七师在师长许光达的率领下，由下车湾陶家铺、洪水港2处渡江。先头部队到达治河渡时，赤卫队员已将鱼划、木梯、扮桶等渡河工具摆放在河堤内侧。红军迫击炮手隔河轰击，炸毁敌碉堡，使敌营房起火。红军战士擎着枪泅水抢渡，勇猛冲锋，很快突进城里，不到2个小时，守城的民团就被红军歼灭。红十六师在师长王一鸣的率领下，由复兴洲渡江，进至万庾附近时，遭华容、汉寿县团防队和国民党军队共计500多人的阻击，红军战士在轻、重机枪的掩护下，冲破三道障碍，消灭大部敌军，残敌纷纷逃窜。10月22日（农历九月初一）清晨，红十六、十七师胜利会师。全城男女老幼，举着红旗，敲锣打鼓，热烈欢迎红军进城。此后，红军和县赤卫队又连续于1930年12月2日、1931年1月16日、2月22日三次攻克华容县城，浴血保卫苏区。

二、访问石门县

（一）访问经过

1951年9月1日，中央人民政府南方老根据地访问团湘鄂西分团常德小队从常德出发，9月3日到达石门县新关乡吃早餐，当地群众彻夜未睡，杀猪配菜，接待访问小队。

9月4—5日，访问小队在石门雄黄矿召开老根据地暨烈军工属残废军人代表会议，参加会议的有石门、慈利、桃源、澧县、安乡、临澧等6个县，参加会议代表390多人，其中石门县由副县长张琢带队，会议代表146人，桃源、安乡、澧县、临澧等县各来代表3~5人。会上访问小队负责人传达了中央人民政府和毛泽东主席对老根据地人民的关怀和指示，中华人民共和国成立后革命和经济建设取得的伟大成就，访问工作的意义和任务，讨论审定了慰问品发放标准和办法。代表们分组讨论了老根据地革命斗争的英勇事迹和解放后群众生产生活情况，对老根据地建设提出了意见和建议。会上颁发了慰问礼品，赠送毛主席画像158张，其中石门80张；革命领袖瓷塑像525份，其中石门205份；毛主席纪念章1579枚，其中石门749枚；毛主席题词1988份，其中石门749份。评选谭魏烈、陈子庚、庹登连为出席湖南省老根据地人民暨烈军工属代表会议代表。会议期间，依照划分革命老根据的条件，评定石门、慈利县56%的区、乡镇为革命老根据地，并划定两县范围为革命游击区，享受相应的优待、扶持和照顾。与会代表深深感到

中央人民政府南方老根据地
访问团访问湖南纪实

中央人民政府和毛泽东主席对老根据地的无比关怀和照顾，纷纷表示要发扬老根据地光荣传统，争取更大光荣，为建设新中国而努力奋斗。

9月6—12日，访问小队在访问中重点访问了第四、五区辖15个保，召开各种大小会议约83次，慰问参加人数约12699人，放映电影7次，每次放映电影前发慰问信，小队负责人传达中央人民政府和毛泽东主席对老根据地人民的关怀和指示，观众达17780人。县内山区群众没有看过电影，几十岁老人赶几十里山路来看电影，对老区人民的影响很大。访问小队在访问中沿途群众夹道欢迎约3万人，每次队长都讲话，发慰问信。重点访问烈军工属247人。做好急救资金和慰问品发放工作，9月7日，县政府下发文件，将应急资金495.42万元分配到区发放（城关镇15.42万元、一区40万元、二区40万元、三区40万元、四区60万元、五区60万元、六区80万元、七区80万元、八区80万元，一般每户发放5万元）。慰问品发放2160份，且甲、乙、丙三等礼品配合不对数（毛主席题词太少），所以主张毛主席照片、瓷像发给甲等，毛主席铜像发给乙等，毛主席题词发给丙等。其分配数量为城关镇毛主席照片2张、毛主席瓷像2份、毛主席铜像3份、毛主席题词60份；一区毛主席照片6张、毛主席瓷像25张、毛主席铜像65份、毛主席题词80份；二区毛主席照片6张、毛主席瓷像25份、毛主席铜像65份、毛主席题词80份；三区毛主席照片6份、毛主席瓷像25份、毛主席铜像65份、毛主席题词80份；四区毛主席照片10份、毛主席瓷像40份、毛主席铜像113份、毛主席题词115份；五区毛主席照片15份、毛主席瓷像78份、毛主席铜像180份、毛主席题词180份；六区毛主席照片10份、毛主席瓷像40份、毛主席铜像113份、毛主席题词115份；七区毛主席照片10份、毛主席瓷像40份、毛主席铜像113份、毛主席题词115份；八区毛主席照片10份、毛主席瓷像40份、毛主席铜像113份、毛主席题词115份。合计毛主席照片75份、毛主席瓷像315份、毛主席铜像830份、毛主席题词940份。

访问分队形成了《石门和慈利县游击区革命活动（1925—1936年）》；对石门慈利两县四个区的大革命时期人口及现在人口、经济情况及财产损失、各阶层缺乏劳动力及生产资料；解放后土地发贷救济粮、烈军工属及荣残军人家属贫苦户、烈军工属及荣残军人总户数及占总户数百分比；遗留根据地工作人员等情况进行了各类统计。

（二）红色故事

发动 "年关暴动"[①]

1927年8月，中共中央在武汉召开八七紧急会议，提出了土地革命和武装反抗国民党反动派的总方针。中共湖南省委根据中央关于两湖暴动的决议提出，湖南暴动以长沙为中心，夺取常德，声援长沙。中共湘西特委遵照中央和湖南省委的指示，根据湘西暴动情况和当时形势，拟定了向山区谋发展，以石门、慈利为基础，割据石门，巩固湘西暴动，建立游击武装中心，向外发展的方针。1927年11月，特委在常德的草鞋洲专门召开石门、桃源、临澧、澧县、慈利等县的县委书记会议。鉴于石门山高林密，宜于开展游击战争，加上石门领导力量强，党和知识分子在石门有180余人之多，在湘西各县实属第一位，且有一支二百人、百余支枪的农民自卫军，于是，特委决定"割据石门，巩固湘西暴动"，以配合中共湖南省委关于"全省暴动，割据湘东"的计划。

石门县委书记伍伯显自常德草鞋洲会议回县后，立即召开县委会议，制定了"恢复组织，发展党员，组织群众，准备暴动"的工作方针，决定成立石门县暴动大队，龙在前被特委任命为石门县暴动大队队长，并将县委成员派往全县各地指导工作。后因行动暴露，伍伯显、盛联熊被反动县政府赶出县城。为保证暴动计划的实现，特委先后指派舒玉林、张仲平担任石门县委书记。张仲平到石门后，立即召开县委会议，传达特委关于"发动群众，恢复组织，在基础较好的新关、杜家岗、磨岗隘等地于春节前后举行暴动"的指示。会议决定，暴动由县委具体领导，县委委员张仲

---

① 根据《石门县革命老区发展史》第28~30页资料整理。

中央人民政府南方老根据地
访问团访问湖南纪实

平、龙在前、曾庆萱、陈奇谟、盛联熊、袁任远分别到新关、新河、磨岗隘、南乡等地负责指挥。至此，石门年关暴动做好了思想上、组织上、武装上的准备。

新河乡（今新关镇）年关暴动。石门年关暴动，首先在新河乡打响第一炮。1927年农历腊月中旬，县委委员曾庆萱到新河乡刘家峪村召开党员会议，研究和制订暴动方案。目标是除掉河口乡南岔村国民党区团总曾培厚、曾康次父子，三圣乡大豪绅曾华廷、黎古成和国民党区团总曾瑞清，磨市区团总龚砥臣。为确保年关暴动成功，挑选了30多名精干的游击队员组成暗杀队，由曾庆萱统一指挥。

农历腊月某日，曾庆萱派共产党员刘俊儒带领七八个人，手持短刀，天黑后从刘家峪出发，到河口南岔处决曾培厚、曾康次父子。由于密探告密，曾培厚父子漏网。曾庆萱又带领二三十人，去杀三圣乡大土豪曾华廷、黎古成和国民党区团总曾瑞清，也事泄未果。但在行动中处决了极力反共、杀害中共地下联络员曾南山的刽子手曾海清，起到了敲山震虎的作用。

新关、南圻除夕暴动。1927年农历腊月三十，县委书记张仲平与曾庆萱、苏清镐、邢业炳等20多人在龙在前家里召开秘密会议，决定在新关、南圻发起暴动，除掉家住南圻的警察所所长上官嗣西父子和南圻区区长王启发，捣毁新关自治局，杀死局长邓楚庆和新关区区长喻云廷。除夕晚上，张仲平、曾庆萱、龙在前带领10多名暴动队员和农民自卫队员抵达南圻上官嗣西家时，上官嗣西父子早已逃亡。返回时碰上反动"亲爱党"的组织委员廖喻先，将其处死。随后攻打新关自治局，邓楚庆已闻风而逃，喻云廷也不见踪影。暴动队直奔挨户团区大队长熊清河家，将其处死。

新关、南圻暴动虽没有达成预期目标，但反响很大，使反动派和土豪劣绅闻风丧胆。

磨岗隘正月暴动。1928年农历正月，石门县委又在磨岗隘组织暴动，目标是除掉磨市区团总龚砥臣。龚砥臣平日作威作福，罪恶多多，马日事变后，他扬言要与共产党较量到底，勾结兵匪到处捕杀共产党人和革命群众。农历正月初八晚，暴动队分两路出发，一路由曾庆萱与陈奇谟带领20多人，从杜家岗出发，经维新场、热水溪前往目的地；一路由陈碧谟、盛联熊、龙在前召集队员在磨岗隘龙岗集合后前往。凌晨许，两路人马赶到磨岗隘清泥溪龚砥臣家，将龚家团团围住，曾庆萱、陈碧谟、盛联熊等冲进屋里将龚砥臣砍死。之后，磨岗隘暴动队又捕杀了泥市的陈南卿、苏家铺的恶霸地主伍宾初的妻子龚氏等土豪劣绅。

石门年关暴动，全县震动，反动当局进行疯狂反扑和屠杀。反动县政府立即派警察队逮捕参加暴动的小学教员杨绪绍、常德学生单绪球、农民阎于锡，于元宵节在县城将他们杀害。县暴动大队大队长龙在前因叛徒出卖，于正月十五被捕，后趁军警不备逃脱。

石门年关暴动虽然几次失败，但更加坚定了石门共产党人的革命斗志，促成了更大规模的南乡起义。

三、访问慈利县

（一）访问经过

1951年9月4—5日，湘鄂西分团常德小队在石门雄黄矿召开老根据地人民暨烈军工属残废军人代表大会，参加会议的有慈利、石门、桃源、澧县、安乡、临澧等6个县，参会代表339人。慈利县由副县长莫如初带队，参加会议代表139人。会上颁发了毛主席画像158张，其中慈利78张；革命领袖瓷塑像525份，其中慈利320份；毛主席纪念章1579枚，其中慈利830枚；毛主席题词1988份，其中慈利945份。共颁发慰问品2649份。评选谭巍烈、陈子庚、庹登连为出席湖南省老根据地人民暨烈军工属代表会议代表。会议期间，依照划分老革命根据地的条件，评定慈利县、石门县56%的区、乡镇为革命老根据地，并划定两县范围为革命游击区，享受相应的优待、扶持和照顾。与会代表深深感到中央人民政府和毛泽东主席对老根据地人民的无比关怀和照顾，纷纷表示要发扬老根据地光荣传统，争取更大光荣，为建设新中国而努力奋斗。

9月6—12日，访问小队在访问中访问了两个区的四个保，召开各种大小会议80次，慰问参加人员约12240人，放映电影7次，每次放电影前发慰问信，小队负责人传达中央人民政府和毛泽东主席对老根据地人民的关怀和指示，观众17780人，本县山区群众没有看过电影，人们几十里山路赶来看电影，受到群众欢迎和挽留。访问小队在访问中沿途夹道欢迎的群众约3000人，每次小队长都讲话，发慰问信，重点走访烈军工属220人，发放急救金500万元，慰问品2649份，按慰问品发放标准，下发各区发放到户。

（二）红色故事

红军三打江垭 [①]

一打江垭。1929年7月，南岔、赤溪大捷后，湘鄂西前委本想乘胜向澧水下游的石门、澧县等地发展。但此时湘军吴尚部已开进常德，陈渠珍部及地方团防仍对桑植苏区取包围态势，刘峙亦奉蒋介石之命，准备派兵与吴、陈配合，"堵剿"红四军。湘鄂西前委根据这一形势，认为必须乘敌未形成包围之前，首先拔除桑植苏区四周的团防据点，发动广大劳动人民，投入革命斗争，方能打破敌人的包围，便决定由贺龙、张一鸣等率主力向大庸和慈利推进。首先，红四军决定摧垮大庸西教乡熊湘熙（报琴）团防武装。熊在教子垭、香炉山、坛子山、穿岭岩、鸡罩岩等处均筑了坚固寨子，地势险要，易守难攻。1929年8月6日，红军从桑植出发，7日与敌接火，敌凭险顽抗，红军围敌主寨6日，敌弹尽粮绝，于12日晚趁雨急夜黑之际逃到慈利境内。红军克西教乡后，休整7天，补充弹药，消除疲劳，接着向江垭（今江垭镇）推进。

此时，据守江垭的是团防徐小桐，有数百人、枪。该部与退据慈利、

---

① 根据《慈利县革命老区发展史》第55~58页资料整理。

大庸、桑植交界处之康三峪、咸池峪、茅花界一带的陈策勋部、熊相熙部形成掎角之势。贺龙决定趁敌立脚未稳，先发制人。

红军在进攻江垭前，贺龙写信给徐小桐说："你现在在社会上的地位办团很好，只要照去年春间对本党同志委以保护，有一天一定要欢迎你加入本党的……我即向下游开动……"要徐小桐不要与红军为敌，并写信给石门神兵首领周笃方、在石门境内活动的大庸武装田少卿，"希望他们合作，共同奋斗"。

1929年8月23日，红军分头向江垭猛进，陈策勋、熊相熙部闻风而逃，红军长驱直入。8月25日，到江垭与徐小桐部稍有接触，徐部即撤走，江垭遂为红军占领。红军在江垭休整1天后，继续向杉木桥推进。杉木桥是慈利县城通往西北半县及桑、鹤之交通要道，大革命时期，在党的领导下，这里的农民运动开展得轰轰烈烈，慈利县第一个区农民协会在这里建立，著名的成子桥事件发生在这里，因而群众基础好。且原在石门北乡活动的塞先任自离开石门北乡后，即匿居在杉木桥舅舅家中秘密活动，再就是红四军中的吴虎臣、吴玉堂、吴子玉等营、团长，都是杉木桥人，在当地颇有影响。8月27日，红军到达杉木桥，随即开展宣传活动：书写标语，张贴布告，散发《告湘西工农举众书》《告湘西军人书》，各部队的宣传队分头演讲，宣传土地革命和苏维埃政权的宣言，宣传红军宗旨，号召工农群众加入红军。青年农民纷纷报名参加红军，仅1天1夜时间，就有300多人参加了红军队伍。

红军进驻杉木桥后，接到周笃方、田少卿的回信，他们在信中说："若红军入石门，愿让出防地。"前委收信后，召开军事会议，认为：他们虽然对红军的革命宗旨不理解，但绝不会与红军为敌，如果他们攻打红军，就会削弱自己，有被湘军吃掉的危险。但是，当时退却了的徐（小桐）、邢（飞）部游弋江垭附近的山区，盘踞慈利县城的大庸团防张晋武部距杉木桥仅50里，态度暧昧，吴尚部已抵桃源之盘塘桥，向慈利进发。此外还有澧县李抱冰、石门罗效之，对红军的防堵均十分严密。在这种情况下，若红军继续向敌纵深发展或久居江垭、杉木桥一带，势必陷入敌人重围。且红军来江垭发展红军、扩大政治影响的目的已达到，因此前委决定红四军迅速返桑。

8月28日深夜，红军撤离杉木桥，回师经过江垭。

经竹叶坪、咸池峪回到桑植。至此红军主力胜利完成了这次游击任务。

二打江垭。1933年1月13日，贺龙率领红三军（红二军团这时已改编为红三军）再次进攻桑植县城，守敌朱际凯部1个团慑于红军的声威，不战而逃。地方豪绅随县长逃至永（顺）境者2000余人，逃至大庸、慈利境者2000~3000人。红军占领桑植县城后，又分头向永顺、慈利江垭进击。退守江垭的朱际凯部，见红军来攻，急忙逃窜。19日红三军一部占领江垭，并挥师挺进杉木桥。慈利县长任时琳、大庸县长潭壬炜惊恐万状。立即电告省府，称"江垭被贺匪攻陷，我方兵力单薄，万难堵截。人心惶恐，慈利、大庸危在且夕"；"江垭为慈利门户，江垭失陷，慈利必不可守"；"若政府不派大军来县进剿，大张挞伐，后患不堪设想"。

何键接到告急电，立即电令湘西新三十四师师长陈渠珍"严饬所部周（燮卿）旅、顾（家齐）旅及慈庸一带团队，协力堵剿，无使再行滋扰，至慈利防务，毋论如何，必须巩卫"。并下令十九师师长李觉、常德警备司令刘运乾等"督部向西兜剿，以收夹击之效"。

正当敌人调兵遣将乱作一团的时候，红军迅速撤至鹤峰毛坝休整。等敌人赶到时，红军早不见踪影。

三打江垭。1934年春，红三军转战于永顺、桑植、大庸、慈利等地。3月5日，贺龙率红三军在大庸教子垭与龚仁杰旅激战后，于6日进占慈利碾子凸、余湖一带。7日红军与慈利团防朱树勋率领的团队在碾子凸、余湖等地激战竟日。佯往桑植方向撤去。朱树勋立即电告省府"慈利境已无匪踪，秩序安宁如常"。正当敌人庆贺他们的胜利时，红三军突然向江垭杀来，将从大庸撤回驻守江垭的朱际凯团击溃，于19日占领江垭，20日分路向杉木桥进发，21日晚，仍折回江垭城，向前来"围剿"的敌地方团防展开猛烈进攻，打死打伤敌人甚多。

这时，敌人调集重兵，妄图将红三军围歼在江垭。红军撤向江垭南面深山要地，占领有利地形，给来犯之敌以狠狠打击。

红军在江垭短暂战斗，打击了敌人的凶焰，并筹集到部分军费。于3月下旬转移到永顺。

中央人民政府南方老根据地
访问团访问湖南纪实

第五章

南方老根据地人民代表团
晋京观礼活动

第一节

晋京观礼代表

根据中央人民政府安排，1951年参加国庆观礼与参观活动的老根据地代表为870余人，其中南方和北方老根据地观礼代表团团部人员40余人，南方和北方老根据地代表831人。

一、南方老根据地晋京观礼代表团团部人员一览表

单位及职务	姓 名	年龄	籍贯	原职务	备考
中南总团团长	郑绍文		四川	中南民政部部长	
秘书科长	潘友歌	30	湖南	中南民政部副处长	
秘书副科长	伍昌续	43	湖北	中南军政委员会参事	
行政科长	史 明	38	广东	政治部科长	
组保科长	冯占林	28	河北	公安部科长	
湘鄂西老根据地代表团带队人员					
湘鄂西代表团团长	余益庵	51	湖北	襄阳专员	
	彭友德	42	湖北	县书记兼乡长	
湘西带队	余千里	34	北京	湘西行署秘书副处长	
中央苏区代表团秘书	李 欣	25	江西	江西农民协会秘书	
江西各代表团总团秘书	沈让东	26	河南	江西省民政厅科员	

续表

单位及职务	姓　名	年龄	籍贯	原职务	备考
湘赣边老根据地代表团带队人员					
湘赣分团团长	谭余保		湖南	湖南省政府副主席	
湘东南带队	谷子元	44	湖南	衡阳专署副专员	
江西带队	彭振兴	48	江西	吉安专署副专员	
湘鄂赣老根据地代表团带队人员					
湘鄂赣分团副团长	陈再励		湖南	湖南省民政厅厅长	
湘鄂赣分团副团长	邓　宏		江西	江西省农林厅厅长	
湘东北分队副队长	罗其南		湖南	长沙地委副书记	

二、南方老根据地晋京观礼代表团代表人数一览表

地区		人数	地区		人数
中央苏区	赣南	40	鄂豫皖	豫东南	8
	闽西南	21		皖北部分	22
	建泰宁	5	新四军第五军抗日根据地		10
闽浙赣	赣东北	21	粤东区		19
	浙江部分	5	广西左右汇		9
	皖南部分	5	海南区		15
	福建部分	17	豫西南北东抗日根据地		17
湘鄂赣	湘东北	16	东江纵队抗日根据地		10
	鄂南	12	川陕边		40
	赣西北	19	华东	浙江区	21
湘赣边	湘东南	16		山东区	59
	赣西南	17		皖北区	10
湘鄂西	湘西	14		皖南区	11
	鄂西	11		苏北区	25
鄂豫皖	鄂东	21		黄南区	10
			合计		526

三、南方老根据地晋京观礼代表团代表分类一览表

项目	性别		年龄				代表类别					
	男	女	25岁及以下	26~45岁	46~65岁	66岁及以上	烈属	军属	工属	荣誉军人	劳动模范	革命群众
人数	436	90	36	247	218	25	208	73	3	11	3	228

四、湖南省国庆观礼代表名单

姓名	性别	年龄	籍贯	成分	代表类别	党派	姓名	性别	年龄	籍贯	成分	代表类别	党派
湘鄂赣区湘东北													
方思祖	男	41	湖南平江	贫农	军属		李申白	男	27	湖南平江	贫农	烈属	
吴建希	男	24	湖南平江	贫农	军属		赖汉初	男	31	湖南平江	贫农	烈属	
彭介林	男	46	湖南平江	贫农	烈属		何佩奇	女	45	湖南平江	中农	烈属	
徐立	女	45	湖南平江	贫农	烈属	共产党员	陈昌福	男	62	湖南浏阳	贫农	烈属	
罗吉临	男	20	湖南浏阳	中农	烈属		李楚明	男	54	湖南浏阳	贫农	革命群众	
吴桂初	男	23	湖南浏阳	中农	烈属	青年团员	陶和顺	男	54	湖南浏阳	贫农	荣军	
王馀美	男	35	湖南浏阳	贫农	烈属	共产党员	杨斌南	男	34	湖南醴陵	中农	烈属	
巫绍香	男	35	湖南醴陵	中农	烈属	共产党员	毛伟昂	男	50	湖南湘潭	贫农	革命群众	共产党员
湘赣区湘东南													
刘森苟	男	28	湖南茶陵	贫农	烈属		吴松	男	64	湖南茶陵	中农	革命群众	
谭长寿	男	24	湖南茶陵	贫农	烈军		周苟生	男	30	湖南茶陵	贫农	烈属	
陈外生	男	27	湖南茶陵	贫农	烈属		周春秀	女	73	湖南酃县	贫农	烈属	
陈长春	男	25	湖南酃县	中农	烈属		丁忆恒	女	28	湖南攸县	小土地出租者	烈属	

中央人民政府南方老根据地
访问团访问湖南纪实

续表

姓名	性别	年龄	籍贯	成分	代表类别	党派	姓名	性别	年龄	籍贯	成分	代表类别	党派
蔡德祥	男	24	湖南攸县	贫农	烈属		罗方明	男	27	湖南耒阳	中农	烈属	
李復昌	男	23	湖南安仁	贫农	烈属	青年团员	黄始明	男	26	湖南郴县	中农	烈属	
郭俊高	男	68	湖南桂东	雇农	烈属		康生元	男	24	湖南资兴	贫农	烈属	青年团员
范卓	男	62	湖南汝城	贫农	革命群众	共产党员	黄忠裳	男	36	湖南宜章	贫农	烈属	青年团员
湘鄂西区湘西													
谷彩芹	男	72	湖南桑植	贫农	革命群众		刘传彩	女	51	湖南桑植	富农	烈属	
钟冬姑	女	45	湖南桑植	贫农	烈属		黄文魁	男	38	湖南桑植	雇农	荣军	
许成洪	男	38	湖南永顺	贫农	荣军		谭金武	男	40	湖南永顺	贫农	荣军	
严永福	男	40	湖南龙山	贫农	军属		严文光	男	28	湖南龙山	雇农	烈属	
管国平	男	22	湖南大庸	雇农	军属		龙四姑	女	59	湖南大庸	贫农	烈属	
陈秋堂	男	50	湖南华容	贫农	烈属		张国英	女	40	湖南石门	贫农	烈属	共产党员
谭微烈	男	28	湖南慈利	中农	烈属		谷子元	男	44	湖南耒阳		革命职员	

第二节

晋京观礼与参观活动日程

一、各老根据地人民代表抵京

应中央人民政府邀请进京参加国庆典礼的中南、华东各老根据地人民代表492人于28日上午到达北京。到车站欢迎的有中央人民政府内务部部长谢觉哉，副部长武新宇，政治法律委员会副主任张奚若、彭泽民，中国人民救济总会秘书长伍云甫，中央人民政府南方老根据地访问团副团长傅秋涛、朱学范，副秘书长阎宝航，中华全国民主妇联代表曹孟君，北京市副市长张友渔，北方交通大学教授金士宣，北京师范大学教授董渭川，中国协和医学院院长李宗恩，各机关工作人员、北京市学生、少年儿童队队员等1500人，并在车站举行了盛大的欢迎会。

欢迎会在200名少年儿童队队员向代表献花后，由张奚若致欢迎词。他说："老根据地人民对中国革命的贡献是巨大的。当全国人民欢欣鼓舞庆祝第二个国庆日的时候，我们对老区人民应表示深切的敬意和热爱。"老根据地人民代表郑绍文致答词，他说："这次中央人民政府和毛主席请我们老区人民代表来京参加国庆典礼，我们觉得非常光荣，我们保证永远记住毛主席的话：'发扬革命传统，争取更大光荣'。"①

---

① 摘自《人民日报》1951年09月29日第1版。

中央人民政府南方老根据地
访问团访问湖南纪实

二、国庆观礼代表活动日程表

日期＼时间	上午	下午	晚间	备注
9月28日	休息	休息	看北京市容	会餐
9月29日	游故宫	休息	电影晚会	
9月30日	游北海公园	休息		宴会
10月1日	观礼	观礼	天安门晚会	
10月2日	休息	游天坛	休息	
10月3日	座谈会	座谈会	京剧晚会	
10月4日	游颐和园		休息	
10月5日	休息	报告	歌舞剧晚会	志愿军战斗英雄报告
10月6日	参观抗美援朝、党史展览馆		越剧晚会	
10月7日	游西郊公园	报告	谢部长报告	工人劳模及老根据地代表报告
10月8日	参观华北科学研究所		评剧晚会	
10月9日	参观机械耕地农场			宴会
10月10日	参观华北农具工厂		杂耍晚会	
10月11日	参观石景山钢铁厂		休息	
10月12日	游中山公园	座谈会	电影晚会	会餐
10月13日	休息	欢送会	京剧晚会	
10月14日	离京赴天津参观华北区城乡物资展览会			
附注	1. 在休息时间内视需要分别举行个别访问或小组型座谈会 2. 各项活动的具体时间临时通知			

中央人民政府内务部国庆招待处订

1951年9月27日

三、晋京观礼侧记

1951年9月22日，在全省老根据地人民暨烈军工属代表会议上选举了晋京观礼代表46名，其中湘潭县韶山党支部老党员毛伟昂、平江县徐立（女）、茶陵县吴淞、浏阳县陶和顺（老红军战士）、吴桂初、龙山县严文虎、石门县张国英（女）、慈利县谭徽烈等人感受至深，记忆犹新。

9月下旬，湖南老根据地晋京代表在长沙集中添加新衣新鞋后，乘火车前往北京。代表们怀着无比激动的心情，歌唱着即兴自编的山歌：

> 山歌唱喜盈盈，前年解放到如今。
>
> 毛主席打发访问团，专到老区来访问；
>
> 问长问短问寒暖，亲亲切切一家人。
>
> 受苦呕气十多年，召集有了大光荣；
>
> 过了一湾又一湾，欢迎欢送好喜欢；
>
> 过了一河又一河，来到北京真快乐。

9月28日9时，火车抵达北京南站，车站前坪站着好几千人，打着横幅，挥舞着五星红旗，欢迎湖南老根据地晋京观礼代表团。中央人民政府内务部、中央政法委员会、中央人民政府南方访问团、全国民主妇联、北京市等领导欢迎，中央政法委员会副主任张奚若致欢迎词，南方老根据地晋京代表团秘书长邓绍文致答谢词。接着，北京市的学生、儿童纷纷派代表跑步向代表献上美丽的鲜花。顿时，全场响起热烈的掌声和欢迎口号。随后，汽车将湖南老根据地晋京观礼代表送到北京师范大学，受到北师大的教授、学生们和招待人员的盛情接待。

代表们一路所闻所见，深深体会到什么是光荣。他们不禁想起艰苦斗争岁月，想起为革命牺牲的先烈们，想到新旧社会劳动人民所处的不同地位，更加觉得应该珍惜这光荣。

中央人民政府南方老根据地
访问团访问湖南纪实

（一）毛泽东主席宴请

9月29日下午，湖南老根据地晋京观礼代表每人收到一张红色的请帖，毛泽东主席请代表们30日在怀仁堂吃晚饭。代表们激动不已：主席宴请，怎么担当得起！当晚，代表们翻来覆去睡不着。

平江县代表徐立接到请帖后，躺在床上把请帖紧紧贴在自己胸前，兴奋得老半天说不出话来。石门县代表张国英当天晚上梦见毛泽东主席同她握手，第二天一大早，她就理理头发，整整衣服，怀着激动的心情等待去见毛泽东主席。湘潭县韶山代表毛伟昂更是兴奋异常，他已有 25 年没有见到毛泽东主席了，现在很快就要再见毛泽东主席。慈利代表谭微烈说："毛主席给我们这么大的光荣，我们怎么担当得起！"

9月 30 日晚，1400 多位中外代表，欢聚于中南海怀仁堂。中央人民政府各位首长站在门口，亲自恭迎代表们，还特地将全国革命老根据地晋京观礼代表请到首席。代表就坐后，《东方红》乐曲奏响，一盏明灯闪亮移动，毛泽东面带笑容，神采奕奕地从餐厅侧面走出来，频频向出席晚宴的代表们招手致意："同志好！你们辛苦了！"全场响起雷鸣般的掌声。

招待会开始后，苏联、印度、印尼等国的贵宾抢先到毛泽东面前敬酒。之后，是少数民族代表、全国劳动模范代表、战斗英雄代表依次向毛泽东敬酒，紧接着是革命老根据地代表向毛泽东敬酒。当轮到湘潭县代表毛伟昂敬酒时，他极兴奋地叫了声："主席，您好！"幸福的泪水便夺眶而出。毛泽东笑盈盈地点了点头。曾经为毛泽东主席的部队相见过向导的老红军战士茶陵县代表吴淞对代表们说："毛主席比起在老根据地时胖多了，健康多了！"

招待会之后，中央人民政府和毛泽东出于对老根据地代表的特别优待，专门请老根据地代表在怀仁堂看越剧，毛泽东等中央领导亲自陪同观看。毛泽东还不时询问湖南老根据地有关近况，关注着老根据地人民的生活疾苦。代表无不为之感动，切身体会到党和政府与人民心连心，毛泽东主席与人民心连心。

（二）国庆观礼

10月1日湖南老根据地晋京观礼代表早早地站在天安门广场前的观礼台上。广场上工、农、兵、学、商等各界人士如潮涌来。9时许，当毛泽东、朱德、周恩来等中央领导出现在天安门城楼时，全场爆发雷鸣般的掌声和欢呼口号声。天安门广场展现成了一片红色的海洋。

阅兵开始，朱德健步走下天安门城楼，乘车检阅中国人民解放军。随后海军、空军、骑兵、炮兵、装甲兵、民兵方阵和工人、农民、青年学生、少年儿童方阵等40多万人的大队伍，威武雄壮地经过天安门前。"毛主席万岁！中国共产党万岁！"口号声响彻云霄。毛泽东等中央领导不断地向所有参加国庆活动的人群挥手致意。

湖南老根据地晋京观礼代表们看得眼花缭乱，平生第一次看到这样热烈的场面，无不为有这样强大的人民解放军而自豪，无不为有这样强大的祖国而自豪！浏阳代表陶和顺激动地说："看到今天我们有这么强大的陆、海、空军，就使人想起当年的梭镖、鸟铳对付反动派的情景。在那时候，我们经常是几十个人共一支步枪，连梭镖、鸟铳都不齐全。在山沟里打仗，有时在洋油桶里燃放爆竹，叫作'放大炮'，我们竟能用那样的'大炮'吓退敌人。今天，我们有了这样多的、这样好的飞机、坦克、大炮等新式武器，看他美国鬼子还敢来捣鬼！"龙山县代表严文虎说："回去以后，我一定要好好宣传，把看到的东西告诉大家。发动群众搞好生产，更多地捐献飞机、大炮，保卫我们的祖国！"代表们纷纷表示：回去以后，要将所见所闻告诉父老乡亲，使之分享幸福，为社会主义建设多做贡献，以实际行动支援抗美援朝，保家卫国。

（三）单独会见

10月2日至10日，中央人民政府安排老根据地晋京观礼代表参观故宫、天坛、颐和园、八达岭长城等北京名胜古迹。

11日下午5时，中央机关向代表们的驻地打来电话，说毛泽东要接见湘潭县韶山的乡亲毛伟昂，请他做好准备。毛伟昂代表听到这一消息，高兴得跳了起来。6时，一辆小汽车将毛伟昂接走，小车开到中央人民政府，负责接待的傅秋涛将毛伟昂带到一间书室里说："主席快来了！"毛伟昂紧张地在那里等待着。一会儿，只听见皮鞋的响声从外面传来，毛伟昂立即站立恭候。这时门帘撩起，毛泽东健步走了进来。毛伟昂连忙上前叫了一声："主席，您好！"毛泽东用温暖的大手紧紧握住他的手，微笑着。毛伟昂立即觉得一股热流涌向全身，连忙通报自己的名字："我是韶山毛伟昂，主席您是不是还认得我？"毛泽东爽朗一笑："一见面，就认得了。"他俩分宾主坐下来以后，进行了拉家常式的交谈。毛伟昂将家乡湘潭、韶山过去的和现在的有关情况作了汇报。毛泽东关切地问起家乡解放前后革命斗争、韶山党支部、乡间昔日好友和现在乡村干部工作、人民群众生活等情况，毛伟昂均一一作答。当天晚上，毛泽东设家宴，以韶山家乡风味款待毛伟昂。他不断地给毛伟昂敬酒、夹菜，格外亲热。临别时，毛泽东特别叮嘱毛伟昂：回去以后，要以老党员身份，发挥模范带头作用，多联系群众，努力工作，继续发扬韶山人民不怕牺牲的革命精神。同时，要他转告故乡的亲朋好友，父老乡亲，不要挂念他，并代为祝福大家身体健康，希望大家在人民政府的领导下，投入社会主义建设中去，努力建设幸福美好的新家园。毛泽东和毛伟昂握手依依告别。毛伟昂走出最外面大门时，毛泽东还在望着挥手。

第三节

参观天津、南京、
上海市经过和收获

一、参观经过

南方老根据地代表团在京参加国庆观礼后，一部分（18人）代表列席政协全国第三次会议，一部分年老体弱的代表直接由北京返籍，其余427位代表以及随行工作人员118人，于10月14日离京赴津，到车站欢送的有中央人民政府内务部部长谢觉哉，副部长武新宇、陈其瑗，中央人民政府南方老根据地访问团副团长朱学范及机关干部500余人。17日分乘两列专车由津启程，18日抵达南京，20日抵沪，沿途代表们精神很好。各地代表于25日开始分批离沪返原籍。

（一）活动情况

在津参观了华北区城乡物资交流展览会，干部俱乐部；在宁参观了新南京市政建设展览会、中山陵、雨花台（反动派屠杀中国人民的刑场，今已成为人民革命烈士墓）、游玄武湖；在沪参观了国营印染厂、监狱。分乘"井冈山"号，"汾河"号军舰出吴淞口观海，途经江南造船厂，全厂工人列队欢迎，各方献给锦旗一面。

不□□□□ 中央人民政府南方老根据地
访问团访问湖南纪实

（二）招待工作

代表团受到津、宁、沪党政军及群众的热烈欢迎和招待。到场欢迎多达千余人，少也有数百人；共举行4次宴会，6场电影、戏剧晚会。华东曾山副主席及各市的副市长、市委书记均前往车站欢迎或主持招待会。各地的招待工作都做得很好，天津市动员了广大市民（工商界、家庭妇女）空出房子、家具来招待代表，群众和代表关系相处很好，临别前举行了联欢会，送给代表礼品与纪念册并互相签名。南京大学的大学生让出自己的宿舍给代表住，深夜列队迎接，还送给西南区代表"发扬革命传统，争取更大光荣"的锦旗一面。南京干校、上海华东团校的青年学生大部参加了接待工作，他们热情细致，代表们纷纷感动，并把自己心爱的纪念章、毛主席像、铅笔等送给他们作为纪念。车站上送行时，接待群众和代表们依依不舍，还有的相对而泣。各地报纸都以头条新闻刊出代表团的消息，天津日报出专刊报道代表斗争事迹及观感。天津中央音乐学院邀请代表做报告。代表参观工厂时，工人同志热烈欢迎与招待，对生产过程和生产量进行了详细说明。离沪前，代表纷纷给各工厂及各地首长写信致谢。

二、主要收获

（一）消除了不满情绪

老根据地人民原来对政府有"下了山，忘了山，进了城，忘了乡"的不满情绪，经过中央派人访问，晋京观礼，中央及各地首长的亲切招待和人民的热烈欢迎，代表们深深感到毛泽东主席和各级政府、全国人民都没有忘记他们，使他们体会到作为一个老根据地人民代表是无比光荣的，在革命大家庭里的温暖。通过各地的参观，看到新中国成立两年来的建设发展，战斗英雄、劳动模范的付出，相比之下深觉自己的贡献小，因此，很多代表表示：受到党和政府及人民这样的敬爱，回去后若不好好工作，实在对不起毛泽东主席，对不起人民。

（二）增强了抗美援朝的信心

代表们在京观礼，亲眼看到了祖国雄壮的海陆空军各种新式武器，到上海又坐上军舰，摸了飞机，对祖国的国防力量的强大，有了更进一步的认识，增强了抗美援朝的信心。

（三）加强了对工人阶级和工农联盟意义的认识

许多代表原来所理解的工人，只是些乡下木匠、铁匠等小手工业者，觉得他们没什么了不起。参观中看到了工人制造的大机器，把棉花制成各种颜色的布，将零件修配成崭新飞机，大开眼界，感叹工人阶级的力量非常大。代表们体会到农业必须为工业服务，在参观国棉十二厂时便说："回去一定大力种棉花，发动妇女儿童都种，保证纱厂不缺用。"

（四）激发了学习文化知识的热情

通过参观北京机耕学校和天津农业展览馆，代表们农业生产知识水平普遍有了提高。例如，看了拖拉机、联合收割机、新式灌溉法等，觉得机械确比人力快、好，希望自己也能使用，纷纷要求讲解员告诉使用的方法，看见猪鬃、鸡毛、稻草都能做出很美观的物品时，更是称赞不已。

第四节

湖南省晋京观礼代表传达报告

　　1951年11月26日，省政府主席王首道签署《湖南省人民政府关于各级政府应重视并协助老根据地人民及烈军工属赴京代表传达报告的指示》，要求各级政府结合中心工作，通过各种会议欢迎并邀请赴京代表出席报告，将晋京观礼形成的正确认识，迅速传达到各级老根据地人民中去，进一步提高全省根据地人民的思想政治觉悟，以实际行动发扬爱国主义精神，支援抗美援朝。晋京观礼代表团委员会编写了《晋京观礼代表传达报告提纲》[①]，内容如下：

一

　　由于毛主席和中央人民政府对老根据地人民的关怀，今年8月间曾派访问团到各个老根据地进行访问，又邀我们的代表赴京参加国庆典礼，我们在省人民政府召开的老根据地人民与烈军工属代表会议上听了王主席和各位首长报告后，于9月28日到了北京，在京期间，我们听了周总理和谢部长的报告，并参观了各种工厂和机械耕种学校，参观了各个名胜古迹以后又去天津参观华北城乡物资交流展览会。在南京雨花台祭了为革命而牺牲的烈士和游览了玄武湖等名胜，在上海参观了纺纱、食品等工厂和规模最大

---

① 摘自湖南省档案馆全宗号 27 卷卷号 0125 第 145~149 页。

的商场，参观了民航飞机修理厂，并还乘坐了自己的强大军舰游览了黄浦江、吴淞口，返回时又在武汉参观了各种工厂。

一路上我们受到了中央和各大行政区各省市政府的贵宾招待之礼，到北京时，首长亲自迎接，还没下车就响军乐声、鞭炮声、欢呼声……

9月30日毛主席邀请我们参观他亲自主持的1400人的盛大宴会，并让我们老根据地代表坐首席，毛主席、朱总司令、刘副主席、周总理接二连三给我们敬酒，在别的地方也是如此，宴会坐首席，首长亲自向我们敬酒、献花，在天津时我们最敬爱的苏联朋友还向我们献过花。

在各地都是把最好的房子让我们住，最高的伙食标准让我们吃，负责招待我们的都是机关的干部和大、中学生，这些同志对我们的照顾和帮助是无微不至，比我们自己的亲生兄弟姐妹还亲热。

毛主席和全国人民对我们这样的盛意和热情招待，充分证明了对我们老根据地人民的关怀，正如周总理说的："我们进了城没有忘记乡，下了山没有忘记山。"

周总理和谢部长向我们做报告时说，他们知道老根据地人民生活是苦的，今后要有计划有步骤恢复老根据地的经济文化等事业。周总理说："我看了一个报告，看到老根据地的卫生条件很差，小孩死亡率很大时，我非常痛心，再看不下去了，今后各级政府对老根据地的问题要特别注意，省委要有一个副书记或省府副主席专门过问老根据地的事情，以此类推直到县、区全应如此，各级人代会要有老根据地人民的代表参加，要组织文工团、医疗队等下乡，现在各种会议上应及时反映老根据地人民的意见和要求，如有某些必须解决的问题，当地政府没给你们解决，可直接写信到中央，不过今天还要抗美援朝，国家经费有限，政府的工作太多，我们也不能要求过高，只能逐步解决，党是我们自己的党，政府也是我们自己的，如果对你们有照顾不周到的地方，你们应当诚恳提出意见和善意的批评，帮助他们改进。"

同志们！我们这一次能有机会晋京观礼和到各地参观感到非常荣幸，

中央人民政府南方老根据地
访问团访问湖南纪实

这一光荣不是我们个人的，是老根据地全体人民的光荣，是老根据地人民过去积极支援红军，长期进行艰苦斗争所换来的光荣。

二

同志们！我们在北京曾三次见到我们伟大的人民领袖毛主席，他比以前更胖了，更健康了，看起来比相片还年轻，在周总理给我们作报告那天，朱总司令、刘副主席和中央各位首长各大行政区的首长如陈毅、刘伯承、贺龙、邓子恢……都和我们见了面，他们都一样是很健康的。

三

同志们！新中国成立只有短短两年，但是建设成绩是国民党反动派20年也不可能办到的，首先表现是全国人民的大团结，大家都团结在毛主席旗帜下面奋斗着，只讲国庆典礼那天，北京40万群众不断地高呼毛主席万岁！他们用鲜花编成"毛主席万岁"几个大字在天安门前接受检阅，他们走到天安门前都伸出颈项，争取多看毛主席一会，当天晚上北京市里家家张灯结彩，到处是红布牌楼，天安门前几十万男女老少一齐跳舞唱歌，比过年还热闹一些，一直到天亮，一个老年人说：前清时期这里是禁地，军阀和国民党时期是有钱人玩的地方，如今有了毛主席人民才能在这里欢度国庆。

各地人民对毛主席的号召都是坚决响应，比如，毛主席说："一定要把淮河修好。"淮河两岸群众在政府领导下，就克服一切困难，完成了第一期工程，得到了多少年来没有过的丰收。

今年举行的政协第三次全国委员会，毛主席提出继续抗美援朝，增加生产，厉行节约的号召后，全国人民和各民主党派都一致表示拥护。

四

我们国防力量空前增强了，更现代化了，在国庆节受检阅的陆海空军部队，个个都是精明强壮，每一列队伍都是训练得那么整齐，走起来像一堵墙一样的，我们还看到强大的民兵阵容，这是潜在的军事力量，任何帝国主义国家都不可能有这种力量，我们有数不尽的现代化的武器，每个战士背的都是自动武器，有一种喀秋莎大炮非常厉害，一下可以打出16个炮弹，美国鬼子最怕它了。有各种各样的装甲车、摩托车，有重型坦克大得像一座小山，走起来连地皮都震得乱颤，一抱粗的大树，一下可以冲倒，有很多最新最快的喷气式飞机，快得连声音还没来得及听到就过去了，我们在上海看到很多军舰，曾乘坐过的登陆舰能装上40辆坦克，还能装600~700人，这是不是最大的军舰呢？

同志们，有了这么多的好武器，还要靠勇敢、机智的解放军和志愿军的同志们来掌握才能打胜仗，我们志愿军为了保卫祖国和世界人民的和平，是非常勇敢的。在北京听到一个战斗英雄报告，他们1个班（7人）在汉江守备战中守住两个山头，忍饥受渴，不顾漫天风雪，坚持了46昼夜，敌人最疯狂的时候举行3次冲锋，并没有把他们冲垮，相反的美国鬼子倒被打死60多人，我们一个射手还用机枪打掉了敌人一架飞机，敌人连死尸都没有收回去。志愿军的空军同样很英勇，有一次我们8架飞机和美国鬼子16架打，把他们打下2架，又有一次敌人50多架我们8架把敌人打下4架，正因志愿军如此英勇，一年来在朝鲜战场我们曾消灭敌人三十八万七千余人，击落击伤和缴获敌机2310架。

同志们！老根据地过去是用鸟枪和敌人斗争的，最后失败的是敌人，如今我们有了这样强大的国防力量，还能怕美帝这个纸老虎吗？一小撮在台湾的蒋介石残匪，还有力量再敢来吗？

两年来新中国的经济建设的成就也是很惊人的，今年农业情况是：主要产粮区除江西是平收外，其他省区都是丰收。今年的棉花产量已经超过了抗日战争以前，就我们湖南省来说：粮食比去年增产15万斤，棉花今年产量58万担（小块棉田没计算在内），比国民党最高年产量要增加收成一倍。

不负众望 中央人民政府南方老根据地
访问团访问湖南纪实

重工业和去年比，生铁增产31%，煤炭增产18%，电力增加22%，轻工业纱布比去年增加10%，麻袋、纸张、钙粉、纸烟、火柴都增加20%~30%，新建设的工业很多，如北京、天津的工人，比去年增加了100%。随着生产的提高，人民生活比起国民党时期大大改善了。北京、上海很多工人，以前穿不上衣，现在都穿得很整齐很漂亮，今年的纱布生产虽然增加，但不够供应，因为大家都有钱买布了，需要的数量就多了，解放以前很多毛巾工厂倒闭，现在全恢复了，但产品还是供不应求，手电筒工厂老是不够卖。

今年生产提高，今后一年一年还要提高，全国正在走上有计划大规模的经济建设道路，一个年产1万吨铁的工厂，5年后产100万吨，一个现在才初具规模的造船工厂，7年后将年产4000吨的船30艘。工业农业生产力的提高，交通运输业的发达，物价非常稳定，由南到北物价差不多一样，商业也就日益发达。

五

两年来的建设，工人阶级是起了积极的带头作用，他们不仅会劳动，而且富于创造性，以前很多机器、零件要买外国的，现在自己可以造了，在南京的工人，解放以来，创造了1600多件机器零件，我们在天津看到自己工厂造出的新汽车，在上海看到工人只用1年零2个月就修好了12架飞机，完全合乎国际标准。我们参观过一个炼钢厂，他们在去年用一个炉子，要比日本鬼子时期用3个大炉子2个小炉子出的钢还多126%，今年他们在9月，就完成了全年生产任务，并还要争取超过相当25架飞机价值的生产利润，该厂现有劳模954名，1名劳模研究出一种焊条，比美国林肯牌的还好，还有一个工程师，提出一项合理化建议，半年就节省92万斤米。有一个纱厂国民党时期每天只出几百匹布，现在一天能出4000匹，可供35000人穿衣。有人说农民数目多，为什么要受工人阶级领导呢？这说法是错误的，经过这一次参观，我们真正体会到工人阶级的伟大。他们有组织有纪律，并掌握了先进的生产技术，生产力比农民大得多，一个工人用机器工作1小时，要抵得住农民50人做一天。如，一部电力织布机每天能出120尺布。一个技术最好的工人能够管理6架机子，共可出布720尺。这充分说明，我们要把祖国建设好并顺利地迈进社会主义社会，就要接受工人阶级领导，并以工农联盟为基础，因此农民要积极生产工业原料，如，多种棉花，就是积极支持了工人老大哥的生产，工业发达了我们的生活自然改善了。

六

同志们！我们有了毛主席和共产党，有了全国人民革命的胜利，有了抗美援朝的胜利，有了两年来伟大的建设成就，国际地位更加提高了。这次国庆观礼，不仅以苏联为首的民主国家来了观礼团，就连帝国主义统治下的英国人民和印度等国的人民都派了代表团，他们在观礼台上看到我们强大的国防军和成千成万的游行群众，不断鼓掌赞贺，印度人民代表说：你们能组织这样多人游行，真伟大，我们国家要组织5000人开会都很困难。在宴会上都争先恐后向毛主席敬酒，印度人民代表说："毛主席不只是中国人民的领袖，而且是亚洲人民的领袖。"《毛泽东选集》出版后，有的民主国家成列车运来纸张，请我们给翻印，以便进行研究。

今年8月份民主德国柏林举行过一次世界和平青年联欢节，我们中国青年最受欢迎，下车后，他们很热情地将我们代表抬起来，宴会上让我国的代表坐首席，争着请代表签字，他们感觉自己的日记本上有中国字是非常荣幸的事，各国青年男女都说中国青年最强，因为是毛泽东时代的青年……

七

我们一路上真正体会了祖国的伟大可爱，真是地大物博，人口众多，我们去了这么多的地方，成日夜地坐船或乘车，还只是走了中国极小的一

中央人民政府南方老根据地
访问团访问湖南纪实

部分。比利时的火车没有卧铺设备，因为它太小，不需要一天就把全国走完了。在西欧坐火车一天可以走完几个国家，法国是欧洲比较大的国家，全国人口只有我们湖南省这么多。

我们国家有丰富的煤、铁、钨、金、石油等矿藏，气候温和，土地肥沃，东北的大豆和各省有许多土特产都可以卖出去换来机器。

八

老根据地人民在毛主席和共产党领导下，对革命事业曾经有过很大的贡献，这是很光荣的。今后我们要坚决响应毛主席的号召，继续发扬革命传统，争取更大光荣，在当地人民政府和党的直接领导下完成土地改革，开展大规模的生产运动，精耕细作，克服水旱虫灾，提高单位生产量，并要省吃俭用，厉行节约，积蓄资力，扩大再生产，以实际行动抗美援朝。

同志们！要保持与发扬老根据地人民的光荣，我们就要防止骄傲自满，以致脱离群众。我们必须知道，如果只有老根据地人民的斗争，没有毛主席和共产党的正确领导，是不能取得今天这样伟大胜利的，没有举国一致团结奋斗，没有各个时期人民的斗争，也不可能有今天的胜利。没有第二次国内革命战争时期的红军，抗日战争时期的八路军、新四军，解放战争时期的解放军以及抗美援朝的志愿军英勇地和敌人战斗，同样得不到今天的胜利。老根据地人民的贡献和全国人民对革命的贡献来比，还只是一小部分，光荣应归功于毛主席和共产党，应归功于全国人民和英勇奋斗的中国人民解放军和志愿军。

第六章

湖南省老根据地扶持建设

第一节

召开全省老根据地
人民暨烈军工属代表会议 ①

1951年9月20—22日，全省湘东北、湘东南、湘西、湘中各老根据地与游击区人民与烈军工属代表289人到长沙参加全省老根据地人民与烈军工属代表会议。21日上午王首道主席作工作报告，下午代表分组讨论和大会发言。22日上午，王首道主席作总结报告，选举到北京参加国庆典礼代表并通过向毛泽东主席致敬电和告全省老根据地人民及烈军工属书。

一、王首道的工作报告（摘要）

全省老根据地人民与烈军工属代表会议，今天在省会长沙开幕了。标志着革命的胜利与人民的光辉，是有重大历史意义的一件大事。这次会议，是要根据毛主席和中央人民政府深切关怀老根据地人民的精神，一方面讨论如何恢复老根据地的建设，重建人民的乐园；同时，发扬批评与自我批评精神，检查省和各级政府对烈军工属的优抚工作及有关恢复老根据地的各项工作，以加强政府与老根据地人民的联系，使各种工作得到有力的推进。

---

① 根据《新湖南报》1951 年 9 月 20 日、21 日、23 日报道整理。

中央人民政府南方老根据地
访问团访问湖南纪实

老根据地人民对革命的伟大的贡献，今天中国人民的胜利，是和他们过去坚持长期艰苦的革命斗争分不开的。湖南是毛主席的故乡，是中国革命策源地之一。回想在1927年蒋介石为首的国民党叛变革命以后，毛主席就在平江、浏阳、醴陵一带及其他地区领导了秋收起义，同时湘南、湘西等地也先后举行了武装起义，创造了工农红军，并先后建立湘鄂赣、湘赣边、湘鄂西等根据地和许多红军游击区。在这些地区的广大人民，在毛主席和中国共产党领导下，进行了10年艰苦英勇的革命斗争，实行了土地革命，建立了工农民主革命政权，支援了红军进行长期革命战争。在红军主力北上抗日之后，又在国民党反动派白色恐怖包围之下，坚持3年游击战争及各种形式的斗争。在这些老根据地里，由于英雄的人民的忠诚、勇敢与忘我的牺牲精神，使党得以依靠着人民的力量，坚持长期的斗争，训练人民军队，培养革命干部，制定各种革命政策，积累了革命斗争的丰富经验，树立了优良的革命传统，成为今天全国革命胜利的出发点和依据……

毛主席和中央人民政府深切地关怀着老根据地的人民，因此，这次组织了老根据地访问团，向全国各老根据地进行访问。南方老根据地访问团所属的湘鄂赣边、湘赣边、湘鄂西三分团代表，在8月初至9月的1个多月内，分别到平江、浏阳、醴陵、茶陵、桑植、大庸等县进行了访问工作；传达了毛主席和中央人民政府对老根据地人民的关怀，并初步了解了老根据地人民的意见和要求，以及生产和生活上的困难情况；使我们认识到大力宣传老根据地人民对中国革命的伟大贡献，提高他们的政治地位，和有计划地帮助老根据地人民重建家园，是我们今后一个艰苦而光荣的任务。

国民党反动派向老根据地人民进行疯狂的摧残与破坏，采取毫无人性的杀光、烧光、抢光的所谓"三光"政策，在这一罪恶政策之下，给老根据地人民带来严重的灾难和困苦。国民党反动派屠杀人民的凶狠，更是古今中外所少见。即平江县被杀害干部14000人，群众被杀害12万人，浏阳县被杀害干部与群众10万人以上；有大批集体屠杀的，如浏阳宝盖洞，一早晨被屠杀48人，至今浏阳尚遗留100人墓2处，一在大光洞，同埋99人，一在仁和洞，同埋88人；有全家被杀绝的，如桑植玉泉乡的洪家关，全村31户，被杀光的5户，被杀绝后的15户（仅留孤老头和孤老婆婆）；贺龙将军的家属除1姐1妹是病死的外，他的父亲和姊妹兄弟共7人，全遭残杀；被杀的状况，更是惨烈，如贺龙将军的四姐贺满姑，被反动派将头发和双手捆在木桩上，临杀时用十字架钉住四肢，然后用刺刀一刀一刀地刺，再剖腹挖心，将所有肠肺都挖出来……

解放两年来，省和各级人民政府努力进行了对老根据地烈军工属的优待抚恤工作，普遍成立了优抚委员会，发放了救济粮和生产贷粮，组织了烈军工属的代耕工作，吸收了部分老根据地旧工作人员及人民的子弟参加工作和学习，使老根据地区的生产有了初步恢复，人民生活有了初步改善，政治地位获得很大的提高……

要根本改变老根据地的状况，彻底消灭国民党反动派遗留给老根据地的罪恶的痕迹，必须有计划有步骤地恢复老根据地的各项建设……

要提高老根据地人民及烈军工属的政治地位，适当选用或安置遗留在老根据地的旧工作人员，以充分发挥老根据地人民在革命事业中的作用……

恢复老根据地的生产建设。在恢复老根据地各项建设事业中应以恢复农业生产与农村经济为中心。我们必须根据老根据地的各种不同情况，确定具体的方针和计划，有重点地解决当前迫切需要的生产和生活的困难。逐步恢复和发展各种生产事业。由于老根据地的人民绝大多数是住在深山，山多田少，山林副业成为主要生活来源，因此，应采取靠山吃山，培养与开发山林的方针，培养山林又要重点恢复和发展竹山、茶叶、茶油、桐油等经济作物和各种土特产，恢复造纸和各种手工业。在农业生产上，着重进行开垦荒地、兴修水利、增加肥料和消除虫害等方面……

重点恢复交通，在湘西和湘南等老根据地区尤为迫切需要，应先在土特产和各种副业生产较多的地区进行恢复，然后发展到其他山区；先修宽山道和人行大路，便于行走车马，然后在可能和必要的条件下修建公路、浚深河道和架设电话。以加强运输事业，恢复山区贸易工作。

组织供销合作社，以供应老根据地人民必需的生活生产资料，组织土特产和各种副业的外销，扶助生产事业的恢复和发展。

在恢复生产基础上，逐步修建房屋、改良环境。

恢复卫生事业与文化教育。目前老根据地区各种传染病流传，死亡率甚大，加强医药卫生工作是一个迫切任务。根据目前情况，无西医的地区，应先恢复中药铺，政府应组织巡回医疗队，重点建立卫生所，设置必要的卫生设备和卫生人员，普遍进行防疫注射，消灭传染病，同时，设法动员和组织山区妇女进行短期的助产和防疫知识的训练，以加强卫生教育，保护人民健康。

在文教工作方面，着重恢复和巩固现有小学，重点创办新校，每个小学都要开办农民夜校，推广文化识字运动；同时，应注意加强老根据地人民爱国主义与国际主义的政治思想教育，以继续提高其政治觉悟。

为了胜利完成老根据地的各项建设事业，当地政府必须认识这是一个严重的政治任务，为此，必须加强对老根据地恢复建设的具体组织与领导，配备一定数量的干部专门负责，或组织专门委员会以经常掌握工作的进行；同时，要采纳老根据地人民的意见要求，制订一个3年或5年的恢复建设计划，以便有目的有计划地争取实现；浏阳县已经拟定了恢复老根据地生产建设计划，这是很好的。希望各地参考仿照，以拟订自己的计划。政府并须投给一定资金，以帮助解决老根据地人民在各项建设事业中的实际困难。

各级政府干部必须加强对老根据地人民的联系，只有政府与人民团结合作，才能搞好生产建设工作，过去有些地区的干部，对老根据地人民采取冷淡歧视的态度，和不负责任的官僚主义作风是不对的……

我们有信心有力量将老根据地建设成革命乐园。

二、参会代表感言催人奋进

这次会议是在中央人民政府南方老根据地访问团访问老根据地烈军工属代表后，请他们到长沙开会，都十分高兴。湘西、湘南代表翻山越岭赶了很远的路程，按时到达集中地点，赶到长沙来参会。来长沙之前，永顺、醴陵、湘阴等县的机关干部、人民群众会组织盛大的欢送，他们都感到从未有的兴奋。湘潭韶山村代表毛伟昂说："这是毛主席给我们的光荣！"湘阴工属代表周健生在1927年曾被全县农民选到长沙来开会，这次他第二次到长沙开会，十分兴奋地说："熬了20多年，今天我又胜利到达长沙，这是毛主席带来的胜利。"醴陵代表在开会之前准备了许多建议，将在会议上提出讨论，并转达给中央人民政府和毛泽东主席。

在会议小组讨论中，代表们对重建家园发表了许多意见，并表示要用实际行动来响应毛泽东主席的号召："发扬革命传统，争取更大光荣"。22日上午会议中11名代表热烈发言，受到全场的热烈欢迎，发言时常被鼓掌声打断。资兴代表谭政三说："今天这个会是不容易开的，这是我们许多先烈英勇奋斗，流血牺牲换来的！"攸县代表唐慈龄叙述过去遭受的迫害痛苦，对比今日的幸福生活，建议出席会议的代表写信给现在在中国人民解放军和朝鲜前线志愿军中老根据地的子弟，要他们发扬过去红军传统的战斗精神，巩固国防，击败美帝国主义！他说："这胜利和光荣啊！是不容易得来的，我们一定要保卫它！"代表对政府的工作提了一些意见。浏阳代表汤大成反映了个别干部不好的作风，批评了老根据地的某些老工作人员骄傲自满与消极悲观的态度，他说："毛主席这样关心我们，人民政府这样尊重我们，如果我们不与政府亲密团结，克服困难，怎样能够完成重建家园，建设我们伟大祖国的光荣任务呢？"

三、这次会议取得三点成绩

22日下午，主席王首道作总结报告。他说："这次会议是有成绩的，

中央人民政府南方老根据地
访问团访问湖南纪实

第一，检查了政府的工作；第二，提高了老根据地人民和烈军工属的政治地位；第三，加强了党和政府与老根据地广大人民之间的亲密团结！这是一次胜利大会，团结大会！"接着，他回答了代表对政府提出的许多意见和要求，着重指出：各级政府首先应满足代表们的政治要求，其次在优抚工作中，"优生不优死，优军不优烈"的现象应该纠正；土地改革中烈属也予以适当照顾，烈士应分得一份田……总之，建设老根据地是一个很重要的任务，应该有计划有步骤地实行，主要依靠老根据地的人民发扬革命传统和政府团结合作才能做好。代表们听了王主席的报告，纷纷表示，要把这次会议的精神充分传达到老根据地人民和烈、军、工属中间去，用自己的双手重建革命的家园。

会议最后由中共长沙市委书记曹瑛致闭幕词，选举了46名代表到北京参加国庆典礼，通过了向毛泽东主席致敬电和告全省老根据地人民及烈军工属的一封信。

附录一

全体代表向毛主席致敬电文

毛主席：

湖南全省老根据地人民与烈军工属代表会议经过3天会议，今天胜利地闭幕了。我们来自湘鄂赣边、湘赣、湘鄂西及全省各地烈军工属289名代表，谨代表全省老根据地全体人民及全体烈军工属向您致以崇高的敬礼！上个月你派遣的老根据地访问团曾亲自来到我们的家乡看我们，您对我们的关怀，鼓舞着我们，为保家卫国、重建家园而勇敢前进！

自从您领导了红军北上抗日以后，蒋介石匪帮对老根据地人民实行了绝灭人性的"三光"政策和暗无天日的反动统治。但是，亲爱的毛主席，我们曾经受过您亲自教导和共产党长期教育下的老根据地的人民没有被斩尽、被杀绝、被吓倒，在党的领导下，很多烈士在敌人面前表现了英勇不屈的英雄气概。我们长期地同反革命作了各种各样的斗争，狠狠地打击了敌人的凶焰。我们每当遭遇到危险和困难，就想起了您，想起了共产党。我们一直坚信毛主席一定会回来的，光明一定会重新照耀大地的，最后胜利一定是属于人民的。因此，我们从没有丝毫动摇自己的斗争意志，不顾自己的牺牲和痛苦，终于与全国人民一道战斗到全国胜利。今天，全国革命胜利了，20多年来，我们日夜盼望的出头的日子终于来到了。毛主席，我们的快乐真是道不尽说不完啊！

解放以来，我们就在各级人民政府和各级党委的帮助和领导下，开始了重建国家的工作，同时，我们更积极地参加了抗美援朝爱国主义运动、土地改革运动和镇压反革命运动。我们以当年鼓励自己子弟参加工农红军的热情，动员了大批的青年参加了伟大的人民志愿军。我们心爱的土地又重新回到我们手里，我们的深仇大恨也得到报偿了。由于您的关心，现在

中央人民政府南方老根据地
访问团访问湖南纪实

我们的社会地位和政治地位已经大大地提高了，我们的生活因自己努力生产和政府的照顾也一天天在改善。我们，经过艰苦斗争，所以深知今天的胜利和幸福得来的不易，我们绝不允许任何反动派和帝国主义再来奴役我们，今后在抗美援朝、国防建设及重建家园的各项工作中，我们一定照着您的指示，要全力来"发扬革命传统、争取更大光荣"，决不辜负您殷切的期望！毛主席，我们光荣的毛泽东故乡的人民向您保证，在您的领导下，决不松懈地为保卫祖国、建设祖国、重建老根据地革命的乐园而斗争。

湖南省老根据地人民与烈军工属代表会议全体代表谨电

1951年9月22日

附录二

全体代表给全省老根据地人民与
烈军工属的一封信

亲爱的全省老根据地人民与烈军工属兄弟姊妹们：

中央人民政府和毛主席派来的老根据地访问团对我们进行了亲切的慰问后，我们被你们推选来到省会长沙，出席这次隆重的湖南老根据地人民与烈军工属代表会议，我们289个代表来自湘鄂赣、湘赣边、湘鄂西老根据地及其他地区，在这里胜利地会合在一起了。在这3天的会议中，我们会见了很多过去曾经和我们在一块坚持革命斗争的老同志，听取了王首道主席的报告和其他首长亲切的指示，并受到了他们和省市各界人民热烈的欢迎、慰问和盛大的招待，使我们感到无比的光荣。这是毛主席给我们的光荣，是老根据地人民与烈军工属大家的光荣，这是共产党和毛主席的正确领导，中国人民解放军英勇作战、全国人民团结一致打垮帝国主义封建主义官僚资本主义所赢得的光荣，因而也标志着人民祖国的光荣。

20多年来，我们长期在国民党反动统治下，受到他们残酷的烧杀、奸淫、虏抢。但我们是受过毛主席和共产党直接教育过的坚忍不屈的优秀儿女，我们并没有被杀绝，被吓倒，任何困难不能动摇我们坚定不移的革命信心。我们坚信共产党一定要回来的，毛主席一定要回来的，红军一定要回来的，我们就要坚强地活下去，英勇地与敌人作斗争！今天，在共产党毛主席的领导下，革命胜利了，我们才翻了身、出了头，受苦受难的日子已永远成为过去，多少年来所盼望的好日子终于到来了！

毛主席指示我们"发扬革命传统，争取更大光荣"；王主席也指示我们"为发扬革命传统，争取更大光荣，重建人民乐园而斗争"，我们一定要以此作今后行动的指针，立即动员起来，组织起来，用自己的双手，把

中央人民政府南方老根据地
访问团访问湖南纪实

我们被反动派破坏了的家园重建起来。

今后我们要不断提高政治觉悟，认识自己过去优良的革命传统，永远保持老根据地人民与烈军工属和工作人员的光荣，克服某些以"老革命"自居的骄气与革命胜利后麻痹松气思想，模范地遵守政府各项政策法令，努力参加各项社会改革与民主建设的工作。

我们要有效地消除三害，即消除疾病对于身体健康的损害，消除野猪之害，害虫之害。这是我们当前为了重建我们的家园最迫切的工作。

在生产建设方面，由于我们是处在山多田少的地区，山林副业是我们的主要生活来源，必需"靠山吃山"，大力培植山林，有重点地恢复和发展竹山、茶叶、茶油、桐油等经济作物，恢复造纸及各种重要的手工业，并在这一基础上，逐步移民进入山地生产，解决目前人口少劳力缺乏的困难。其次，在原有的基础上逐步改进交通运输事业，有重点地组织供销合作社，加强山区贸易工作，促进物资交流。

在文教卫生方面，要普遍恢复中药铺；吸收外地中医；重点建立卫生所；并发动妇女学习助产和防疫知识，使老根据地每个有病的人受到很好的治疗。尤其要逐步消灭一切传染病，把人口死亡率减少到最小限度，以增加劳动力和劳动效率。

在文教工作方面，着重恢复和巩固现有小学，重点创办新校，普遍开办农民夜校，推广文化识字运动。

老根据地的人民与烈军工属兄弟姊妹们，这一伟大的建设任务是非常艰巨的，但我们经过长期艰苦斗争，从来不怕困难，今天革命胜利了，在各级人民政府的帮助和领导下，在解放两年来的工作基础上，我们完全有信心完成这一艰巨任务。

最后，我们要告诉大家一个很好的消息，在会议闭幕的这一天，我们推选了上北京参加国庆典礼的46位代表，他们不久就可以会见大家朝夕所念念不忘的毛主席，把大家解放后的恢复建设情形和迫切的要求转达给关怀我们的毛主席。但是，我们知道目前国家财政经济困难，抗美援朝的任务还在继续进行，我们必须发扬过去艰苦奋斗的革命传统，开展爱国增产运动，增加抗美援朝保家卫国的物质力量，教养好烈士的遗族，并经常鼓励在前方作战和在各个工作岗位上的亲属，英勇作战，好好工作。只有这样，才有助于新湖南、新中国的伟大建设事业，才有利于抗美援朝保家卫国的总任务，才能保卫我们已得的胜利果实，使我们永远在毛泽东的光辉旗帜下过着自由幸福的生活。只有这样，才真正符合于毛主席"发扬革命传统，争取更大光荣"的热切期望。

湖南省老根据地人民与烈军工属代表会议全体代表

一九五一年九月二十二日

中央人民政府南方老根据地
访问团访问湖南纪实

第二节

老根据地的评审

一、1953年湖南老根据地和游击区的评审

1951年8月，中央人民政府南方老根据地访问团到湖南各根据地的县进行慰问，征求对革命老区建设的意见。1952年，省人民政府根据划分老根据地和老游击区的规定，划定平江、浏阳、醴陵、茶陵、攸县、桑植、龙山、大庸（含今张家界市永定区、武陵源区）、永顺、酃县（今炎陵县）10县为老根据地；临湘、岳阳、安仁、耒阳、永兴、资兴、郴县、宜章、汝城、桂东、慈利、湘阴（含今汨罗）、华容、石门14县为老游击区。1953年，省、专区老根据地建设委员会组织评审老根据地的区、乡，其条件：（1）曾经成立苏维埃政权及工、农、青、妇等群众团体和农民武装，进行土地改革，为时1年以上的地区；（2）虽然成立苏维埃政权及工、农、青、妇等革命团体（或未分配土地）不到1年时间，但当时人民支援土地革命贡献很大，并在游击战争中遭受敌人破坏残害最重的地区。全省评出老根据地的区169个，乡1240个，老游击区乡758个，共计661796户，2392702人，田土5005154亩。老根据地区、乡中，全省评出坚持革命斗争时间较长、受敌人破坏较重，如今生产力和生产资料仍很缺乏，生活比其他乡低的乡376个，作为扶持建设乡。

根据各地调查，被评为扶持建设的乡，一般具有以下几种情况：（1）居住分散，人口稀少，尤其缺少劳动力和妇女，性病普遍，生殖力弱；（2）耕牛、农具、肥料缺乏，人少田土多，地块零碎，耕作困难，同时山洪多，水利设施少，虫害危害严重；（3）农业收入不够维持生活，依靠副业为主要或部分生活来源，但因交通不便，出产成品质量不高，销售困难，部分产品售价很低；（4）由于生活困难，住房、衣被缺乏，对自然灾害抗拒力弱，疾病流行。各老根据地和老游击区区乡分布见表6-2-1。

表6-2-1 1953年评审湖南省老根据地和老游击区统计表

县别	老根据地的区（个）	老根据地的乡（个）	老游击区的乡（个）	人口与田土情况			评出扶持建设的乡		
				农户	人口	田地面积（亩）	合计	重点扶持	一般扶持
平江	15	364	65	153015	559140	765949	9	9	
浏阳	24	154	114	78343	222007	446548	33	8	25
茶陵	9	70	29	23831	129135	234124	70	19	51
攸县	7	30	25	19823	70428	142544	15	3	12
酃县	5	39	8	7732	24111	49867	14	9	5
桑植	8	58	24	26351	103316	204583	21	4	17
永顺	9	103	38	43453	159716	258070	103	9	94
大庸	6	64	31	31165	128217	329585	21	4	17
龙山	8	54		28572	194953	311533	13	4	9
醴陵	8	57	16	27846	119713	128793	9	2	7
岳阳	4		15	5520	19297	32634	7	1	6
临湘	5	11	24	9945	34563	40802	1	1	
湘阴	3	26	28	19040	66151	123054	1	1	
耒阳	10	32	167	61959	85169	169897	2	2	
安仁	3	4	8	3195	15934	344789	3	3	
郴县	5	35	8	15739	45948	117728	15	3	12
宜章	6	9	10	13500	46381	77562	1	1	
汝城	3		7	3155	6122	19119	1	1	
永兴	3	13	9	7758	34103	146296	4	4	
资兴	4	4	2	1582	10128	10440	8	1	7
桂东	4	6	10	3520	13608	13515	6	1	5
华容	2	23		18116	68025	154081	9	2	7
慈利	8	7		35354	145972	726979	6	2	4
石门	10	79		23282	90567	155932	4	2	2
合计	171	1242	638	661796	2392704	5005154	376	96	280

中央人民政府南方老根据地
访问团访问湖南纪实

二、1983—2018 年全省老根据地的评审

1979年6月24日，国家民政部、财政部在《关于免征革命老根据地社队企业工商所得税问题的通知》中，对革命老根据地的划分标准作了调整：革命老根据地包括第二次国内革命战争根据地和抗日根据地。第二次国内革命战争根据地的划定标准为：曾经有党的组织，有革命武装、发动群众进行打土豪、分田地、分粮食和牲畜等运动，建立工农政权和武装斗争，坚持时间在半年以上。湖南根据这一划分标准，1983—1989年新增韶山市、湘潭县、保靖县、安化县、湘阴县、南县、衡山县、宁乡县、株洲县、武陵源区10个县市区为革命老根据地。1990—1994年批准郴州市、衡东县、南岳区、株洲市郊区、岳阳市北区及郊区、汉寿县、益阳县、沅江市、安乡县、桂阳县、嘉禾县、长沙县、望城县、长沙市郊区、溆浦县、新化县、涟源市、冷水江市、湘乡市、双峰县、临澧县、澧县、鼎城区、津市市、衡南县、祁东县、常宁市、邵阳县、武冈市、临武县、祁阳县、蓝山县共32个县市区为革命老根据地。2007—2018年批准桃江县、桃源县、娄星区、君山区、屈原管理区、西洞庭管理区、江华瑶族自治县、城步苗族自治县、洞口县、绥宁县、沅陵县、麻阳苗族自治县、通道侗族自治县、新宁县、古丈县、花垣县、凤凰县、芷江侗族自治县、隆回县、道县、西湖管理区、新邵县、新晃侗族自治县、新田县、宁远县、泸溪县、辰溪县、邵东县、资阳区、吉首市、会同县、靖州苗族侗族自治县、武陵区、洪江市、洪江区、中方县、鹤城区、双峰县、零陵、冷水滩区、江永县、东安县、金洞管理区、回龙圩管理区共44个县市区。后株洲市郊区和长沙市郊区撤并，至此湖南共有老根据地县市区110个（含6个管理区）。

第三节

老根据地建设机构

一、省级老根据地建设机构与任务

（一）省老根据地建设委员会

1952年1月28日，中央人民政府政务院发出《关于加强老根据地工作的指示》。成立全国老根据地建设委员会，中央人民政府内务部部长谢觉哉任主任，并设立办公室，由内务部负责主持。同年10月，成立湖南省老根据地建设委员会，由省人民政府有关部门负责人组成15人委员会，省人民政府副主席谭余保任主任委员，省民政厅厅长晏福生、省财政厅厅长夏如爱任副主任委员。1953年2月5日，省人民政府制定《湖南省老根据地建设委员会暂行条例（草案）》。成立湖南省老根据地建设委员会，由省委、省人民政府有关部门负责人组成20人的委员会，包括中共湖南省委1人，省人民政府副主席1人，湖南军区政治部主任、省府秘书长、民政厅厅长、人事厅厅长、财政厅厅长、农林厅厅长、教育厅厅长、工业厅厅长、交通厅厅长、商业厅厅长、水利局局长、林业局局长、卫生处处长、合作管理局局长、省人民银行经理、优抚处处长。省政府副主席为主任委员，并由委员会推选副主任委员2人主持会务。省老根据地建设委员会设办公室，由民

中央人民政府南方老根据地
访问团访问湖南纪实

政厅厅长兼任主任，优抚处处长兼副主任，另设专职干部秘书1人，干部4人处理日常业务工作。

省老根据地建设委员会的工作任务主要有：（1）贯彻中央指示推进全省老根据地建设工作；（2）研究全省老根据地建设计划及制定进行步骤，并督促有关部门执行；（3）编制审议老根据地建设经费概算；（4）审查有关老根据地专、县建设计划与预算；（5）组织工作队赴老根据地帮助工作；（6）派员检查贷粮、救济款的使用发放效果，生产建设情况；（7）进行政治教育，鼓励群众生产，繁荣经济；（8）对省界相连的老根据地的联系与会商办理工作。指导各老根据地专、县建设委员会工作。

（二）省革命老根据地经济开发促进会

1984年12月，省委、省政府根据中共中央、国务院《关于加强老、少、边、穷贫困地区建设的通知》精神，组织湖南省革命老根据地经济开发促进会（简称省老促会），由28名理事组成，理事长周里（中共中央顾问委员会委员），副理事长罗其南（中共湖南省委顾问委员会副主任）、陈芸田（湖南省人大常委会副主任），许岳松（省民政厅厅长）任秘书长。1985年2月，成立革命老根据地经济开发促进会办公室，配备事业编制6名，委托省民政厅代管。

工作任务：广泛研究探讨利用国内外先进技术、发挥老根据地资源优势，协助开发资源和人才，并对其经济计划和业务提供咨询；采取种植、养殖、农副产品加工、小型矿产开采等多种形式，开展扶持工作。

1995年3月，省政办函〔1995〕56号文件调整周理任顾问，宋庭同任理事长，李定坤任副理事长兼秘书长，张成桂任副理事长兼办公室主任。

2002年2月，湘办函〔2002〕27号文件调整周伯华、庞道沐任名誉理事长，王克英任理事长，黄祖示、李定坤、章锐夫任副理事长，李定坤兼秘书长，杨明波任副秘书长。

2003年7月，湘办〔2003〕38号文件调整周伯华、庞道沐任名誉理事长，王克英任理事长，罗桂求、章锐夫、黄祖示、余长明、李友志任副理事长，明确了15个部、办、委、厅、局为常务理事单位。

2014年6月，湘政办函〔2014〕55号文件调整盛茂林任名誉理事长，王克英任理事长，庞道沐、罗桂求、蔡力峰、章锐夫、黄祖示、段林毅、郑建新任副理事长，办公室设省民政厅。

2016年，湘政办函〔2016〕13号文件调整蔡振红任名誉理事长，王克英任理事长，庞道沐、罗桂求、蔡力峰、章锐夫、黄祖示、段林毅、郑建新任副理事长，办公室设省民政厅。

二、市、县级老根据地建设机构

（一）市、县老根据地建设委员会

1953年9月6日,湖南省人民政府印发《关于老根据地建设委员会设置专职干部问题通知》。

湘南行署、湘西苗族自治区、湘潭、常德专署、平江、浏阳、茶陵、攸县、醴陵、湘阴、桑植、永顺、大庸、龙山、鄮县、桂东、耒阳、安仁、郴县、宜章、汝城、永兴、岳阳、资兴、华容、慈利、石门、临湘等县人民政府:

老根据地建设委员会工作，主要由民政部门邀请有关部门组成，具体工作系由民政部门负责办理，应就现有编制指定得力干部专门负责，毋需另设编制，其办公费用亦不得在老根据地经费内开支。

1950年7月，浏阳县在官渡区成立恢复苏区生产建设委员会，配备专职干部22人。1953年，老根据地专区和浏阳、平江、茶陵、安仁、宜章、桂东、慈利各县成立老根据地生产建设委员会，其中浏阳县配专职干部6人。1964年浏阳县撤销县老根据地建设委员会，1967年恢复县老根据地建设委员会。

（二）市、县革命老区经济开发促进会和老区工作办公室

1984年石门县成立老区开发办公室，1985年汝城县资兴市成立老革命根据地开发领导小组，1986年安仁县成立老区经济促进委员会，1989年耒阳市成立老区经济促进会。20世纪90年代以后，各老根据地县市区分别成立老区经济开发促进会类的议事协调和老区工作办公室。至2021年，全省有8个市州和41个县市区成立了老区经济开发促进会，14个市州和110个县市区成立老区工作办公室。办公室地点设本地民政局，负责老区宣传，制定和实施老区建设规划与经济开发工作。

第四节

老根据地扶持与开发

一、1950—1966 年扶持

1952年2月16日，中央人民政府内务部就贯彻政务院关于加强老根据地工作发出通知，宣布"全国老根据地建设委员会已组成，内务部长谢觉哉任办公室主任"。1953年2月14日，全国老根据地建设委员会办公室发出通知进一步加强老根据地建设工作，同年2月，湖南省召开第一次老根据地建设工作会议，通过《1953年老根据地重点建设规划》，省人民政府制定《湖南省老根据地建设委员会组织暂行条例（草案）》。1958年10月16日，省人民委员会发出《关于组织革命老根据地访问工作的通知》。

1950—1952年，民政部门已拨发老区优抚救济粮940余万斤，救济款182万元（折新币），以50%左右重点解决贫苦烈军属和个别老根据地人民缺乏生产资料的困难。据平江、浏阳等8县的统计，共购耕牛1162头，农具26783件，肥料121.51万斤，衣被3241件，修缮住房2095间。其余50%左右用于口粮救济，保证了老根据地人民的基本生活。农业方面帮助老根据地人民成立互助组进行田土代耕，发放耕牛、农具、肥料贷款，发展苎麻丝、纸槽、茶叶等副业生产，组织兴修水利、打猎、捉虫，防范自然灾害，并减免全省老根据地的农业税。仅茶陵、平江、浏阳、大庸等9县市修建山塘52884口、溪坝21554座、水井2041口、水圳2137条、水库11座，受益农田260余万亩。供销合作部门为促进老区经济交流，除在区设立基层供销社外，还在平江、浏阳、茶陵、攸县、桑植、龙山等县的老区内建立固定供销网点171个，流动供销摊担48个。在文教卫生方面，已有2/3的老区乡成立初级小学校，小学生入学人数比民国后期增加30%；并以老根据地的区为单位，设立卫生所，组织中西医建立联合诊所；还在各地区建立妇幼保健站，大量培训接生员，成立接生站。

1953年2月，根据省政府《1953年老根据地重点建设工作计划》，确定扶持建设的乡376个。1953—1957年，省政府先后拨发优抚救济款560万元，老根据地恢复教育建设费19.4万元，水利建设专款67万元，医疗减免费31.9706万元，各项农贷2740万元，拨发的老根据地优抚救济费，采取重点扶持，发放实物，耕牛、农具合伙使用的办法，以70%购发生产资料，30%用于生活救济。据重点扶持乡的调查统计，用扶持的80余万元购买耕牛3689头，农具7.23万件，肥料247.51万斤，组织打猎队28个，补发猎枪、猎狗943支（只），火药470斤，修建房屋5159间，发放衣被蚊帐1.01万件，购回口粮96万斤，解决41290户的生产生活困难。通过重点扶持，耕牛、农具比1950年增加1~3倍；平江、浏阳、茶陵等8县共建大小水利工程4.82万处，抗旱能力一般由20天延长到40天，有3.4万多亩地改为水田，双季稻种植增加20%~60%，已垦复荒芜田地40多万亩，农业生产增长30%~50%；各老根据地县垦复经济林100多万亩，浏阳、平江等6县垦复油茶、油桐林90%，平江的茶油产量比民国后期增产3倍，茶叶、苎麻增长4倍，桑植的桐油增产15倍，五倍子增产3倍。各老根据地县设立人民医院、中医院和卫生院25所，麻冈村4个，基层卫生所280所，联合诊所814所，防疫站、医疗站、妇幼保健站66个，接生站869个，训练接生员5196人，组织巡回医疗队免费为老根据地人民医疗33.02万人次。改善老区人民的文化生活和教育事业。1953在老区新建、扩建小学校舍250多所。学生、教员一般比民国后期增加1~4倍，桑植、永顺等4县小学增加2.31倍，学生增加8.65

倍，教员增加3.31倍。修建公路或简易公路569公里，修整县道25条，并疏通县的主要河道，增加桥梁和轮渡。在商品购销上，设立供销社317个，门市部274处，流动购销点225处，促进了商品流通。浏阳县在1955年的购买力比1952年提高70%，收购农副产品总值提高28.08%。平江县黄金洞乡在1949年解放前夕，有80%的人无房住，60%的人无衣被，70%的人生产存在困难，过着糠菜半年粮的生活。全乡196户到1955年，共添置耕牛30头，农具1086件，房屋48栋，桌子258张，床铺72张，蚊帐衣被5059件。鄌县石洲乡共114户，国民党统治时期少吃缺穿，到1955年除2户缺粮、7户粮食自给外，其余105户卖出余粮10万余斤。从1954年起，湖南扶持老根据地建设由各有关单位就自己业务范围自行分别布置，老根据地建设委员会主要负责收集情况、互相联系和总结上报。1958年市州专署对老根据地县进行了走访慰问。嗣后，老根据地建设工作处于停滞状态。

1962年10月20日，中共湖南省民政厅党组在关于老根据地工作向中共湖南省委的请示报告中称："由于近几年我们没有继续把老根据地工作当作一个特殊问题来抓，因而老根据地有关问题一直未得到彻底解决。"1966年12月，省民政厅、财政厅拨给湘潭、岳阳两专区扶持革命老根据地经费90万元，用于扶持老根据地中的穷社、穷队和资源丰富而未得到开发的社队，发展集体生产。"文化大革命"期间，再未拨款扶持老区建设。

二、1979—2010 年扶持与开发

（一）政策优惠

1979年7月24日，湖南省革命委员会民政局和省财政局下发《关于免征革命老根据地社队企业工商所得税问题的通知》，对全省老根据地县社队1978年社员年人均收入在50元以下的，自1979年起，免征其社队企业工商所得税5年。同年，还对永顺、桑植、保靖、大庸、桂东、鄌县、安仁、岳

阳、韶山等9个老区县（区），由省财政厅给予定额补贴2263万元，并对以上9县免征农业税。对平江、慈利、汝城、永兴、浏阳5县的19个贫困乡减半征收农业税。1985年2月13日，湖南省人民政府省长办公会议决定，对全省年人均收入120元以下的贫困老根据地乡实行农业税减半。1986—1988年，湖南省财政对全省老区贫困乡免征农业税3年。省教委对老区县的高考考生，降低10分的录取线取录新生。

（二）扶持与开发

1985—1990年，省政府下拨老根据地资金2800万元，省农业银行对老根据地县下拨贴息贷款1750万元，分配平江等27个县南京牌卡车30辆，广州军区赠送桑植县退役汽车25辆；省计划委员会安排老根据地县钢材指标250吨；省科委、国防科大等单位对各老根据地县扶持技术开发项目43个。

1994年，省委、省政府印发《关于支持湘西土家族苗族自治州实施"八五"扶贫攻坚计划的意见》（湘发〔1994〕17号）。1991—1995年省政府下拨老根据地建设项目资金3600万元，省农业银行下拨老根据地贴息贷款1200万元，省老促会等单位分配汝城等5个县钢材300吨、长沙县等10个县钢材指标300吨，汝城、桂东县东风牌大卡车各1辆。1997年省老促会发出《向湖南省老区贫困山区献爱心——致社会的公开信》。1996—2000年，省政府下拨老根据地开发项目资金300万元，省老促会下拨老根据地县贴息贷款430万元，省老促会募集资金152万元援建希望小学4所。2006年1月，省老促会、省委组织部等15个事务理事单位联合印发《关于省老促会与常务理事单位建立支持革命老区开发建设工作联系制度的意见》（湘老促会字〔2006〕01号）。2007年8月3日，省委、省政府印发《关于加强老区建设工作的意见》（湘发〔2008〕16号）。2008年11月28日，省人民代表大会第十一届常务会颁布《湖南省扶持革命老区发展条例》，至此，全省革命老区扶持发展步入法制化轨道。2006—2010年，省政府下拨老根据地开发项目资金5500万元，省老促会在每年春节走访慰问资金及物资（折价）共230万元。

三、2011—2021 年扶持与开发

2011年8月26日，省委印发《中共湖南省委办公厅关于开展全省苏区认定工作的通知》（湘办〔2011〕53号）。2014年3月20日，国务院批准印发《赣闽粤中央苏区振兴发展规划》，将湖南平江、浏阳、醴陵、攸县、茶陵、炎陵、安仁、永兴、资兴、桂东、汝城、北湖、苏仙、宜章、桂阳、嘉禾、耒阳、临武等18个县市区纳入联动发展。2016年9月26日，省委办公厅、省政府办公厅印发《关于加大脱贫攻坚力度支持革命老区开发建设的实施意见》（湘办发〔2016〕33号）。2019年6月10日，省民政厅印发《关于开展湘赣边区乡村振兴示范区创建工作实施方案》。2021年7月，省人大常委会颁布《湖南省红色资源保护和利用条例》。同年10月16日，国家发改委印发《湘赣边区合作示范区建设整体方案》（发改振兴〔2021〕1465号），范围包括湖南省辖浏阳市、醴陵市、攸县、茶陵县、炎陵县、平江县、安仁县、宜章县、汝城县扶持县市10个和江西省辖县市14个。同年12月21日，国务院发布关于新时代支持革命老区振兴发展的意见。同年12月23日，国务院印发《关于"十四五"特殊类型地区振兴发展规划批复》（国务院国函〔2021〕98号），包括湘鄂渝黔革命老区18个地级市80个县。湖南省辖常德市、张家界市、湘西土家族苗族自治州全境，怀化市沅陵县、麻阳苗族自治县、溆浦县、辰溪县、新晃侗族自治县、芷江侗族自治县。2011—2015年，省政府下拨老根据地开发项目资金9180万元。2016—2021年，省政府下拨老根据地开发项目资金15100万元。党的十八大以来，按照国家扶贫和革命老区政策，全面开展脱贫攻坚工作。2016年，省委、省政府出台《关于深入贯彻〈中共中央国务院关于打赢脱贫攻坚战的决定〉的实施意见》，从加快推进贫困地区基础设施建设，健全完善精准扶贫工作机制，着力构建脱贫攻坚政策支撑体系制定了38条具体政策，确保贫困县全部脱帽、确保贫困村全部退出、确保贫困人口全

部脱贫。2016年全省首批脱贫摘帽2个老区县市区为武陵源区、洪江区。2017—2018年，全省相继脱贫摘帽29个老区县市区，2019年全省脱贫摘帽邵阳、隆回、洞口、新宁、城步、桑植、新田、沅陵、溆浦、麻阳、通道、新化、涟源、泸溪、凤凰、花垣、保靖、古丈、永顺、龙山等20个老区县市区。至此，全省51个老区县市区全部脱贫摘帽，贫困村退出贫困，贫困户全部脱贫。

附录一

中央人民政府政务院关于加强
老根据地工作的指示

摘自《人民日报》 1952年2月1日 第1版

（一）中央人民政府派遣访问团访问各老根据地并邀请各老根据地人民代表来京参加国庆节观礼，加强了中央人民政府及各级人民政府与老根据地人民的联系，表扬了老根据地人民伟大的革命功绩，提高了老根据地人民热爱祖国和建设祖国的积极性。这一收获是很大的。

老根据地人民长期对帝国主义、国民党匪帮、封建地主进行残酷的斗争，贡献最大，牺牲和受到的摧残也最大。解放后经过积极生产，部分地区已经恢复，有的地区甚至超过战前水平，但大部分老根据地因遭受战争创伤太重，且地处山区，交通不便，生产恢复很慢；其中若干地区又遭到水旱灾害的侵袭，特别是南方老根据地因重获解放为时较晚，荒芜现象仍多数存在，人民生活极为困难。因此，无论从政治上或经济上都必须十分重视加强老根据地的工作，大力领导与扶植老根据地人民恢复与发展经济建设与文化建设。

（二）加强老根据地的经济建设，是加强老根据地工作的中心环节。老根据地多系山地，生产条件比较困难，应该本着解决群众当前生活困难与长期建设相结合的方针，因地制宜，有计划地有重点地逐步恢复与发展农林畜牧与副业生产。一般地区应以农业为主，不宜耕耘的山岳地带应以林业与畜牧业为主，但均须同时极力注意利用当地一切条件发展当地有可能发展的手工业和副业，以增加群众收入。

1.恢复与发展农业生产：首先要补充农具，增加耕畜，养猪养羊，以克服当前缺乏农具、耕畜和肥料的困难。从长期与全局打算，山地应不再开

中央人民政府南方老根据地
访问团访问湖南纪实

荒，但凡能修成梯田的坡地，要尽快地逐步修成梯田，并集中力量提高现有耕地的单位面积产量。在有条件的地区，修塘，筑坝，开渠，打井，扩大灌溉面积；治河，防洪，闸山沟，修水库，做好水土保持。在粮食缺乏的地区，应提倡增种多产作物如红薯、马铃薯、南瓜等；在不缺粮食的地区应有计划地提倡栽种经济作物如棉、麻、烟等，以增加群众收入。

2.发展林业：提倡封山育林，禁止烧山燎荒，滥伐林木，挖掘树根，但必须照顾群众当前生产与生活的需要，反对机械的封死，进行合理的砍伐。在有条件地区应积极发展茶、桑、桐、橡、茶油、漆、果树等经济林木及其他用材林、薪炭林，并根据当地条件发展采集药材及竹木编制等副业。

3.发展畜牧：为增加老区人民收入，增加畜力、肥料，并供应毛纺制革原料，应大力增殖牛、羊、马、驴、骆驼、猪、鸡等。提高饲养技术，奖励繁殖。加强畜疫防治，畜种改良。为此，应有计划地建立防疫组织与繁殖场，配种站。

4.发展手工业与副业：许多老根据地农村副业收入占全部收入的百分之三四十以上，有的甚至超过农业生产的收入。农村副业和手工业是多种多样的，必须因地制宜有计划地加以恢复与发展，合作社和国营贸易机关应尽力帮助他们打开销路，以增加老根据地人民的收入。有些地区应特别提倡土特产与农产品的加工，如造纸浆、缫丝、烧酒等。在兽害严重地区应组织群众打猎。

5.开采矿产：老根据地多系山地，各种矿产如煤、铁、石灰、钨、锡等蕴藏丰富，在不破坏矿藏、不影响大规模开采的原则下，可以有计划地扶助当地群众按照开矿的规定作小型开采。

（三）正因为老根据地多系偏僻穷困的山区，要求得老根据地经济建设的迅速恢复与发展和人民生活的改善，就必须首先解决以下几个问题：

1.恢复与开辟交通，这是改善老根据地人民生活的主要关键。必须分级负责，采取发动群众义务劳动为主、国家出资为辅的办法，有计划地修好老区主要的交通干线如公路、大车路、驮骡路、人行路以及河道等，利用当地一切可能利用的交通工具如大车、手推车、船筏等，并扶助群众添置这些交通工具，发展运输业。建立转运货站，把运输工作加以组织，以利推销土产和供应山区人民所需要的生产资料与生活资料。

2.增设国家贸易机构与供销合作社，组织私商上山，建立山区商业网，促进物资交流。合作社应以山区为发展重点之一，指导群众提高产品质量，进行规格教育，使当地土特产得到畅销。贸易公司、合作社应在对老根据地人民不挣钱甚至采取若干贴补办法的精神下，收购山货、土产，并解决油盐等日用必需品。

3.大力组织合作互助。在自愿互利的原则下，采取多种多样的形式，如互助组及养畜、造林、修滩等合作社，逐步把群众组织起来，有条件的地区可适当提倡农业生产合作社。

4.今后一般贷款应将老区列为重点之一。并应依据当地条件举办养牲畜、修水利、修梯田、购买农具等特殊贷款。举办贷款时应注意适当延长期限，简化手续，及时放发。这次拨给老根据地的特别救济费，应结合生产发出，或提出一部分作为建设基金。

5.老根据地遭受的战争创伤深重，生产水平较低，人民生活很苦，为帮助老区人民迅速恢复元气，在负担上应以省为单位，适当加以调整。特别困难的老区，可宣布免纳一定时间的公粮。

（四）加强老根据地的文化教育、医疗卫生与优抚工作：

1.老根据地人民的政治水平一般较高，对文化生活的要求尤为迫切，必须提倡文化下乡，电影上山，普及社会教育，并在这些地区增办小学、中学、工农速成中学和各种技术学校，以培养工农出身的知识分子及各种专门人才。为此，应以省为单位适当调剂教育经费与教员。

2.老根据地人民的医药卫生要求也十分迫切。卫生机关应协同有关部门在老根据地以大力开展卫生防疫运动，宣传卫生保育知识，设立卫生站与医院，派遣医疗队巡回治疗，开办卫生医疗人员训练班，新法接生训练班，帮助中医学习，设立中药铺。并注意供应海盐、海带等以避免粗脖子、柳拐子等病症，保护群众健康。

3.在优抚工作上，首先是收葬烈士遗骸，收集烈士事迹。老根据地烈军属多，他们缺乏劳动力，生产与生活困难最多，过去有些地方对优抚条例的贯彻施行较差，今后必须切实执行优抚条例，加强对缺乏劳力的烈军属的代耕工作，保证他们的生活不低于一般农民。县、区应定期召开烈军属、革命残废军人和优抚模范的代表会议，以便检查优抚工作，交流代耕经验，进行政治教育。各级人民代表会议也应有烈军属及革命残废军人的代表参加。

（五）老根据地的工作是一件光荣的任务，应作为有关省、专署考绩中的一项。凡辖区内有老根据地的各级人民政府要把老根据地的恢复与建设工作作为一九五二年的工作重点之一，并组织专门委员会，指定得力干部经常注意老根据地的工作，及时检查、督促。开好老根据地的代表会，并将加强经济建设作为会议的主要内容。除重获解放的时间较晚、土地改革尚未完成或刚刚完成不久者外，一般老根据地的县、区、乡人民代表会议均应代行人民代表大会的职权，未建立区、乡人民代表会议者，应迅速建立区、乡人民代表会议，使富有斗争经验与政治认识的老根据地人民自己起来讨论与执行自己的事，选举自己的行政人员，发扬人民的积极性，"发扬革命传统，争取更大光荣"。

必须认识老根据地的恢复工作是长期性的工作。凡辖区内有老根据地的省份，应根据当地具体情况，拟订切实可行的老根据地工作计划，领导群众逐步实现。并予以必要而又可能的经济扶植，争取在三、五年内改变老根据地的经济面貌，在经济发展的基础之上提高老根据地人民的物质生活与文化生活的水平。

总理　周恩来

一九五二年一月二十八日

贯彻政务院关于加强老根据地工作的指示

摘自《人民日报》 1952年2月6日 第1版

　　中央人民政府内务部为贯彻政务院"关于加强老根据地工作的指示"，在一月三十一日发出通知，要求各省区辖有老根据地的各级人民政府把老根据地的恢复和建设工作，作为一九五二年的工作重点之一。通知为此规定出具体办法。

　　关于组织方面，为了配合工作、统一步调和互通情报，以及必要时组织工作队到老根据地帮助工作等，通知宣布："全国老根据地建设委员会"已经组成，由中央内务部部长谢觉哉任主任，并设立办公室，由内务部负责主持。有老根据地的大行政区、省（行署）应由各民政部门邀请有关部门组织大行政区、省（行署）的老根据地建设委员会，必要时也可以设立办公室，由民政部门负责办理。关于省界相连的老根据地的工作，有关省（行署）应经常互通情报，必要时有关省（行署）的老根据地建设委员会派员会商办理。中央及各大行政区老根据地建设委员会必要时要派员到各老根据地检查工作。

　　关于老根据地的生产建设和文教卫生工作，将由中央有关各部和人民银行总行及全国合作社联合总社等部门分别在自己业务范围内订出对老根据地恢复和建设的工作计划，并指示各地。各大行政区、省（行署）人民政府也应组织和督促各有关部门订出工作计划。

　　关于临时救济及加强优抚工作方面，一九五二年政务院决定另拨出若干亿元专为老根据地救济之用。其使用范围是：一、对贫苦的烈属、军属除按照优抚条例的规定补助实物以外，如有特殊必要酌情加发；二、对无房住、无衣穿、无农具的烈属、军属的救济；三、对遭灾害的烈属、军属

　　　　　　　　　　中央人民政府南方老根据地
　　　　　　　　　　访问团访问湖南纪实

的救济；四、对重病者营养补助的救济；五、对妇婴生活营养方面的救济；六、烈士遗骸安葬费的补助；七、其他必要的救济。通知中要求各地在接到救济款项后，应立即作出使用计划，并须将救济款项尽可能地结合生产使用。通知中规定各级人民政府在检查和进行优抚工作时，老根据地优抚工作应作为检查的重点，并组织一定力量到老根据地协助当地政府及人民，作出优抚工作的具体计划。

通知要求各大行政区、省（行署）人民政府对各老根据地的烈属、军属和人民向访问团提出的意见和要求，应逐件研究解决或加以解释；必须由中央统一解决的，应该迅速提出解决意见。

附录三

湖南省老根据地建设委员会组织
暂行条例（草案）

第一条　本条例系根据中央人民政府政务院关于加强老根据地工作的指示与内务部通知组织老根据地建设委员会的原则制订之。

第二条　湖南省老根据地建设委员会（以下简称本会）设主任委员1人，副主任委员2人，委员17人，由下列人员组成之：由中共湖南省委1人，湖南省人民政府副主席1人，湖南军区政治主任、省府秘书长、民政厅厅长、人事厅厅长、财政厅厅长、农林厅厅长、教育厅厅长、工业厅厅长、交通厅厅长、商业厅厅长、水利局局长、林业局局长、卫生处处长、合作管理局局长、省人民银行经理、优抚处处长。以省府副主席为主任委员，并由委员中推选副主任委员2人，主持会务。

第三条　本会设办公室，由民政厅厅长兼主任，优抚处处长兼任副主任。另设置专职干部秘书1人，干部4人处理日常业务工作。

第四条　本会任务如下：

1.贯彻中央指示推进全省老根据地建设工作；

2.研究全省老根据地建设计划及制定进行步骤，并督促有关部门执行；

3.编制审议老根据地建设经费概算；

4.审查有关老根据地专、县建设计划与预算；

5.组织工作队赴老根据地帮助工作；

6.派员检查贷粮救济款的使用发放效果，生产建设情况；

7.进行政治教育，鼓励群众生产，繁荣经济；

8.对省界相连的老根据地的联系与会商办理工作。

第五条　本会不定期开会，由主任委员召集之。

第六条 本会与本省各老根据地专、县建设委员会的关系是指导关系，接受建议处理问题，收集材料交流经验，根据需要召集全省老根据地有关的专、县建设工作会议。必须要每年召开1次老根据地人民代表会议。

第七条 本条例经省人民政府行政会议通过后施行。

湖南省人民政府

1953年2月5日

参考文献

1.《中国共产党湖南历史（1920—1949年）》，湖南人民出版社2008年6月出版。

2.《湖南人民革命史》，湖南出版社1991年7月出版。

3.《湖南老区》，湖南人民出版社2011年5月出版。

4.《湖南苏区历史研究（2014卷）》，省苏区县认定工作领导小组、省委党史研究室、省老促会编，2015年2月印刷。

5.《长沙市志》，湖南人民出版社2001年12月出版。

6.《株洲市志》，湖南出版社1997年6月出版。

7.《湘西自治州志》，湖南人民出版社1999年12月出版。

8.《郴州市志》，黄山书社1994年6月出版。

9.《衡阳市志》，湖南人民出版社1998年4月出版。

10.《常德市志》湖南人民出版社2002年10月出版。

11.《岳阳市志》中央文献出版社2005年12月出版。

12.《湖南乡镇简志·长沙卷》，方志出版社2019年12月出版。

13.《湖南乡镇简志·岳阳卷》，方志出版社2020年8月出版。

14.《湖南乡镇简志·株洲卷》，方志出版社2020年10月出版。

15.《湖南乡镇简志·湘西卷》，方志出版社2017年7月出版。

16.《湖南乡镇简志·郴州卷》，方志出版社2017年12月出版。

17.《湖南乡镇简志·张家界卷》，方志出版社2017年10月出版。

18.《湖南乡镇简志·衡阳卷》，方志出版社2018年9月出版。

19.《湖南乡镇简志·常德卷》，方志出版社2017年12月出版。

中央人民政府南方老根据地
访问团访问湖南纪实

20.《平江县志》，国防大学出版社1994年7月出版。

21.《浏阳县志》，中国城市出版社1994年3月出版。

22.《醴陵市志》，湖南出版社1995年2月出版。

23.《茶陵县志》，中国文史出版社1993年10月出版。

24.《攸县志》，中国文史出版社1990年5月出版。

25.《酃县志》，中国社会出版社1993年3月出版。

26.《耒阳市志》，中国社会出版社1993年2月出版。

27.《安仁县志》，中国社会出版社1996年3月出版。

28.《郴县志》，中国社会出版社1995年12月出版。

29.《宜章县志》，黄山书社1995年9月出版。

30.《汝城县志》，湖南人民出版社1997年12月出版。

31.《资兴县志》，湖南人民出版社1999年7月出版。

32.《桂东县志》，湖南人民出版社1998年12月出版。

33.《大庸县志》，三联书店1995年8月出版。

34.《武陵源区志》，湖南人民出版社2006年9月出版。

35.《桑植县志》，海天出版社2000年1月出版。

36.《永顺县志》，湖南出版社1995年4月出版。

37.《龙山县志》，龙山县印刷厂1985年12月印刷。

38.《华容县志》，中国文史出版社1992年12月出版。

39.《慈利县志》，农业出版社1990年12月出版。

40.《石门县志》，中国文史出版社1993年8月出版。

41.《平江县革命老区发展史》，平江县民政局编，2020年10月出版。

42.《耒阳市革命老区发展史》，耒阳市民政局编，湘潭大学出版社2021年1月出版。

43.《张家界市武陵区革命老区发展史》，张家界武陵源区老促会编，湖南人民出版社2019年12月出版。

44.《龙山县革命老区发展史》，龙山县民政局编，2019年9月印刷。

45.《永顺县革命老区发展史》，永顺县老促会（民政局）编，2019年8月印刷。

46.《华容县革命老区发展史》、华容县民政局、华容县史志办编，2018年5月印刷。

47.《石门县革命老区发展史》，石门县老促会编，湖南人民出版社2019年4月出版。

48.《慈利县革命老区发展史》，慈利县老促会编中共党史出版社2019年6月出版。

49.《湖南省志第四卷政务志·民政》，中国文史出版社1994年7月出版。

50.《长沙民政志》，长新出准字〔1995〕第123号。

51.《株洲市民政志》，湖南出版社1993年11月出版。

52.《衡阳市民政志》，衡阳市全球印刷厂1992年12月印刷。

53.《常德地区志民政志》，湖南出版社1996年12月出版。

54.《醴陵民政志》，醴陵市印刷厂1990年10月印刷。

55.《浏阳市民政志》，长沙市健峰彩印有限公司2006年8月印刷。

56.《中国老区》，中央党史出版社1997年6月出版。

57.《三湘英烈传（1~9卷）》，湖南人民出版社1987年5月、12月；1988年8月、12月；1989年8月；1990年7月（2卷），1991年9月；1994年11月分别出版。

58.《红色引领之100个石门红色故事》，2021年6月印刷。

后 记

1951年，中央人民政府开展了一场大规模访问革命老根据地活动，这是新中国成立初期在党的工作重心由农村转向城市、国民经济处于恢复时期和抗美援朝战争仍在进行的背景下开展的，彰显了中国共产党人饮水思源、不忘老根据地人民的使命担当。在纪念访问活动70周年之际，研究回顾这场访问的工作任务、方法、原则、方针等，对于推动当前老根据地各项事业的发展具有重要的现实启示。

访问团在湘鄂赣、湘赣、湘鄂西苏区访问时，根据创建苏维埃政权、坚持武装斗争、开展分配土地等情况，将访问地区分为重点和次重点，如在湘赣边湖南境内重点访问3个县，次重点访问7个县。本书以访问团列章，每章以重点访问县列节，各节列红色故事2个；次重点访问县2~5个列节，节中各目列红色故事1个，予以说明。

《下山不忘山——中央人民政府南方老根据地访问团访问湖南纪实》在编辑过程中，得到了中央档案馆、民政部档案馆、湖南省档案馆、湖南方志馆、湖南日报社、常德市档案馆、石门县档案馆、永顺县档案馆、浏阳市档案馆和史志办及各地老区办的大力支持，提供了珍贵的历史资料和图片；得到了湖南省委党史研究院和许多专家、领导和老区工作者的指导和帮助，借鉴了一些学者的研究成果，在此一并致以诚挚的谢意！

由于历史间隔久、牵涉面很广，史料分散，编写水平有限，本书仍存在不尽如人意之处，欢迎读者批评指正。

编者

2022年8月

图书在版编目（CIP）数据

下山不忘山：中央人民政府南方老根据地访问团访问湖南纪实 / 湖南省民政厅，湖南省革命老根据地经济开发促进会编著 . — 北京：人民日报出版社，2023.4

ISBN 978-7-5115-7756-6

Ⅰ . ① 下… Ⅱ . ① 湖… ② 湖… Ⅲ . ① 地方史 – 史料 – 湖南 Ⅳ . ① K296.4

中国国家版本馆 CIP 数据核字（2023）第 061988 号

书　　名：下山不忘山——中央人民政府南方老根据地访问团访问湖南纪实
　　　　　XIASHAN BUWANGSHAN——ZHONGYANG RENMIN ZHENGFU NANFANG
　　　　　LAO GENJUDI FANGWENTUAN FANGWEN HUNAN JISHI

作　　者：湖南省民政厅，湖南省革命老根据地经济开发促进会

出 版 人：刘华新
责任编辑：曹　腾　杨　校

出版发行：人民日报出版社
社　　址：北京金台西路2号
邮政编码：100733
发行热线：（010）65369509　65369527　65369846　65369512
邮购热线：（010）65369530　65363527
编辑热线：（010）65369523
网　　址：www.peopledailypress.com
经　　销：新华书店
印　　刷：长沙市井岗印刷厂
法律顾问：北京科宇律师事务所　　（010）83622312

开　　本：710mmx1000mm　1/16
字　　数：235 千字
印　　张：17
版　　次：2023年6月第1版　　2023年6月第1次印刷

书　　号：ISBN 978-7-5115-7756-6
定　　价：68.00元